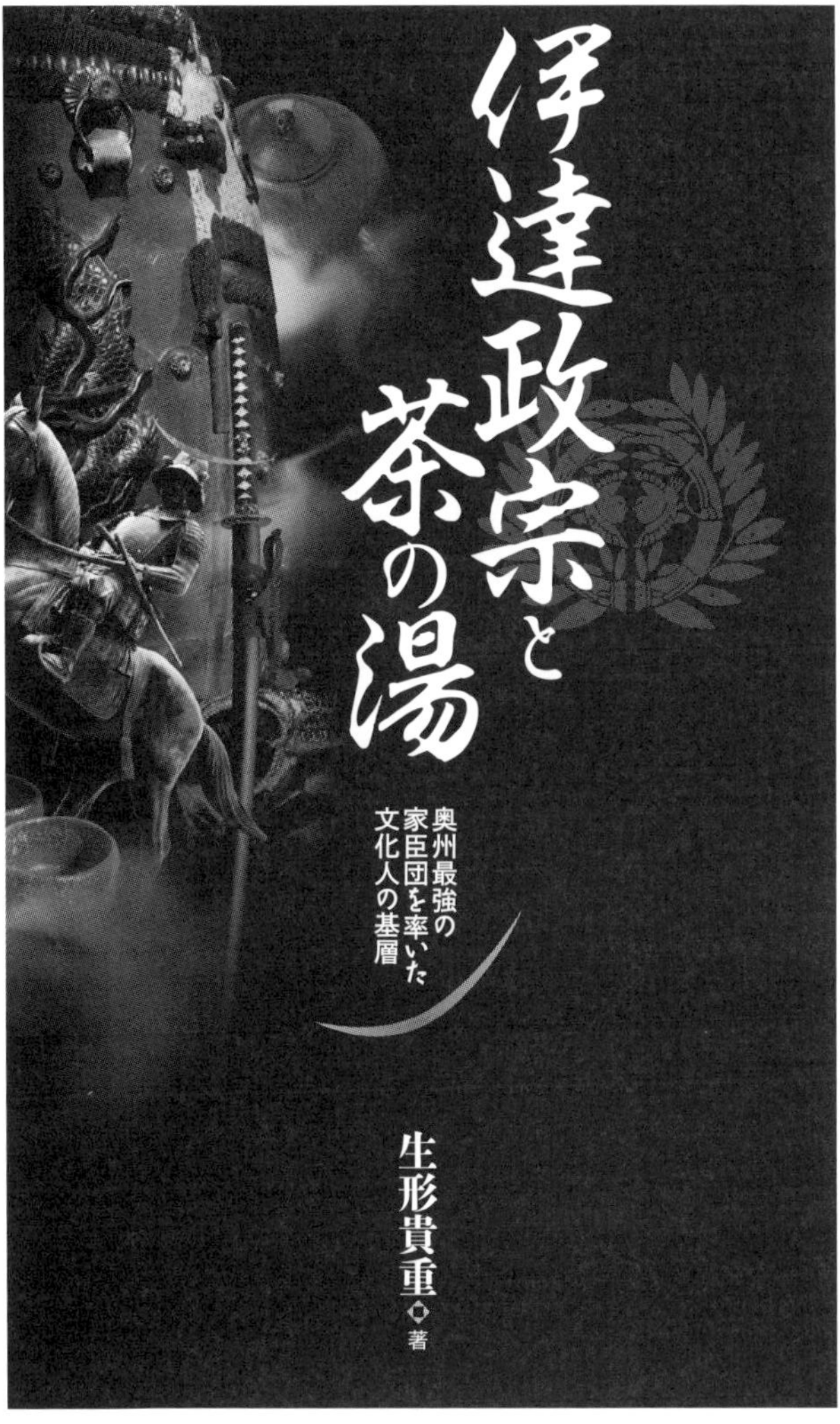
伊達政宗と茶の湯
奥州最強の家臣団を率いた文化人の基層
生形貴重 著

教育評論社

装丁＝中村友和（ROVARIS）

伊達政宗と茶の湯　◎目次

## 序章　東北地方の動乱と伊達氏の台頭

1　伊達氏は藤原氏の流れをくむ名門……13
2　伊達氏歴代当主たちの勢力拡大……15
3　伊達氏の勢力拡張と「文化力」……21
4　稙宗・晴宗父子対立……27

## 第一章　政宗誕生

1　祖父晴宗から父輝宗へ……33
2　中野宗時・牧野久仲父子の追放……37
3　政宗の母、義姫……43
4　政宗誕生奇瑞譚……45

## 第二章　隻眼と元服

1　独眼竜政宗の誕生……53
2　政宗の万海上人再誕説……57
3　聖痕としての隻眼……62
4　政宗の元服……65

**第三章　愛姫輿入と政宗家督相続**
1　祖父晴宗の死去……69
2　政宗と田村氏の愛姫の結婚……72
3　片倉小十郎への手紙……75
4　政宗初陣と家督相続……78
**第四章　若き当主の門出**
1　「伊達輝宗正月行事」……84
2　伊達家の「結束力」と「文化力」……87
3　大内定綱の裏切り……90
4　小手森城の撫で斬り……96
5　撫で斬りの真意……102
**第五章　父の死**
1　大内定綱の逃亡……105

2 畠山義継の輝宗訪問……109
3 輝宗殺害……113
4 政宗の回顧……121

## 第六章 人取橋合戦

1 落とせぬ二本松城……127
2 反伊達勢力連合の来襲……129
3 伊藤重信の奮戦……133
4 老将鬼庭左月斎の憤死……135
5 政宗重臣たちの奮戦……138
6 伊達成実の奮闘……138
7 撤退した連合軍……143

## 第七章 茶の湯との出会い

1 二本松城攻略の失敗……147
2 畠山氏の滅亡……151
3 正月行事の変化……155
4 「新造ノ数寄屋」の落成……160

## 第八章　侘び茶への傾倒

1　蘆名氏・佐竹氏との対立……162
2　政宗を取り巻く情勢の変化……165
3　秀吉政権へのアプローチ……169
4　当世の茶の湯稽古……172
5　富田一白との交流……176
6　「無上の茶」を贈った家康……181

## 第九章　茶の湯と一門の結束

1　茶の湯文化への政宗の傾倒……186
2　鮎貝宗信の謀反未遂事件……187
3　天正十七年の正月行事は大茶会……192
4　新造の数寄屋と推測される茶会……200
5　軍団の結束力を強化する茶の湯……206

## 第十章　東北制覇——摺上原合戦

1　豊臣政権の内部対立と政宗の外交……213
2　迫り来る佐竹氏・蘆名氏……217
3　摺上原の合戦へ……220
4　合戦の勝利……224
5　後年の摺上原合戦の語り……226
6　政宗の作戦……229
7　政宗の感慨……233

## 第十一章　参陣前夜と弟殺害

1　蘆名氏制圧の反響……236
2　政宗擁護派との連絡……239
3　小田原参陣へ……246
4　交渉最中でも茶の湯の話題……249
5　政宗、小田原参陣を決意……251
6　政宗毒殺未遂事件と弟殺害……256
7　政宗の述懐……260

## 第十二章　小田原参陣と秀吉との出会い

1　底倉押し込め説の誤解……267
2　秀吉の使者の底倉訪問詰問説の誤解……272
3　利休の弟子を切望した政宗……277
4　『伊達家治家記録』の秀吉との対面……282
5　政宗が述懐した対面……286
6　秀吉の政宗歓待……290

## 第十三章　政宗上洛

1　政宗、利休に束脩を届ける……298
2　奥州仕置の側面……301
3　葛西・大崎一揆の勃発と氏郷への讒言……305
4　氏郷サボタージュ説の誤り……310
5　聚楽第の騒動……315
6　政宗と石田三成の上洛……322

## 終章　政宗と伊達家の「文化力」

1　清洲での秀吉との再会……328
2　秀吉もかつては讒言の被害者……331
3　三成上洛と大徳寺問題の発生……336
4　橋立の壺をめぐる誤解……342
5　一期一会の精神を学んでいた政宗……347
6　政宗の「文化力」……352
7　窮地を救った政宗の審美眼……357

あとがき……361

註一覧……364

索引……1

# 伊達政宗と茶の湯

【凡例】

・引用の（　）内は筆者による補足である。
・元号は、南朝歴・北朝歴の順に記した。
・原典の引用については、読みやすさを考慮して読み下しに直している箇所がある。また、適宜句読点、カギ括弧、振り仮名、濁音記号などを付した。
・原典の引用について、漢字は原則として新字体を用い、常用漢字のあるものはそれに改めた。ただし、独自の用法を示すと思われる文字については原本の字体を残した。
・原典にある片仮名表記は、原則として平仮名に改めたが、原典にある振り仮名は、片仮名表記のまま現代仮名遣いに改め、著者による振り仮名と区別した。

# 序章　東北地方の動乱と伊達氏の台頭

## 1　伊達氏は藤原氏の流れをくむ名門

戦国時代末期に東北地方の覇者となった伊達政宗（永禄十 一五六七〜寛永十三 一六三六）は、仙台藩の初代藩主であり、仙台藩が外様大名であれ、江戸時代を通じて幕藩体制の雄藩であったことから、私たちは、ともすれば現在の宮城県から岩手県南部の地域を、戦国時代の伊達家の勢力地域と思いがちです。しかし、戦国時代の伊達氏の本拠地は、現在の山形県の米沢を中心とした地域から福島県北部の地域でした。そして、伊達政宗は、東北地方では名門の家柄で、伊達家第十七代の当主にあたります。

戦国下剋上の時代において、地方に台頭した戦国大名といえば、例えば小田原の北条氏が五代、越前の朝倉氏もまた五代で滅亡しており、天下取りに歩み出した織田信長（天文三 一五三四〜天正十 一五八二）

でさえ、本能寺の変で長男の信忠（弘治三 一五五七～天正十 一五八二）と共に殺害されていますから、天下人としては二代で滅んでいます。それは、天下統一を果たした豊臣秀吉（天文六 一五三七～慶長三 一五九八）でさえも同じ運命でした。

戦国の時代は、戦国大名たちがその家を維持し、その時代を生き抜くことがいかに大変だったかが分かります。ちなみに、地方の大勢力として動乱の時代を生き抜き、伊達家と同様に鎌倉時代から続いた家柄の戦国大名は、薩摩の島津家くらいかもしれません。

伊達政宗が、戦国の時代に伊達家十七代目の当主ということは、いかに伊達家が東北地方の名家であったかを示しているといえるでしょう。

## 始祖　朝宗

そもそも伊達家の流祖は、『仙台藩史料大成　伊達治家記録一』の「解説　第一編　輝宗以前の伊達氏歴代の事跡」によれば、藤原氏の流れで、鎌足の曽孫魚名《うおな》（養老五 七二一～延暦二 七八三）の玄孫《やしやご》、従三位中納言山陰《やまかげ》（天長元 八二四～仁和四 八八八）であると伝えられています。[1]

この中納言山陰の子孫に、従五位待賢門院《たいけんもんいん》（藤原璋子《しようし》、鳥羽院中宮）（康和三 一一〇一～久安元 一一四五）に非蔵人として仕えた中村光隆《みつたか》（生没年未詳）という人物がいて、彼は源為義（源頼朝の祖父）（永長元 一〇九六～保元元 一一五六）の婿であったということです。この光隆の第二子朝宗《ともむね》（大治四 一一二九～正治元 一一九九）が伊達氏の始祖にあたると伝えられているのです。

この朝宗が、文治五年（一一八九）の源頼朝（久安三〔一一四七〕～建久十〔一一九九〕）の奥州攻めに子供たちを率いて参加し、勲功を挙げたことにより、頼朝から伊達郡〔福島県北東部〕を賜り、姓を伊達と改めたと伝えられています。

戦国武将の中で、藤原氏の源流まで遡《さかのぼ》る始祖伝承を持つ家ですから、伊達氏が当時いかに名門として周囲の武将たちから仰がれていたかが想像できます。

## 2　伊達氏歴代当主たちの勢力拡大

### 七代　行宗

さて、この伊達氏は、十四世紀になり、南北朝の動乱期から室町時代にかけて、その勢力を拡大し始めます。時代は、動乱と実力主義の時代に突入していったのです。

たとえば、伊達家七代の伊達行宗《ゆきむね》（初名、行朝《ゆきとも》）（正応四〔一二九一〕～正平三／貞和四〔一三四八〕）は、前掲『伊達治家記録一』によりますと、建武二年（一三三五）（二年前に鎌倉幕府が滅亡。前年、後醍醐天皇による建武の新政）に南朝の義良《のりよし》親王（後醍醐天皇の第八皇子。後の後村上天皇）（嘉暦三〔一三二八〕～正平二十三／応永元〔一三六八〕）の臣下として奥州式評定衆となり、奥州の南朝勢力に重きをなしたということです。（2）また、彼は、南朝方の北《きた》畠《ばたけ》顕家《あきいえ》（文保二〔一三一八〕～延元三／応永元〔一三三八〕）・北畠親房《ちかふさ》（『神皇正統記』の著者）（永仁元〔一二九三〕～正平九／文和三〔一三五四〕）にも従い、常陸国で北朝勢力と戦いました。

小林清治氏著『人物叢書　伊達政宗』には、「南朝方の有力な拠点となった霊山《りょうぜん》〔福島県北東部、県境近くに位置する名山〕が、ほかならぬ伊達郡にあったことは、伊達氏の重さを明らかにしている」(3)と述べられているように、南北朝の動乱期には、東北地方の南朝方の中心勢力として、伊達氏は勢力を拡大していったようです。

## 八代　宗遠

次の伊達家八代宗遠《むねとお》（正中元〔一三二四〕～元中二／至徳二〔一三八五〕）は、さらに勢力を拡大し、米沢の長井氏を討ち、出羽国の長井庄〔山形県置賜郡。後の伊達氏の本拠地米沢周辺〕を奪い、弘和元・永徳元年（一三八一）には、亘理《わたり》氏を破り服属させ、亘理郡・刈田郡・柴田郡・伊具郡の各郡〔伊達郡の東と北に隣接する地域〕を勢力下におさめました。前掲小林氏の著書によれば、このうち奥州探題の名家であった大崎氏からは、柴田郡・伊具郡を宗遠は攻め取ったようです(4)。

こうして、伊達氏の当時の本拠地であった伊達郡の東と北に隣接する諸郡は、伊達氏の勢力下に入ったようです(5)。

また、宗遠は、当初父親の意志を継いで南朝方として戦いましたが、南北朝の動乱後期には、南朝方に対して優勢となっていた北朝方、つまり室町幕府に接近しました。

これは、政治的には英断といえる行動で、室町幕府将軍の権威を利用して、伊達氏が周辺の群雄に対して優位に立つ基盤を創り出したことを意味しています。しかも、京都の室町将軍に直接接近することで、関東地方を支配する鎌倉府の「鎌倉公方《くぼう》」や「関東管領《かんれい》」の支配から自立する道を切り開いたともいえるのです。

つまり、室町幕府の職制では、中央の政治機構には、「管領」（細川氏・斯波《しば》氏・畠山《はたけやま》氏の守護家が交替で就任）が将軍を支え、管領の下には、「問注所・侍所・政所・評定衆・引付衆」が置かれていました。そして、地方政治の機構として、関東を支配する「鎌倉府」が置かれ、その長官にあたるのが「鎌倉公方」でした。「鎌倉公方」には、足利基氏《もとうじ》（興国元／暦応三〔一三四〇〕～正平二十二／貞治六〔一三六七〕）の子孫が世襲する習わしでした。

また、九州・陸奥国・出羽国にはそれぞれ「九州探題・奥州探題・羽州探題」が置かれ、その地域を支配・管轄しました。

すなわち、伊達家八代宗遠は、東北地方の有力大名として勢力を拡げ、かつまた室町幕府の地方支配機構から自立していくという戦国大名への道を切り開いたといえるでしょう。

### 九代　政宗

さらに宗遠の子息、伊達家九代の政宗は（十七代目の伊達政宗は、この九代政宗の名を与えられた）、応永四年（一三九七）に上洛し将軍足利義満（延文三／正平十三〔一三五八〕～応永十五〔一四〇八〕）に拝謁しています。前掲『人物叢書　伊達政宗』によると、九代政宗は、上洛の六年前の元中八・明徳二年（一三九一）に、奥州探題を世襲していた大崎氏が、安達郡二本松城主の畠山氏の領地であった加美郡・黒川郡〔共に現在の宮城県北部の地域〕に侵攻したのを、幕府の命令を受けて葛西氏とともに阻止したということです。(6) 後に上洛し、義満に謁見したよりも以前のことですから、すでに幕府からも伊達氏は奥州の有力大名として信頼されていたようです。

また、同書によれば、九代政宗は、関東管領の命に服さず、管領勢と戦うということもしています。(7) これは、室町幕府と関東管領とが対立関係を深める中で、彼が室町幕府の側に立っていることを示しており、奥州探題や関東管領といったかつての支配者から自立した政治的・軍事的行動をとっていたことを示しているでしょう。

この九代政宗の時代には、黒川・名取・宮城・深谷〔桃生郡〕・松山〔志太郡〕〔以上ともに宮城県北部から中央部〕宇多〔福島県相馬郡〕の地方の武将たちも、新たに伊達氏の配下になっています。すでに伊達氏は亘理郡も支配下に置いていましたから、米沢周辺と現在の宮城県にほぼ重なる地域を、九代政宗の時代には勢力下に収めていたのでした。

そのような意味では、九代政宗は、伊達家の中興の祖的な人物といえるでしょう。

さらに、九代政宗は、文武両道の人で、前掲『仙台藩史料大成　伊達治家記録一』によると、「政宗はまた和歌を好み『明けば又独《ひと》りやゆかむ　夜もすがら月に伴う宇都《うつ》の山越《やまごえ》』〔和歌の表記は筆者改める〕の一首は新後拾遺和歌集に収められた(8)」とあり、王朝文化の粋《すい》である和歌の教養も充分に備えた武家歌人でもあったのです。

『新後拾遺和歌集』（二条為遠・為重撰・足利義満執奏・後円融天皇下命・至徳元年（一三八四）完成）は、二十番目の勅撰和歌集ですので、九代政宗は勅撰和歌集に和歌を採用されるほどの武家歌人でもあったのでした。ちなみに、『新後拾遺和歌集』巻第十「羇旅歌」には、政宗は「題知らず　藤原政宗」として記されています。(9)

ここにも伊達家の文化水準の高さ、すなわち「文化力」が示されており、九代政宗の頃には伊達家の文化的環境が豊かに培《つちか》われていたことがうかがえます。

ちなみに、伊達家十七代政宗は、天正五年（一五七七）十一月に十一歳で元服し、梵天丸《ぼんてんまる》という幼名を改め、「藤次郎政宗」を名乗ります。この「政宗」という名が、伊達家の中興の祖といっても過言でない九代政宗からとられたものであることは、小林氏の前掲書にも述べられていますが、この年の正月七日に伊達家の佳例で七種連歌が祖父晴宗の居城、杉目《すぎのめ》城で催されました。(10) 小林氏は、その時の十七代政宗（このときはまだ梵天丸）の句を紹介しています。それは、

暮れわかぬ月になる夜の道すがら

という句です。

この句は、『性山公治家記録』（巻之三）によると、父輝宗の連歌の第三句「百千鳥軒端《もちどりのきば》ツゞキノ山カケテ」（多くの千鳥が軒端の彼方に見える山の辺りに飛んでいくよ）に続く第四句「トリぐ〵ウタヒカヘル柴人」（それぞれ歌ったりして家路につく芝刈りの人たち）に続けられた句ですが、それと同時に、先述の九代政宗の、

明けば又独りやゆかむ　夜もすがら月に伴う宇都の山越

を意識していることは明らかでしょう。

「夜が明けると又独り旅路を歩むことになるだろうな　一晩中月と共に歩んだ宇都の山越えの道よ」という九代政宗の歌を念頭にして、「暮れてしまって月が出る頃になったよ、夜の旅路じゅうずっとこの月と共に歩むのだろうな」と表現された十七代政宗の句は、先祖の和歌と子孫の句とが時空を越えて不思議に響き合っています。

おそらく、少年政宗は、先祖の勅撰和歌集に収載された歌を踏まえて、連歌にその句を詠み込んだのではないかと推測されます。九代・十七代二人の政宗の和歌的な教養・資質の高さに驚かされます。

戦国の世を生き抜くためには、武力だけでなく、「文化力」もその身に付けなければならなかっ

たことが推測されます。

## 3　伊達氏の勢力拡張と「文化力」

### 十一代　持宗

十五世紀に入り、伊達家の十一代持宗《もちむね》（一三九三《明徳四》〜一四六九《応仁三》）の時代には、関東管領と鎌倉公方の対立や、室町幕府と関東管領との対立（上杉禅秀の乱（一四一六《応永二十三》〜一四一七《応永二十四》）・越後国の応永の大乱（一四二三《応永三十》〜一四二六《応永三十三》）・永享の乱（一四三八《永享十》））などの動乱のなか、伊達氏は奥州で勢力をさらに高めます。

しかし、関東の動乱は、奥州にも波及し、奥州南部の豪族と伊達・大崎・葛西といった奥州中部の豪族との対立構造も形作られてきました。

### 十二代　成宗

伊達家十二代成宗《なりむね》（一四三五《永享七》〜一四八七《長享元》？）は、持宗の次男で伊達家を継ぎました。前掲『伊達治家記録一』には、

文明十五年（一四八三）成宗は二度目の上洛を行ない将軍義政《よしまさ》・子息義尚《よしひさ》・義政の夫人日《ひ》野《の》富子《とみこ》はじめ、各方面に贈物を献上したが、進物の合計は太刀二三振、馬九五頭、砂金

三八〇両、銭五万七千疋と云う多大なもので、その豪勢さは京の人々を驚かせた。同じ頃上洛した荘内の武藤氏の義政に対する進献は銭一万疋、馬十頭、永享十二年（一四四〇）に上洛した白河の結城氏朝の将軍以下に対する進献物は馬七頭、太刀八振、銭六万五千疋であったと云うから、成宗の馬九五頭はそれと比較すると格段の多数であり、伊達氏の実力が成宗の頃すでに奥羽の中部から出羽の置賜方面を掩有《えんゆう》し、奥羽随一の有力な大名にのし上がっていた有様が偲ばれる。猶文明十五年の成宗の上洛については成宗上洛日記なるものが伝えられている。この時成宗は伊勢神宮に参拝して帰国し、都を去るにあたり「都出る名残は誰としらねども　ひ《引》かるるとのみ思う袖かな」の一首を詠じた。(11)

とあり、成宗の時代には、伊達家の勢力は、奥州随一のものになっていたことが分かるのです。そしてまた、彼が日記に和歌を認《したた》めているように、文化の伝統も伊達家には引き継がれていたことが分かります。

広大な勢力範囲を統治する有力大名の条件には、こうした王朝文化の素養を身につけることは必須の条件だったのでしょう。彼ら伊達家当主のカリスマの源泉には、武力・経済力と共に「文化力」が必須のものであったと思われます。

## 十四代　稙宗

十二代成宗の孫にあたるのが伊達家十四代稙宗《たねむね》（長享二 一四八八～長享二 一五六五）です（図１）。彼の父の十三代尚宗《ひさむね》（享徳二 一四五三～永正十一 一五一四）の時代は、領内に内紛なども生じて、明応三年（一四九四）には一時会津に逃れたりしていましたから、父成宗の時代の伊達家の台頭も、同時に周囲の豪族の成長や関東・東北の大乱、そして都の応仁・文明の乱（応仁元 一四六七～文明九 一四七七）による戦国下剋上の影響を受けて、きわめて不安定であったことが推測されます。

　このような東北の戦国時代到来の中で、伊達家を再度東北の有力大名にのし上がらせていったのが伊達家十四代の伊達稙宗でした。彼は、大永二年（一五二二）、権威が低下したとはいえ、室町幕府からそれまで地方統治機構にはなかった「陸奥国守護」に任ぜられました。前例のない職制でしたが、この稙宗の意図を前掲『仙台藩史料大成　伊達治家記録一』では、次のように解説しています。

図１　伊達稙宗像
（長谷川養辰筆　仙台市博物館蔵）

　その実力によって奥州を支配しようとし、敢えて、これまで存在しなかった奥州守護の地位を幕府に要望したのである。その要望がかなって稙宗は守護に任ぜられた。これによって伊達氏は探題や稲村・笹川両公方とは別に、奥州の諸大名に命令し、これを支配する名目的な根拠をも取得したのである。伊達氏が名実ともに奥州の覇者として飛躍する素地が出来上った。その基礎に立って稙宗は活発な軍事的、外交的な活動を展開した。(12)

稙宗が幕府から「陸奥国守護」の地位を得る頃には、彼の軍事行動は積極的に展開されます。伊達氏の北西地域には出羽国の最上氏、北東地域には葛西氏という有力豪族が勢力を張っていましたが、稙宗はこれらと戦い勝利します。

また、天文五年（一五三六）、かつて奥州探題を世襲していた大崎氏の家臣団の内紛が起きた時には、稙宗に援助を求めた大崎氏を助け、大崎地方や黒川郡〔宮城県北部地域〕を従属させました。さらに、次男の義宣《よしのぶ》を大崎氏の嗣子《しし》として入れました。

こうした稙宗の軍事行動の最中にも、分国法（戦国大名の領国支配のための法律）である『塵芥集《じんかいしゅう》』を天文五年四月に制定します。『塵芥集』は、ほぼ一七〇条の規定が示され、神社仏閣に関する項目・治安に関する項目など、支配地域に公平な法制を行うためのもので、ここにも広大な支配地域をいかに経営するかという稙宗の先進的な政治的意思がうかがえます。

さらに、稙宗は、広範囲に広がる支配領域を安定的に支配するため、あるいは周辺の大名の上に立つために、周辺の大名や麾下《きか》の主な豪族との政略結婚策を積極的に繰り広げました。
たとえば、前掲書『仙台藩史料大成　伊達治家記録一』所載の「伊達氏略系図」や、『仙台市史　伊達政宗文書一　資料編十』所収の「伊達政宗係累図」を参照しますと、周辺の豪族や麾下の豪族に嫁した娘は、「屋形御前（相馬顕胤室）、蘆名盛氏正室、二階堂輝行室、田村隆顕室、懸田俊宗室、相馬義胤室」の六人を数えます(13)。

また、同じく養子に入れた子息は、「大崎義宣、桑折《こおり》宗貞、葛西晴胤、梁川《やながわ》宗清、田村宗殖《むねふゆ》、極楽院宗栄、亘理綱宗、亘理元宗」の八人です。

こうして、稙宗の時代には、周辺豪族や麾下の豪族との姻戚関係が複雑になり、それぞれの諸氏同士も土地をめぐる内部対立を内包していましたから、勢力下の地域の統治が困難になるという複雑な事情も生じてきたのです。

さて、稙宗がその勢力を拡大し、政略結婚政策で支配地域の結束に成功した背景には、単に政治力・軍事力だけではなく、「文化力」もあったことを指摘しておきましょう。

稙宗は、当時都で王朝文化の指導者であった三條西実隆《さんじょうにしさねたか》（王朝文化の粋である和歌・古典文学を保持・発展させ、宗祇《そうぎ》から古今伝授を受けている）（文明九 一四五五～天文六 一五三七）・冷泉為広《れいぜいためひろ》（冷泉家六代当主）（宝徳二 一四五〇～大永六 一五二六）に自らの和歌を送り添削を受け、和歌の教養も身につけていたようです。

たとえば、「伊達家文書之二」一七六号文書に「伊達稙宗詠草奥書写」という文書があります。

三條西殿（実隆）、冷泉院殿（為広）え、一巻之歌をのぼ《上》せ候処、御《おん》点之上《のうえ》、奥書《おくがき》に、彼詠歌《かのえいか》

聴雪（実隆）

見そめつる露のことの葉色しあれや　えが《描》きこゝろのおく《奥》もしられて

（初めて読ませていただいた言葉に味わいがあります　あなたの心の奥も知られることです）

宗清（為広）

一まき《巻》のこと葉の花に　色ふかき心のおくぞ千々にしらるゝ(14)

（一巻の巻物の歌の言葉にあなたの心の奥が様々に知られることです）

稙宗が詠草をまとめた巻物一巻を実隆・為広に送り添削を依頼し、その巻物の奥書に実隆・為広がそれぞれ和歌で感想を書き添えたものです。二人の没年から推測して、稙宗が奥州探題を世襲していた名家大崎氏を勢力下におさめようとしていた頃のものかと推測できます。

軍事力と共に、代々伊達家の伝統である「文化力」を身につけることが、戦国大名の資質として必須のものであったことを、この文書からも推測できるのです。

## 4　稙宗・晴宗父子対立

政略結婚政策を推し進める稙宗は、天文十一年（一五四二）、子息実元《さねもと》（後に亘理伊達家の家祖となる）（大永七 一五二七～天正十五 一五八七）を、越後の上杉定実《さだざね》（生年不詳～天文十九 一五五〇）の養嗣子にすることにしました。国を越えた政略結婚ですので、稙宗の越後国への野望も見え隠れしますが、稙宗の母が上杉定実の息女という関係がありましたので、両家の姻戚関係を深めようとする意図もうかがえます。ちなみに、伊達家の「竹に雀《すずめ》」の家紋は、この縁組みの祝いに上杉家から贈られたものといわれています。伊達家からは、精兵多数を実元につけて養子に出すという約束もなされました。

図2　伊達 晴宗像
（長谷川養辰筆　仙台市博物館蔵）

　ところが、稙宗の長男で、伊達家十五代にあたる晴宗《はるむね》（永正十六 一五一九～天正五 一五七七）は、この縁組みに大反対しました（図2）。弟の養嗣子に伊達家の精兵多数（百騎・千騎とも）をつけるなど、自国の戦力の減少になるというのが理由でした。

この父子対立の原因には、伊達家の宿老であった中野宗時《むねとき》（生没年不詳）や桑折景長《かげなが》（永正三一五〇六〜天正五一五七七）が晴宗に讒言《ざんげん》し、父子の対立を図ったものとも伝えられていますが、事の真相は不明です。

自国の精鋭部隊をつけての実元の養子縁組は、嗣子の晴宗にとっては国力の減退につながりますし、上杉家に出される武将たちも、まだ兵農分離の徹底していない時代ですので、自国を離れることには賛成はしなかったでしょう。

晴宗は、急遽父稙宗を幽閉しこの縁組を阻止しました。しかし、幽閉から脱出した稙宗は、その後六年間、長男の晴宗と戦うことになりました。これが「天文《てんぶん》の乱」（洞《うつろ》の乱）（天文十一一五四二〜天文十七一五四八）と呼ばれる伊達家の父子対立の内乱です。

当初、稙宗方には、相馬顕胤《あきたね》（室は稙宗の娘）・蘆名盛氏（同上）・葛西晴胤（義弟は稙宗の子息）・大崎義宣（稙宗の次男）など政略結婚で結びついた近隣の諸大名が与《くみ》し、晴宗方には、伊達家家臣が与する傾向にあったようです。(15)

父子対立の初期は、稙宗側の優勢であったようですが、蘆名（晴宗の母は蘆名盛高の娘、姉は蘆名盛氏正室）・最上・石川などの近隣の勢力が晴宗方に与することになり、蘆名・二階堂（稙宗の娘が嫁す）・相馬（同上）・田村（同上）・岩城（晴宗の子が養子）氏など、周囲の姻戚関係のある大名たちの仲介と、将軍義政による和睦の命令で、天文十七年（一五四八）、稙宗は伊具郡（伊達郡の北東地域）丸森城に隠居し、晴宗が伊達家の十五代当主になったのでした。

伊達家にとっては、この大乱は大変な痛手の事件でしたが、その後、周辺大名の伊達家からの自立傾向もあり、伊達家が周囲の大名との対立も覚悟しなければならない状況が生まれ始めたともいえるでしょう。

さて、伊達家のこの大乱は、稙宗の隠居という形で収束しましたが、稙宗・晴宗の和睦の後、稙宗が常に文化に心を寄せていたことをうかがわせる史料が前掲「伊達家文書之一」に収められています。

それは、「伊達家文書之一」の一九一号文書で、「連歌師千佐歌書抜書《ぬきがき》」というものです。この文書の表紙には、

相馬連歌師千佐歌書《うたがき》之内ニ、稙宗様晴宗様父子御和睦之《おんわぼくの》事歌有之《ことうたこれあり》、又稙宗公和歌御伝授之《ごでんじゅの》事《こと》有之、此歌書可被召上哉《めしあげらるべきや》と奉伺候《うかがいたてまつり》処ニ、其入用之《そのいりようの》取計書抜置可然由《とりはからいかきぬきおいてしかるべきよし》、被仰付候《おおせつけられ》也(16)

という説明が記されています。

「相馬にいた千佐という連歌師の歌の控え書き中に、稙宗様・晴宗様の和睦のことが詠われ

た和歌がある。また、稙宗様が和歌の伝授を授けたことの和歌もあり、この千佐の和歌の控え書をお届けしましょうかと伺いましたところ、必要なところを書き抜いて届けよと仰せがあった」という意味です。この控え書の末尾には、所持者が「歌書所持熊谷正右衛門」と記されていますので、熊谷正右衛門（おそらく稙宗の家来か）が伊達家に届けたものだと思われます。

この連歌師千佐の歌の抜書には、稙宗が当時もっとも優れた連歌師の一人であった猪苗代兼載《いなわしろけんさい》（歌人心敬《しんけい》に師事し、宗祇とも交流し連歌の最盛期を作り出した）（享徳元 一四五二～永正七 一五一〇）の後継者、猪苗代兼純《けんじゅん》を長く扶持《ふち》していて、大変熱心に和歌・連歌、すなわち風雅の道を学んでいたことが記されています。

伊達左京兆（「京兆」は左京大夫・右京大夫の唐名）、年来兼純扶持有し上、風雅之道不怠《おこたらず》、嗜御数寄《おんすきをたしなみ》誠に難有《ありがたき》事也、然砌慮外《しかるみぎりりょがい》に彼《かの》屋裏乃家老区にて（「彼《かの》屋裏乃家老区にて」は意味不明。伊達家父子の対立のことか）洞大乱《うつろたいらん》、されども漸《ようやく》家中無事に被取成事《とりなさるること》を奉感《かんじたてまつり》て、不顧憚《はばかりをかえりみず》、便《びん》に付て野老（田舎の老人、猪苗代兼純のこと）口に任たる二首、彼御方へ進献、

蘆原《あしはら》のみだれ《乱》たる世を和歌の浦の玉も《藻》に浪ハたちかへるみち

歌道一流純公より相伝有し事を羨《うらやみ》たてまつりて

名も高き花の色香のしづえ《下枝》にも及ばぬおひやもりのした草(17)

稙宗が連歌師の猪苗代兼純を扶持していたこと、熱心に歌道を嗜んでいたことが記され、思わぬ稙宗・晴宗父子の対立、天文の乱（洞の乱）が起きたが、家中無事に和睦が成立したこと、それらに感じて、稙宗に連歌師千佐が二首の和歌を届けたことが記されています。一首は、洞大乱の和睦が成立した祝いの歌で、もう一首が猪苗代兼純から伊達稙宗が歌道の伝授を受けたことへの祝いが詠われています。

ここにも、伊達家の伝統として、稙宗が風雅の道を嗜み、その嗜みが「文化力」として稙宗の権威を形作る要素になっていたことが知られます。

また、稙宗と猪苗代兼純の連歌を通じた指導の中で、心温まる交流があったこともうかがわれます。

予《よ》連歌かの瓦礫《がれき》を少々書《かき》、注遺し候に、無隔心《へだてなきこころ》風情《ふぜい》之体《てい》を書中に顕《あらわ》さるる事を感じて、後に一首の愚詠《ぐえい》中送り侍り

こ《隠》もり《り》江におのかまゝなる乱蘆《みだれあし》を　わくるはうれし和歌の浦浪

（外からは見えない入り江に好きなように生えている葦を、たずねてくれた和歌浦の波よ）

返し　　　　兼純

難波江のあし《蘆》か《刈》らねども　へだ《隔》てなきなみ《浪》の言のは《葉》つた《伝》ふばかりに(18)

(難波江の葦を刈ることはないのですが、親しく隔てることのない貴方の心が和歌の言葉から伝わるので)

この文書の最後には、「天文十八年四月三日　千佐」とありますので、稙宗・晴宗《はるむね》父子対立の「天文の乱」(洞の乱)の和睦の翌年の文書と分かります。すると、隠居し家督を晴宗に譲る形で和睦が整った翌年ですから、稙宗は、それまでの連歌を隠居後にまとめ、添削を求めて兼純に送ったのでした。兼純は、晴宗との戦いに敗北し隠居を余儀なくさせられた稙宗に対して、以前と隔てなく心のこもった返信をしたのでしょう。その風雅の道の心に感じて、稙宗は一首を詠んだのでした。「こもり《隠り》江に」という歌語に、隠居した立場の悲しみも読み取られますが、そうした隠居の立場になっても、稙宗は風雅の道を嗜んでいたのでした。

このような風雅の嗜みが、稙宗のカリスマ性を形作っていたのでしょうし、また伊達家の「文化力」を培っていたのです。

# 第一章　政宗誕生

## 1　祖父晴宗から父輝宗へ

伊達家十四代稙宗《たねむね》（政宗の曾祖父）と十五代晴宗《はるむね》（政宗の祖父）との六年間に及ぶ対立、すなわち「天文《てんぶん》の乱」（洞《うつろ》の乱）（天文十一 一五四二～天文十七 一五四八）も、両者の和議がなって、稙宗は伊具郡（伊達郡の東方地域）丸森城（宮城県伊具郡丸森町）に隠居し、晴宗が伊達家の十五代当主となりました。

晴宗は、天文の乱の後、天文二十四年（弘治元 一五五五）頃、幕府から「奥州探題」に叙せられます。この官職は、長く奥州の名門、大崎氏が世襲していた官職でしたから、晴宗の奥州探題叙任によって、伊達氏が奥州の頂点に立ったのでした。

ただし、天文の乱における内紛によって、稙宗時代までに稙宗の政略結婚政策で伊達氏に服属していた蘆名氏（会津地方。稙宗・晴宗の娘が嫁ぐ）・相馬氏（千葉県北西部や福島県東部の浜通りの辺り。稙宗の娘が嫁ぐ）・最上氏〔山形市周辺。稙宗の実妹・晴宗の娘が輝宗に嫁ぐ〕が伊達氏からの自立をし始めましたので、伊達氏の南部と北西部とに戦国大名化した勢力が迫る現実も生まれてきました。

しかも、晴宗の重臣であった中野宗時《むねとき》（後に晴宗の子息輝宗により、子息牧野久仲《ひさなか》と共に追放される）・子息の牧野久仲（生没年不詳）などの家臣が、天文の乱での功績により破格の厚遇を許され権勢を振るうようになり、主君を脅かすような存在になっていったことも、伊達家の内紛を再燃させかねない要因になっていたようです。

たとえば、永禄四年（一五六一）、中野宗時父子は、晴宗と嗣子《しし》輝宗との間の対立を画策したようです。それは、伊具郡の角田城〔宮城県角田市〕の田手《だて》宗光が相馬氏と共に晴宗に反旗を翻そうとしており、輝宗もその仲間だという讒言《ざんげん》でした。

この事件は、天文の内乱を再現しかねないものでしたが、最上氏や蘆名氏・岩城氏などの伊達氏と姻戚関係を持つ周辺の勢力の周旋《しゆうせん》で、内乱にならず収まりましたが、晴宗の時代の晩年には、このような内憂外患が伊達氏を取り巻いていたのでした。

こうした問題を抱えた時代に、北方の最上氏の脅威に対抗するためでしょうか。晴宗は居城を現在の米沢に移します。以降、伊達氏は、晴宗・輝宗・政宗の時代を通じて、この米沢城を拠点にすることになります。

図3、4　米沢城趾にある伊達政宗誕生の碑（左）と米沢城趾の堀（右）
（いずれも撮影著者）

米沢城、あるいは米沢といえば、江戸時代には上杉氏の領地になりましたので、米沢城趾には米沢藩九代藩主の上杉鷹山《ようざん》（寛延四 一七五一～文正五 一八二二）の銅像が建てられて顕彰され、たとえば上杉神社などは観光文化資源として有名ですが、米沢城・米沢周辺の地域が戦国時代後半の伊達氏の本拠地であったことは忘れられてはなりません。現在でも、米沢城趾には、「伊達政宗誕生の地」と刻まれた碑が置かれています（図3、4）。

さて、永禄八年（一五六五）、伊達家第十六代の輝宗（政宗の父）が晴宗の後を嗣いで家督を継承します。『伊達家治家記録』の『性山公治家記録』（巻之一）「永禄八年乙丑《きのとうし》　公御年二十二」には、御父左京大夫従四位下晴宗入道道祐《どうゆう》君隠居シ給ヒ、（輝宗）公御家督ヲ続（継）ギ給フ。　公ハ出羽国置賜《おきたま》郡長井荘米沢城ニ御座《おわしま》ス。　道祐君ハ陸奥国信夫《しのぶ》郡杉目（後改福島）城ニ隠居シ給フ。(1)

とあり、輝宗は、二十二歳で家督相続し、父の晴宗は杉目城〔後の福島城〕に隠居していたことが知られます。また、同年五月壬午《みずのえうま》十二日の条の末尾には、

伊具《いぐ》丸森ハ　御祖父稙宗君ノ御隠居所ナリ。天文十一年（一五四二）内乱、稙宗君・晴宗君御父子不和ニシテ御家騒動ス。人々ノ言伝《いいつたう》ル所ナリ。然《しか》レドモ終《つい》ニ御和順アリテ仰通《おおせどおり》セラル。(2)（以下略）

とあり、輝宗家督相続の年には、輝宗の祖父稙宗が丸森城に、父晴宗も杉目《すぎのめ》城に隠居して在世していたことも知られます。ただし、稙宗は、この年の六月十九日に丸森城で死去しました。

この稙宗の死去に殉じたのが伊達家十一代の持宗《もちむね》（明徳四〜応仁三 一三九三〜一四六九）の外孫にあたる小梁川宗朝《こやながわむねとも》（入道して日雙《にっそう》と号する）（文明元〜永禄八 一四六九〜一五六五）で、当時九十七歳の高齢でした。『性山公治家記録』六月十九日の条には、「御墓ノ側ニ葬ル(3)」とあります。

その宗朝殉死の記事には、この宗朝（日雙）が出家後に山城国鞍馬に隠棲した時、将軍足利

義晴《よしはる》（永正八〈一五一一〉～天文十九〈一五五〇〉）に召し出され恩顧をこうむったとあり、そのため、稙宗は喜び「毎年黄金若干ヲ賑《しん》ジ給フ」と記されています。そして、宗朝が稙宗のもとに下向する時には、将軍から「麝香《じやこう》」に添えて「長サ六尺許《ばか》リノ伽羅《きやら》」が朝宗《ともむね》に託されたということです[4]。

将軍がきわめて貴重な中国から到来した香木を、しかも「六尺許り」のものを稙宗に与えていたのですから、稙宗が和歌・連歌などと共に香の文化についても嗜んでいたことが分かり、伊達家の「文化力」が、稙宗・晴宗父子対立の後にも、伊達家の当主のカリスマ性に寄与していたことが分かります。

稙宗没後も、晴宗・輝宗の父子対立の構図は残っていたと思われますが、伊達家の結束力・奥州の頂点としての存在には、伊達家の「文化力」の意味は大きかったと思われます。

このような伊達家の「文化力」の伝統を背負って晴宗・輝宗と伊達家の家督相続が続いていたことは、忘れられてはならないでしょう。

## 2　中野宗時・牧野久仲父子の追放

永禄八年（一五六五）、二十二歳で伊達家を継いだ輝宗は、すでに述べた内憂外患を抱えていました（次頁図5）。

図5　伊達輝宗像
（長谷川養辰筆　仙台市博物館蔵）

本拠地の米沢の北方には、最上氏が伊達氏の領土に迫ってきますし、南には、蘆名氏・相馬氏という勢力が伊達氏の南域に進出してきます。このような厳しい周囲との関係の中で、輝宗は伊達家の安定と発展の基礎を築こうとしたのでした。

永禄九年（一五六六）、晴宗時代に対立関係を深めた会津の蘆名氏に、自身の妹を嫁がせ、政略結婚政策によって蘆名氏との和睦を成立させました。もともと輝宗の祖母（蘆名盛隆息女）は蘆名氏の出身で、「伊達家略系図」によれば、晴宗の姉（蘆名盛氏室）・輝宗の妹（蘆名盛興室。盛興没後、蘆名盛隆室）も蘆名氏に嫁いでいますので、[5]和睦の下地は姻戚関係の強化という形で存在していたのでしょう。そして、蘆名氏との和睦を成立させた輝宗は、領土の南東部から北進してくる相馬氏と戦い続けたのでした。ちなみに、この相馬氏にも稙宗の息女が相馬顕胤《あきたね》（永正五 一五〇八〜天文十八 一五四九）に嫁いでいます。

このような厳しい外交関係の中で、翌永禄十年（一五六七）八月三日に、伊達政宗が米沢城で誕生したのでした。輝宗は二十四歳。政宗の母、すなわち輝宗の室は、最上義守《よしもり》（大永元 一五二一～天正十八 一五九〇）の娘義姫《よしひめ》（天文十七 一五四八？～元和九 一六二三）でした。稙宗・晴宗以来の複雑な政略結婚政策の影が輝宗・政宗の背景にも垣間見られます。

晴宗の跡を嗣いだ輝宗の課題は、伊達家の内憂でもある権勢を振るっていた家老の中野宗時・牧野久仲父子の暗躍対策でした。

中野宗時は、稙宗・晴宗・輝宗に仕えた伊達家の宿老ですが、天文の乱で晴宗に与《くみ》して厚遇され、「晴宗君ノ御代専《もっぱ》ラ権ヲ執《と》ル」[6]というように、伊達家の中で権勢を振るうようになりました。また、次男の久仲を、伊達家代々の家老の名家牧野家に入れました。輝宗の父、晴宗が「奥州探題」に叙任されますと、牧野久仲は「守護代」に任じられるほどでした。

中野宗時父子の専横ぶりを、『性山公治家記録』（巻之二）は、

　代々ノ権威ト云ヒ、若干ノ地ヲ領シ、剰《あまつさ》ヘ当時父子ノ間ナレバ、何事モ中野・牧野ガ裁配ニ因《よ》レリ。宗時ハ佞奸邪智《ねいかんじゃち》ニシテ、天文ノ内乱モ彼等ガ所為ヨリ出タリ[7]

と描いています。

この中野父子の反逆計画が、伊達家の代々の執政職であった新田景綱《かげつな》（生没年不詳）によっ

て輝宗に告げられたのでした。しかも、景綱は、中野宗時に与した子息の四郎義直《よしなお》を搦《から》め取っての注進でしたから、輝宗も、「御感斜《ななめ》ナラズ(8)」と喜んだのでした。

「御感斜ナラズ」という輝宗の反応は、日頃から中野宗時父子の専横ぶりを、なんとか排除せねばならぬと輝宗が考えていたことを示唆しているでしょう。

『性山公治家記録』（巻之二）の記事によれば、輝宗が宗時を排除せねばならぬと判断するに至ったのは、中野宗時に仕えていた遠藤基信《もとのぶ》（輝宗が殺害された日に殉死）（天文元〈一五三二〉～天正十三〈一五八五〉）が、宗時に暗殺されかけたことがきっかけでした(9)。

専横を極めた中野宗時は、主人の輝宗を軽視し、出仕さえ怠っており、当時中野宗時に仕えていた遠藤基信を使いとして輝宗に出仕させていました。

遠藤基信は、連歌の才能もあり、輝宗の連歌の会にも招かれるほどの才覚の持ち主で、輝宗も基信を重用するようになったのでした。ここにも、伊達家が連歌会をよく催していたことを推測させ、輝宗も伊達家当主としての「文化力」を重視していたことがうかがえます。

さて、基信が重用されたことを嫉《ねた》んだ中野宗時は、輝宗の連歌の会から戻る基信を、その帰り道、家来たちを盗賊に見せかけて暗殺を謀りました。しかし、基信に傷を負わせずに失敗します。

基信は、即座に輝宗に事件を報告し、輝宗も「宗時ガ所為ナリト思召《おぼしめ》ス(10)」と、宗時の叛意を察したのでした。

身辺に禍が及ぶことを察した中野宗時は、輝宗の家臣であった新田四郎義直を謀反の側につけようとしましたが、義直が父の新田景綱にそのことを告げますと、伊達家に忠誠を尽くしていた父の景綱は、子息の義直を絡め取り、輝宗に宗時・久仲父子の謀反を注進したのでした。

こうして謀反が発覚してしまった中野宗時・牧野久仲父子は逃亡し、伊達家と敵対関係の相馬氏に逃れたというのが、宗時・久仲父子の追放事件でした。

この事件の直後、後に輝宗の宿老となった遠藤基信の美談が付け加えられていますので、引用しておきます。


中野・牧野ガ党類事急ナルニ因《よつ》テ、妻子ヲ退《しりぞく》ルニ不及《およばず》シテ小松〔山形県川西町。牧野久仲の城〕に籠城ス。逆徒退散ノ後　公（輝宗）彼等ガ妻子ヲ殺サントス。遠藤基信諫《いさめ》テ止《とど》ム。果《はた》シテ中野等ニ与シタル者、誰々ト云ふ事ハ露顕セザルト思ヒ、多クハ夜ニ紛レ、事ニ寄セテ潜《ひそか》ニ立帰リ、先非《せんぴ》ヲ悔《くい》テ君恩ヲ仰《あお》ゲリ(11)

逃げ遅れた反乱に与した者の妻子を、輝宗が見せしめに殺そうとしたのを、基信が諫《いさ》め止《とど》めさせたことにより、そののち帰参した中野父子の配下の者たちは、かえって輝宗の恩をありがたく思った、という逸話です。ここにも、後に輝宗の家老として輝宗を支えた基信の力量がうかがえます。

さて、子息四郎義直を絡め取り、中野宗時と牧野久仲の謀反を注進した父の新田景綱に、輝宗は義直の罪科を相談しますと、景綱は、「速《すみやか》ニ死ヲ賜《たま》ヘト請《こ》フ」[12]と答えたのでした。そこで、義直は切腹させられ、次男の義綱が新田家を嗣いだということです。ここにも、伊達家に忠誠を尽くす家臣と輝宗との結束が強く存在していたことを推察させます。

また、この新田景綱は、「今度忠功ニ依テ寵賞他ニ異ナリ」[13]と、とくに恩賞をいただいたと記されていますが、興味深いのは、その文に続いて、「毎年乱舞始ニモ饗セラル巾着引《きんちゃくびき》（今ニ正月十四日謡初《うたいはじめ》に有此事《このことあり》）ト云フ事ハ是ヨリ後、酒宴ノ興ニ乗ジテ始レリト云フ」[14]とあり、伊達家の正月行事の乱舞（能の舞の演技の間に行う舞）始《はじめ》に演じられる「巾着引」（不詳）という演目の起源になったということです。

ここにも、伊達家が能楽などの文化を年間行事に取り入れていたことがうかがわれ、伊達家の家臣たちの結束力に、当主輝宗の「文化力」が機能していたことが推測されます。

ともあれ、中野宗時・牧野久仲父子の追放により、「逆臣中野亡《ほろび》テ後、公（輝宗）御父子ノ間モ自《おのずか》ラ睦《むつまじ》ク成ラセ玉《たま》フ」[15]と『性山公治家記録』には記されていますので、伊達家の内憂であった中野宗時・牧野久仲の専横や晴宗・輝宗の不和の問題は取り除かれたのでした。

この追放事件の三年前に伊達政宗が誕生していたのでした。政宗が物心つく頃には、輝宗は伊達家の内憂を収め、周囲の戦国大名たちとの合戦に力を注ぐことになっていたのでした。

## 3　政宗の母、義姫

永禄十年（一五六七）八月三日、伊達家十七代の政宗が誕生しました。

さて、この年の三月には、輝宗は、奥州宮城郡の留《る》守《す》顕宗《あきむね》（永正十六 一五一九～天正十四 一五八六）の隠居に伴い、輝宗の同腹の弟である政景《まさかげ》（天文十八 一五四九～慶長十二 一六〇七）を留守家の後嗣にしました。『性山公治家記録』には、

政景実《まこと》ハ　晴宗君ノ御三男（第六御子）、　公（輝宗）一腹ノ御弟ナリ。是ヨリ前《さき》顕宗女子ヲ政景ニ配シテ養子トセラル。顕宗実子（高城式部宗綱）アリ。然《しか》レドモ留守家往々衰微《すいび》ニ及《およ》ブ。故ニ政景ヲ養ヒ、大家ニ依テ近郡ノ畏《おそ》レ無《なか》ラント欲《ほっ》セラル歟《か》。　当家（伊達家）ノ子弟彼《かの》家ニ養ハレ玉フ事、今度ニ至《いたり》テ第三度なり。[16]

と記されています。

留守氏は、国分氏と共に宮城郡〔宮城県の多賀城市の辺り〕の有力な伊達家一門の豪族でした。輝宗の父、晴宗は、早く三男の政景を留守氏の養子に入れていましたが、輝宗は、留守氏には隠居した顕宗の実子がいたにもかかわらず、同腹の弟政景に留守氏の家督を継がせたのでした。

これは、留守氏が伊達家から三度にわたり養子を入れていた重要な一門の家だったので、この家が「往々衰微《おうおうすいび》ニ及《およ》ブ。故ニ政景ヲ養ヒ、大家ニ依テ近郡ノ畏《おそ》レ無《なか》ラント欲《ほっ》セラル」（徐々に衰微していったので、政景を養子に入れて、伊達家の権威によって、近隣の豪族からの侵略の危険をなくそうというもの）とあるように、伊達家の権威によって、重要な一門である留守氏を保護しようとするものでした。この記事にも、輝宗が伊達家の権威を使って一門を加護するという意図が見られますし、また、伊達家の結束に政略結婚政策が東北地方ではある程度有効に機能していた一面が見られます。

このような周辺の諸勢力との緊張関係や、中野宗時父子の専横と叛逆という危機を含んだ輝宗の治世の中、政宗が米沢城で産声を上げたのでした。父の輝宗が二十四歳の年でした。『性山公治家記録』（巻之二）には、まず誕生の記録として、母親・政宗の幼名・乳母について記されています。

○八月己酉《つちのととり》大三日乙酉《きのととり》。庚辰《かのえたつ》刻（午前八時）羽州置賜郡《おきたまぐん》長井荘米沢御居城ニ於《おい》テ　嗣君

（伊達政宗）誕生シ給フ。　御母ハ北御方《きたのおんかた》最上《もがみ》氏源義姫《よしひめ》ナリ。　実《まこと》ニ是《これ》　伊達氏第十七世権中納言従三位兼行陸奥守政宗君ナリ。　御童名ハ梵天丸《ぼんてんまる》。
○義姫ハ出羽国山形主最上修理大夫殿源義守《よしもり》ノ女《むすめ》ナリ〈御入輿《じゅよ》ノ年月不知《しらず》〉今茲《こんじ》御年二十。
○御乳母ハ広田氏、増田摂津藤原貞隆ノ妻、広田伊賀〈諱《いみな》不知〉女ナリ。　増田数代ノ一族タルニ依テナリ(17)。

政宗の母親が最上義守の娘、義姫ということも興味深い事実です。輝宗の父晴宗は、北西の最上氏が脅威でしたので、米沢に本拠地を移し最上氏の南進に備えつつ、最上義守の娘義姫と子息輝宗との結婚によって、最上氏の脅威を取り除こうとしたのでしょう。

「〈御入輿《じゅよ》ノ年月不知〉今茲《こんじ》（このとき）御年二十」とありますので、二人の婚儀の期日は分かりませんが、義姫は二十歳で政宗を産んだのでした。輝宗の家督相続の頃（永禄八 一五六五）に「御入輿」があったとすれば、結婚後順調に政宗が誕生したと思われます。

## 4　政宗誕生奇瑞譚

さて、この政宗の誕生に際して、きわめて興味深い誕生奇瑞説話、すなわち義姫の霊夢譚が『性山公治家記録』（巻之一）に伝えられています。これは、政宗の幼名「梵天丸」の由来譚でもあるのです。

少し長い記事ですので、段落に沿って引用してみます。

北御方《きたのおんかた》嘗《かつ》テ時世ノ危《あやうき》ヲ見テ、国家ノ興隆セン事ヲ慮《おもんぱか》リ給フ。時ニ有験《うげん》ノ僧、長海上人、初ハ密教ヲ学《まなん》デ円清坊ト号ス。後ニ一世ノ行者ト為《シテ》、長井荘亀岡文殊堂ノ側《かたわら》ニ住居シ、木食草座《もくじきそうざ》（木の実だけを食して修行すること）シ、苦修練行ス。北御方、上人ヲ召テ、文武ノ才、忠孝ノ誉《ほまれ》アラン御子ヲ、湯殿山《ゆどのさん》ニ祈ラン事ヲ命ゼラル。[18]

政宗の母義姫は、きわめて聡明な女性だったようで、政略結婚の意味を理解していたようです。「北御方《きたのおんかた》嘗《かつ》テ時世ノ危《あやうき》ヲ見テ、国家ノ興隆セン事ヲ慮《おもんぱか》リ給フ」というのは実家の最上氏と、嫁ぎ先の伊達家との対立・緊張関係という危うい関係を自覚しており、義姫は、最上氏・伊達氏の共存を願っていたことを暗示しています。

最上氏と伊達氏との融和のためには、両家の血を引く優秀な男子を産まねばなりません。当時の正妻は、すぐれた嗣子を産むことが求められていました。そこで、義姫は、米沢城の東北近郊にある亀岡文殊で「苦修練行」する「有験《うげん》ノ僧」（祈祷や祈りの霊力で願いを実現することのできる僧侶）である長海上人を召しました。そして、義姫は、長海上人に「文武ノ才、忠孝ノ誉《ほまれ》アラン御子ヲ、湯殿山《ゆどのさん》ニ祈ラン」ことを依頼したのです。

亀岡文殊は、米沢からもほど近い山形県東置賜郡高畠《たかはた》町大字亀岡の大聖寺にあり、日本三大文殊の一つです[19]（図６）。

さて、長海上人は、義姫のこの依頼祈願を引き受けて、湯殿山に登りました。

図6　亀岡文殊（撮影筆者、2018 年）

湯殿山は、周知の如く出羽三山（羽黒山・月山・湯殿山）の一つで、今日もその霊験あらたかな自然全体が神域で、神の威厳を感じさせる大きな滝や、熱湯の湧き出る茶褐色の巨大な霊巖《れいがん》のご神体を拝むためには、湯の湧き流れる道を素足になって参拝しなければなりません。そして、湯殿山は、古来より山自体が神域で、人工物の社殿のないところが日本の自然信仰・山岳信仰の原点を感じさせてくれます。山岳宗教の霊場であり、きわめて厳しい険峻な山道を、かつて修行者は往還したのでした。

長海上人は、義姫の「文武ノ才、忠孝ノ誉《ほまれ》アラン御子」を授かりたいという依頼を受け、その険峻でいまだ雪が残る参拝の山道を登っていったのでした。

長海、四月二日ヲ以テ登山シ、丹誠《たんせい》ヲ抽《ぬきんじ》テ御願ノ証《あか》シニ、梵天《ぼんてん》ヲ以テ湯殿ノ御湯ヲ嘗《なめ》テ下向シ、其《その》梵天ヲ　北御方ニ授テ、御寝所ノ屋根ニ安置セシム。(20)

長海上人は、険しい山道を踏破して、湯殿山に参拝し、義姫の御願の証《あか》しとして、「梵天《ぼんてん》ヲ以テ湯殿ノ御湯ヲ嘗《なめ》テ」、すなわち「梵天」（修験道で「幣束《へいそく》・御幣《ごへい》」のこと）を湯殿山の湯に浸して持ち帰り、義姫の寝所の屋根に安置したのでした。

今日でも湯殿山に参拝した人達は、寄進の証しとして梵天（幣束）をいただき、参道の脇に祀っています。梵天は、神霊の依《よ》り代《しろ》でもあるのです。

さて、長海上人が持ち帰った梵天を寝所の屋根に安置した義姫は、ある夜、不思議な夢を見ます。

或夜《あるよ》　北御方ノ御夢ニ、白髪ノ僧来《きたり》テ「宿ヲ胎内ニ借《かり》ン」ト云《いう》。北御方、答《こたえ》テ、「尊夫《そんぷ》ノ命《めい》ヲ聞《きか》ン」トノ玉《たま》フ。僧、点頭《てんとう》（うなずくこと）シ、去《さる》ト見給ヒテ　御夢覚ヌ。怪《あやし》ミ思《おぼ》シテ公（夫の輝宗）ニ語リ給フ。　公曰《いわく》、「是瑞夢《これずいむ》ナリ。何《なん》ゾ不レ許《ゆるさざるや》哉。再ビ瑞夢アラバ、必ズ辞《じ》セザレ」。果《はた》シテ、其夜《そのよ》又彼《かの》僧来テ、前夜ノ事ヲ問フ。北御方即《すなわ》チ許シ給フ。僧喜ビ謝シテ、即チ梵天ヲ北御方ニ授《さず》ケテ、「胎育《たいいく》シ給ヘ」ト云テ、夢覚メ給ヒヌ。其ヨリ御懐妊、嗣君《しくん》（跡継ぎの政宗）ヲ産《う》み給フ。(21)

北の方の夢に、「白髪ノ僧」が現れ、義姫の胎内に宿を借りたいというのでした。義姫は、「夫に聞いてみましょう」と応えます。夢の中の白髪の僧が頷《うなず》いた途端に夢が覚めたのでした。

不思議に思った義姫は、夢のことを夫の輝宗に語りますと、輝宗は、「これは吉夢だ。どうして胎内を貸すことを断ることがあろうか。再び夢を見たら、必ず承諾しなさい」と喜んだのでした。

はたして、その夜あの白髪の僧が再び夢に出てきて、昨晩のことをたずねました。義姫が、胎内を貸すことを承諾すると、僧は喜んで梵天を義姫に授け、「胎育《たいいく》シ給ヘ」と述べて、夢が覚めたのでした。その後、義姫の懐妊が明確になり、輝宗の跡継ぎの政宗が誕生したのでした。

この伝承は、湯殿山の霊験譚でもあり、湯殿山の神霊の依り代である梵天の霊威が義姫に宿り、政宗の誕生になったのですから、伊達政宗は、湯殿山の霊威を身に受けて出生したのでした。

そこで、長海上人は、生まれてきた赤子に、「梵天丸」という幼名を献じたのでした。

因《よつ》テ長海、御童名《わらわな》ヲ献《けん》ジ、梵天丸ト名付ケ奉ル。又長海ガ取子《とりこ》ト為《な》シ奉ル。是ヨリ以来、湯殿ヲ信仰シ給フ事深シ。毎年長海ヲシテ参詣セシム。御願成満ノ佳例《かれい》ニ依《より》テ、四月二日ヲ以テ期トス。湯殿山ハ奥羽第一ノ高岳《こうがく》、盛夏ニモ雪フル。殊《こと》ニ首夏（四月）ノ始《はじめ》ナレバ、長海ヨリ先ニ参詣スル者ナシ。(22)

長海上人によって名付けられた梵天丸は、まず「長海ガ取子《とりこ》（育児呪法の一つで、社寺や社の門前に捨て、神官・僧侶に拾ってもらい、それを返してもらって育てること）」とされました。「取子」とは、引用文に注をしたとおり、一旦亀岡文殊の門前に捨てられ、再び長海上人が梵天丸を拾い上げて、輝宗・義姫夫妻に届けるという育児に関する民間の呪術です。世継ぎの男子を湯殿山から授かった輝宗は、それ以来、湯殿山への信仰を深め、毎年長海上人を湯殿山に参詣させました。湯殿山は、奥羽第一の霊峰で、夏にも雪が降るような厳しい環境でしたが、恒例として四月二日に長海上人が参詣し、長海上人の参詣より先に参詣する人はいないということです。

右のように、伊達政宗の誕生を、湯殿山の霊験譚、あるいは湯殿山の申し子譚として『性山公治家記録』が記録しているのは、伊達藩の祖としての政宗を、常人とは異なる英雄的な人物として伝承する基盤が東北地方にあったことを示唆しています。

この伝承について検討された小林清治氏は、「瑞夢による懐胎から誕生までの期間に問題もあるとはいえ、政宗誕生前後の史実をほぼ正しく伝えるものかと推測される[23]」と論じ、また「右の伝説の内容とこれによる梵天丸の命名とが事実であったことは、くだって元禄の頃『治家記録』の編纂にあたってとられた老士たちからの聞書（「伊達家文書」〈巻之十〉）によってこれを確かめることができる[24]」と述べているように、既に政宗誕生の頃から語られていた伝承のようです。

右の伝承を文字どおりに読み取れば、懐妊の期間は短すぎますが、既に義姫は懐妊していて（妊娠三・四ヶ月）、その子が「文武ノ才、忠孝ノ誉《ほまれ》アラン御子」であって欲しいという強い願いを長海上人に託したものとして読み取られるべきでしょう。

東北地方で随一の霊山湯殿山からの梵天を長海上人が持ち帰り、寝所に安置したという安堵感が義姫の深層意識に影響を与え、瑞夢を見せたものかもしれません。

古来、日本の民話（昔話）など民間伝承を基盤に語り出された物語の主人公や、神話などに語られる神々の物語の系譜に位置づけられる物語の主人公は、このような「不思議（異常）な誕生」という話型で語られます。

伊達政宗も、このように湯殿山の霊験を受けて生まれ、仙台藩の祖となるわけですから、その誕生は、前近代の人々には、民俗的・民間伝承的な発想から語られたのかもしれません。日

図7　湯殿山神社の大鳥居（撮影筆者）

本人の深層意識に連綿と伝わる物語の話型・民俗の発想が政宗の「湯殿山申し子譚」を生み出す源泉にあったのかと考えられます。

そしてまた、湯殿山や亀岡文殊の参詣者に、寺院や神社の霊験あらたかな説話として、政宗の誕生の物語が伝承され続けていたのかもしれません（図7）。

# 第二章　隻眼と元服

## 1　独眼竜政宗の誕生

「梵天丸《ぼんてんまる》」と名づけられた湯殿山の申し子である伊達政宗は、いつの頃かは不明ですが、少年期に疱瘡を患い、その毒が右目に入り隻眼《せきがん》となってしまいました。後代「独眼竜」と呼ばれる政宗の運命は、隻眼という不自由さと共に始まりました。

仙台藩の正史である『伊達家治家記録』の『性山公治家記録』（巻之一）には、前章で紹介した政宗の誕生に際しての母義姫《よしひめ》（天文十六一五四七〜元和七一六二三）の瑞夢譚が永禄十年（一五六七）八月三日の条に記されています。その記事の後には、当時（仙台藩四代藩主伊達綱村の時代）の治家記録編纂者（田辺希賢《たなべまれかた》・遊佐木斎《ゆさぼくさい》らの儒学者）による注記があり、そこに政宗が隻眼になった記事が記されています。その部分を次に引用してみましょう。

疱瘡《ほうそう》ヲ患《わずら》ヒシ時〈年月不知〉余毒御目ニ聚《あつまり》テ、其《それ》ヨリ右ノ方盲《めし》ヒ玉ヒシナリ。盲ヒ玉ヘル御目、終《つい》ニ肉高クナリテ皆《まなじり》ノ外ニ脱出タリ。甚醜《はなはだみにく》シトシ玉ヒテ、近侍ノ輩《ともがら》ニ衝潰《つきつぶ》スベキ旨《むね》命ゼラル。恐テ従フ者ナシ。

時ニ、片倉小十郎景綱《かげつな》、小刀ヲ以テ衝潰シ奉ル由、云ヒ伝フ。

政宗君、常ニ隻眼ヲ愧《は》ヂ玉ヒテ、輙《やや》モスレバ、其方ノ御目ヲ隠《かく》シ玉フ。人常ニ隻眼ニ就《つき》タル世話《よのはなし》ヲ申セバ、御意ニ障《さわ》リシナリ。

「末代ニ、人ノ申所《もうすところ》モアレバ、薨去《こうきょ》ノ後、尊像《そんぞう》ヲ造《つく》ラバ、両眼正《ただし》クセヨ」ト仰アリシ故ニ、尊像ハ隻眼ニ造リ奉ラズ。此等ノ事、書著《かく》マジキ義ナリ。然レドモ御隻眼ハ世間ニ普《あまね》ク書記シ、殊《こと》ニ不正《ただしからざる》ノ説アリ。因《よつ》テ茲《ここ》ニ記ス(1)。

疱瘡の毒が目に入り、失明した政宗の右目は、「終《つい》ニ肉高クナリテ皆《まなじり》ノ外ニ脱出タリ」とありますので、しばらくの間は、政宗の右目は皆《まなじり》(目元・目尻の辺り)から眼球が腫れて突出していたようです。少年の梵天丸は、その姿を大変恥じていたようです。

そこで梵天丸は、周囲の家来衆に、「衝潰《つきつぶ》ズヘキ旨《むね》命ゼラル」と、その突出した眼球を突き潰すように命じたのでした。おそらく、この決心は、「甚醜《はなはだみにく》シ」と感じていた自分との決別を意味したもので、想像をたくましくすれば、この決心は、少年梵天丸のある意味で「生まれ変わり体験」でもあったと思われます。

　しかし、近侍する家来衆は、「恐テ従フ者ナシ」という有様でした。

　ここに、傅役《もりやく》の片倉《かたくら》小《こ》十郎《じゅうろう》景綱《かげつな》（弘治三〈一五五七〉～元和元〈一六一五〉）が主人の命令を聞いて、「片倉小十郎景綱、小刀ヲ以テ衝潰シ奉ル」とあるように、梵天丸の右目を小刀で突き潰したのでした。

　この梵天丸の傅役であった片倉小十郎景綱は、伊達政宗の第一の忠臣であり、生涯政宗を補佐した武将で、伊達家の重鎮です（図８）。政宗の乳母であった喜多《きた》（天文七〈一五三八〉～慶長十五〈一六一〇〉）は小十郎の異父姉です。また、天正十三年（一五八五）の人取橋《ひととりばし》合戦、天正十七年（一五八九）の摺上原《すりあげはら》合戦など、生涯を通じて小十郎は政宗の合戦に従い、政宗を補佐し続けました。また、政宗の外交にも深く関わり「取次《とりつぎ》」も務めています。晩年、徳川の世になっても一国一城令の例外として残された白石城を政宗から託されています。

図８　傑山寺の片倉小十郎像
（撮影筆者）

　まさに、梵天丸が独眼竜政宗として

再生する手助けをしたのが片倉小十郎景綱でした。ちなみに、筆者が仙台市の青葉神社を訪問した時、挨拶をしてお話を聞かせていただいた宮司様が片倉小十郎の十六代目の御子孫であったことには感銘を受けました。

さらに、片倉小十郎も文武両道の人で、笛の名手でもあり、「潮風《しおかぜ》」という銘の笛を陣中でも楽しみ、能楽・儒教の書物にも通じていたと伝えられています。片倉小十郎景綱という伊達家の重鎮にも、伊達家の「文化力」が受け継がれていたのでした。

さて、『性山公治家記録』には、興味深い記述が続いています。

政宗君、常ニ隻眼ヲ愧《は》ヂ玉ヒテ、輙《やや》モスレバ、其方ノ御目ヲ隠シ玉フ。人常ニ隻眼ニ就《つき》タル世話《よのはなし》ヲ申セバ、御意ニ障リシナリ。(2)

政宗は、右のように、生涯隻眼であることを気に病んでいた一面があり、常に右目を隠していたということです。また、周囲の人が隻眼を話題にすると、「御意ニ障リシナリ」とあるように、機嫌を悪くしたということです。

「末代ニ、人ノ申所《もうすところ》モアレバ、薨去《こうきょ》ノ後、尊像《そんぞう》ヲ造《つく》ラバ、両眼正《ただし》クセヨ(3)」とあるように、死後、自身の像を造る時には両眼を入れるように遺言を伝えたというのでした。

現在、仙台市博物館蔵の狩野安信筆・伊達政宗肖像には、右目が描かれており、政宗の遺言が守られて描かれています（図9）。

馬上少年過
世平白髪多
残軀天所赦
不樂是如何

図9　伊達 政宗像
（狩野安信筆　仙台市博物館蔵）

## 2　政宗の万海上人再誕説

さて、『伊達家治家記録』の『性山公治家記録』（巻之一）には、梵天丸が隻眼となり、傅役の片倉小十郎が「小刀ヲ以テ衝潰《つきつぶ》シ奉」った話の前に、政宗が「願行《がんぎょう》兼備大徳《だいとこ》（誓願と修行とを備え、徳の高い修行僧）」である「一世ノ行《ぎょう》人《にん》、万海《ばんかい》上人（当代第一の修行僧である万海上人）」の生まれ変わりである、という伝承が語られています。少し長い伝承記事ですので、段落に分けて示してみましょう。

政宗君ハ一世ノ行人万海《ぎょうにんばんかい》上人ノ後身ト申伝《もうしつた》フ。万海ハ願行《がんぎょう》兼備ノ大徳《だいとこ》ナリ。名《な》取《とり》郡〔仙台市辺り〕根岸邑《むら》ノ山中ニ黒沼《くろぬま》ト云フ池アリ。山水清浄ノ地ナリト謂《いい》テ、其《その》池辺《あたり》ニ就《つき》テ堂ヲ構へ、観音ノ像ヲ安置シ、側ニ庵室《あんじつ》ヲ結《むすび》テ居住ス。毎日垢離《こり》（神仏祈願のため、冷水を浴びて汚れを祓い、身体を清浄にすること）ノ為《た》メニ、黒沼ニ浴シ、日夜勤行《ごんぎょう》怠ラズ。行余ニ（修行の後に）経巻ヲ書写シ、年ヲ積テ若干巻アリ。終ニ塚ヲ築テ其中ニ納ム。是ヨリ後、此山ヲ経峰《きょうがみね》ト号ス。今ノ正宗山（政宗の廟所の置かれた山）是ナリ。黒沼ハ今ノ瑞《ずい》鳳殿《ほうでん》（政宗の御廟所）ヨリ五六町（約六百メートル）西ニ在リ[4]。

政宗は、当代随一の行者であった万海上人の生まれ変わりである、という伝承です。万海上人は、名取郡の黒沼という山水清浄の地に観音を安置する御堂を建て、その側に庵室を結んで住んでいました。毎日黒沼で水垢離《みずごり》の行を怠らず、修行の合間に、経巻を書写し、塚を築いて経巻を中に納めたということです。それによって、その山を「経峰《きょうがみね》」と呼ぶことになったのでした。伊達政宗の御廟所が置かれた山で、黒沼は、御廟所のある瑞鳳殿の五六町西にあった、という事です（図10、11）。

政宗君嘗《かつ》テ俗ノ杜鵑《ほととぎす》ニ就テ、忌《い》メル事アルニ慣《なら》ヒ給ヒテ、毎年初音《はつね》ヲ聞給ント所々ニ御出アリ。寛永十三年（一六三六）ニモ、所々へ出デ給フニ、會《かつ》テ聞得給ハズ。経峰マデ登

図10、11　万海上人供養碑（左）と瑞鳳殿（右）
（どちらも撮影筆者、公益財団法人瑞鳳殿）

り玉フ。此所ニ暫《しばら》ク立セラレ、御心細キ様ニテ、老臣奥山大学常良《つねよし》ニ向ヒ給ヒテ、「我死セバ、此辺《このあたり》ニ在《あり》テ然《しか》ルベキ所ナリ」ト仰《おおせ》ラレ、御杖《つえ》ヲ卓《たて》玉フ。「五百八十年ノ後ハ最モ然《しか》ルベシ」ト答ヘ奉ル。此年終ニ薨ジ玉フ。

常良此事ヲ　忠宗《ただむね》君（伊達藩二代藩主）ニ言上ス。因《よっ》テ御廟宇監造ノ事常良ニ命ゼラル。杖ヲ卓《たて》玉フ所ニ普請ヲ始ム。然《しか》レドモ川岸ニ近キヲ以テ、後来欠崩《かけくずれ》ルベキ歟《か》ト、三四間程去テ普請ス。(5)

政宗は、毎年杜鵑の初音を聞くためにいろいろなところに出かけていた、ということでした。「俗ノ杜鵑《ほととぎす》ニ就《つき》テ、忌《い》メル事アルニ慣《なら》ヒ給ヒテ」というのは、具体的な内容は分かりませんが、現世の汚れを祓う民俗でしょうか。寛永十三年（一六三六、政宗七十歳）と記されていますが、この年は政宗の死去する年で、一月十九日から二月上旬にかけて、桃生《ものう》郡（石巻の北地域）に鹿猟に出ています。

政宗は、四月二十日に病気をおして江戸に向かい、五月二十四日に江戸で死去しています。(6)そうすると、この伝承は、寛永十三年の四月初旬のことかと思われます。夏を告げる杜鵑の初音を聞いて、病からの汚れを祓い、意を決して江戸に上ろうとする頃のことでしょう。

しかし、政宗は、杜鵑の初音を聞くことが出来ずに、経峰にまで登ったのでした。おそらく自身の体調から死期を予感していたのでしょう、家来の老臣、奥山大学常良《つねよし》に向かって、政宗は、「『我死セバ、此辺《このあたり》ニ在《あり》テ然《しか》ルベキ所ナリ』ト仰《おおせ》ラレ、御杖《つえ》ヲ卓《たて》玉フ」と、自身の墓の位置を杖を立てて示したのでした。奥山常良の「五百八十年ノ後ハ最モ然《しか》ルベシ」という返答の意味は、古来長寿を言祝ぐための表現です。長寿を願う家臣の言葉にもかかわらず、その年に政宗は死去したのでした。

政宗死去の後に、奥山常良は、二代藩主の忠宗（慶長四 一六〇〇〜万治元 一六五八）にこのことを伝えますと、忠宗は、奥山常良を御廟の造営責任者に任じたのでした。政宗が杖を立てた場所は、「然レドモ川岸ニ近キヲ以テ、後来欠崩《かけくずれ》ルベキ欺《か》ト、三四間程去テ普請ス」とあるように、川岸に近く崖崩れの心配もあって、三四間（約七メートル）ほど離れたところに御廟を建てることにしたのです。

御廟の造営のため、墓所にあたるところを掘ってみると、大きな石が出てきたのでした。

大ナル石ニ掘リ当レリ。掘テ見レバ、石ヲ畳ミ、其《その》底石ヲ敷キ、内ニ朽壊《くちこわ》セル錫杖《しやくじよう》・数珠《じゆず》・袈裟衣《けさごろも》ノ体《てい》ナル物アリ。不審ニ思ヒ、所ノ古老ニ尋《たず》ヌレバ、「万海上人ノ墓ナリ」ト云フ。

即チ其所御遺骸ヲ蔵《おさ》メ奉り、御廟建立ス。自然ニ彼墓ニ掘リ当レルモ不思議ナリ。万海ノ護持セシ観音ノ像、今鹿落坂ノ上、大蔵禅寺ノ側ニ安座セリ。寺僧晨昏《しんこん》供養ス。(7)

掘ってみると、それは石棺で、底にも石が敷かれていて、中には朽ち果てた錫杖・数珠・袈裟衣のようなものがあったのでした。不審に思い、近くの古老に尋ねますと、それは「万海上人ノ墓」であるとのことだったのでした。そこで、その上に政宗の遺骸を収めて、御廟を建立したのでした。

偶然にも、万海上人の墓にめぐりあたったのは、まさに奇跡的なことであったのです。万海上人の護持していた観音像は、「大蔵禅寺〔経部山大蔵寺〕ノ側ニ安座」しているとのことです。

伊達政宗は、その誕生と死去においても、まことに偉人らしい不思議な伝承に包まれていたのでした。

## 3　聖痕としての隻眼

万海《ばんかい》上人の墓の上に政宗の御廟が建てられたという不思議な出来事は、政宗が万海上人の再誕であるという伝承を生み出しましたが、それをさらに発展させるような伝承が生み出されます。それは、誕生の折の政宗の母義姫の夢に現れた老僧が万海上人であるという伝承です。

或説ニ　政宗君ヲ御懐妊ノ時御夢ニ見ヘシ老僧ハ万海上人ナリト云ヒ伝《つた》フ。○又云《またいわく》、万海上人ハ長海上人ノ師ナリ。（中略）万海ト云フ行人ノ生替《うまれかわ》リ、其首尾マサシキ由、奥州ヨリ来レル高崎織部ト云フ浪人物語ス。奇特ト思ヒ、後ノ考ノ為《た》メニ紙面ニ著《しる》ス由ヲ書記セリ。(8)

『性山公治家記録』の編者は、右の記事に続けて、「或説」として、義姫の夢に出てきた老僧が万海上人であること、万海上人は、政宗誕生祈願のため湯殿山に参詣した長海上人の師であったと記録しています。そして、政宗の「万海上人生まれ変わり説」は、「奥州ヨリ来レル高崎織部ト云フ浪人物語ス」とあるように、高崎織部なる浪人が伝えていた旨が記されているのです。政宗の死後、まもなく奥州の地で政宗の万海上人生まれ変わりの伝承が広く伝えられていたことを推測させます。

さて、政宗が万海上人の生まれ変わりであるという伝承は、政宗在世の時から語られ信じられていたようです。『性山公治家記録』の編者は、続けて次のように記しています。

> 万海ノ後身ト云《いえ》ル事ハ、御在世《ございせい》ノ時ヨリ申習《もうしならわ》セリ。政宗君生来《せいらい》水ヲ好ミ玉フ。若林《わかばやし》ノ屋形ヲ御取立ノ時、水懸《かか》リノ宜《よろし》キヲ悦《よろこ》ビ玉フ。時人云《ときのひといわく》、「行人ハ朝夕垢離《こり》ノ為《た》メニ水ニ浴スルニ、公ノ水ヲ弄《もてあそび》シ玉フハ、実ニ万海ノ後身ナリ」ト云ヘリ。（中略）万海上人ハ、隻眼ナリシニヨリ、其垢離ヲセシ黒沼ノ魚皆隻眼ナリ。政宗君モ万海ノ後身タルニ依テ、御隻眼ナリト申説アリ。[9]

政宗が万海上人の再誕ということは、二人の間に不思議な共通点があったからだというのです。

一つは、政宗と万海上人が水を好んでいたことです。例えば、寛永四年（一六二七）六十一歳になった政宗は、隠居所として若林屋敷を築きましたが、その時「水懸《かか》リノ宜《よろし》キヲ悦《よろこ》ビ玉フ」

ということでした。水の便の良さを喜んだ政宗と、日々水垢離を行としていた万海上人の日常が重ねられ連想されて、「行人ハ朝夕垢離《こりた》ノ為メニ水ニ浴スルニ、公ノ水ヲ弄《もてあそび》シ玉フハ、実ニ万海ノ後身ナリ」と再誕説が生み出されたのでした。

しかも、万海上人が水垢離の修行をした黒沼の魚はすべて隻眼であるという伝説が語られていたのでした。これは、全国に語り伝えられる「片目の魚伝説」(10)の一つですが、万海上人が隻眼であったことによって片目の魚伝説が生まれたのかもしれません。あるいは、片目の池伝説が古くからあり、そこで修行をした万海上人が隻眼として語られたかもしれませんが、ともあれ万海上人が隻眼であったことが伝承され、隻眼であった政宗と結びつけられて再誕説が生まれたようです。

かつて柳田国男が『日本の伝説』で述べたように、日本の民俗においては、隻眼は神から付与された特別な印、すなわち聖痕《スティグマ》のようなものであり、人ならぬ能力を有する人に神様が付けた印であったのです。そして、日本の文化においても、盲目の琵琶法師や瞽女《ごぜ》が物語の語り手として古典文学の成立の基盤に深く関わっていたり、大衆的な物語の主人公が、例えば森の石松・丹下左膳、そしてゲゲの鬼太郎にいたるまで、隻眼として語り継がれるように、目の不自由な身体的特徴は、人ならぬ能力を有する特別な人格として伝承され理解されてきたのです。民間伝承における唐傘お化けなどの片目の妖怪や、大衆的な物語の主人公に、片目の英雄が描かれるのは、日本の民俗的な意識が背景としてあったのです。近代のドラマや劇画で描かれる眼帯をした政宗のイメージや並外れた英雄的な武将としての人格は、隻眼への民俗な意識が反映してできたものでした。

## 4 政宗の元服

前章で述べた中野宗時《むねとき》父子による謀反露顕と追放事件は、元亀元年（一五七〇）のことで、政宗の父輝宗は二十七歳、政宗は四歳の時の出来事でした。中野宗時は、晴宗《はるむね》・輝宗の仲も離間させようとしていたようですので、宗時の追放によって、父輝宗と祖父晴宗との対立も解消され、伊達家の内憂は取り除かれたようです。

政宗の元服は、天正五年（一五七七）、佞臣《ねいしん》宗時父子追放事件から七年後、政宗十一歳の時でした。その年の正月七日に祖父晴宗の杉目《すぎのめ》城〔後の福島城〕で連歌の会が催され、政宗が「暮《くれ》ワカヌ月ニナル夜ノ道スガラ」の句を詠んで、和歌の才能をすでに秘めていたことは、序章で触れました。

さて、この正月の連歌会は、伊達家で恒例になっていたようです。『性山公治家記録』（巻之三）、正月七日の連歌会記事の末尾には、次のような編者の注記が記されています。

年々此日連歌ノ御会アリ。佳例《かれい》トシ玉フ。何《いずれ》ノ時ヨリ始マル哉不知《かしらず》。（中略）公（輝宗）政宗君へ被進《まいらせら》ル所ノ正月御儀式ノ記《しる》セルニハ、七種ノ御発句《ほっく》、正月五日ヨリ出《いだ》シ玉フト見ヘタリ。御発句ハ　当君（その時の主君）出シ玉ヘル様子ナリ。政宗君以来今ニ至リテ此式ヲ用ラレ、御発句（第一句）ハ　当君、第三ハ　嗣君ノ御句前ナリ。(11)（以下略）

毎年この日に連歌会が行われて、伊達家では正月の吉例となっていることがまず記されています。いつから始まったかは分からないとありますが、「政宗君へ被進《まいらせら》ル所ノ正月御儀式(12)」の原本には、「五日　れいしゅ（礼酒カ）、七種之発句、今日よりも出候、」とあります。また、連歌の発句（最初の句）は主君が詠むことになっていたようです。政宗の時代からそのやり方が踏襲され、発句はその時の当主。第三句を嗣君（跡継ぎ）が詠むことになったようです。

ちなみに、この文書の正月四日の項目には、「ちやのひきぞめ《ちや挽き染》、おとしおとこ《年男》か申候(13)」とあり、茶を挽く行事が行われて、年男の役割であったようです。東北の地の大名にも、茶の湯の文化が伝播していたことが分かります。

祖父晴宗時代まで、伊達氏の拠点となった梁川《やながわ》城趾には、京都の書院風の庭園があり、おそらく書院の茶の湯などが行われていたと推測できます。

このような正月行事が佳例として行われることにより、伊達家の「文化力」が培われ、当主のカリスマ性を高め、一門の結束力を強めていったのでしょう。

伊達家の内憂が取り除かれ、伊達家の政治的な安定が一時もたらされたように見えた天正五年（一五七七）の十一月に、政宗は元服します。『性山公治家記録』（巻之三）の十一月十五日の条に、政宗元服記事が記されています。

連歌や書院風の茶の湯など、正月の恒例文化行事が、伊達氏の「文化力」として、一門の結束に機能していたようです。

十一月壬子《みずのえね》小十五日戊辰《つちのえたつ》。米沢城ニ於《おい》テ　嗣君御元服、藤次郎ト称シ政宗ト名ヅケ給フ。当家第九世政宗君、文武ノ英才有テ中興シ給ヘリ。公（輝宗）慕ヒ給テ祝シ称セラル。嗣君固辞シ給フトイヘドモ、強《しい》テ命ゼラル。時ニ御年十一歳ナリ(14)。

政宗は、十一歳にして元服し、その名を梵天丸から「藤次郎政宗」と改めたのでした。「藤次郎」という名は、伊達家の当主が名乗った名前の一つです。そして、「政宗」の名は、序章でも述べましたが、伊達家九代政宗からとられました。「当家第九世政宗君、文武ノ英才有テ中興シ給ヘリ。公（輝宗）慕ヒ給テ祝シ称セラル」とあるように、文武両道に長けた伊達家の中興の祖ともいえる九代政宗を、父輝宗は、「公（輝宗）慕ヒ給テ祝シ称セラル」と、日頃から尊敬していたので、跡継ぎの梵天丸の元服を祝って政宗の名を与えたのでした。

周知のように、伊達輝宗までの六代、すなわち伊達持宗《もちむね》・成宗《なりむね》・尚宗《ひさむね》・稙宗・晴宗・輝宗は、室町将軍から一字拝領して、当主としての名を名乗っていました。しかし、天正五年という年は、すでに足利将軍が織田信長に追放されて五年が経ち、信長が権力を掌握し、安土城を本拠地として勢力を広げている時期でした。将軍から一字拝領するといった意味がなくなっていたのです。そこで輝宗は、梵天丸の将来に期待して、伊達家の中興の祖、九代政宗の名を授けたのでした。

「嗣君固辞シ給フトイヘドモ、強《しい》テ命ゼラル」とあるように、政宗は、初めはその名前の重さに耐えられるか不安だったのでしょう、固持したとあります。政宗が九代政宗を早く意識していたであろう事は、序章でも触れました。伊達家中興の祖としての先祖の名を名乗ることの意義は、梵天丸にとって重荷に思えたのではないでしょうか。しかし、父輝宗は、政宗の非凡な才能を認めていたのです。

前章でも述べたように、誕生の前に、妻の義姫が「文武ノ才、忠孝ノ誉《ほまれ》アラン御子ヲ、湯殿《ゆどの》山《さん》ニ祈」ったことは、夫の輝宗の願いでもありました。湯殿山の申し子であるという思いと期待でもって、梵天丸は、伊達藤次郎《とうじろう》政宗として元服をし、戦国の世に羽ばたくのでした。

# 第三章　愛姫輿入と政宗家督相続

## 1　祖父晴宗の死去

天正五年（一五七七）十一月十五日、梵天丸《ぼんてんまる》は、十一歳で元服し、伊達藤次郎《とうじろう》政宗を名乗りました。その年の十二月五日、祖父の晴宗《はるむね》が死去します。

祖父の晴宗は、政宗の元服の頃には、体調を崩していたようで、『性山公治家記録』（巻之二）の十一月十九日の条には、田村清顕《きよあき》（この後、娘の愛姫《めごひめ》は政宗の正室となる）（生年不詳～天正十四 一五八六）が杉目《すぎのめ》城〔後の福島城〕にいる晴宗の病状悪化を、輝宗に告げている記事があります。

この記事の直後に、「是ヨリ前、道祐君（晴宗）御病気ニ就テ、公（輝宗）御看病ノタメ米沢ヨリ杉目城へ御出、御在留ナリ」(1)とありますので、嗣子《しし》政宗の元服式の頃には、父輝宗は、重病の晴宗の容態を心配していたようです。そのような中で嫡男政宗の元服式を催した輝宗の心境を想像すると、いかに嗣子政宗への期待が大きかったかが想像されます。

同二十五日にも、亘理重宗《わたりしげむね》（伊達家の重臣）（天文二十一〈一五五二〉～元和六〈一六二〇〉）から晴宗重体の報告が届いています。そして、ついに晴宗は、十二月五日に五十九歳で死去しました。一時は、中野宗時《むねとき》父子の画策で、対立関係を生じた晴宗・輝宗父子でしたが、右の『性山公治家記録』の記事を見ると、和睦して杉目城に隠居した晴宗と輝宗とは、政宗元服の頃には、父子の関係も修復されていたことを推測できます。

『性山公治家記録』の晴宗死去の記事を引用します。

　十二月癸丑《みずのとうし》大五日丁亥《ひのとい》。父君従四位下左京大夫晴宗入道、保山道祐大居士、陸奥国信夫郡杉目城ニ於テ卒シ玉フ。御年五十九。琥珀山宝積禅寺《こはくざんほうしゃくぜんじ》ニ葬《ほうむ》リ、乾徳院殿《けいとくいんどの》ト号シ奉ル。羽州置賜郡長井荘夏刈巴資福禅寺虎哉《こさい》和尚導師タリ。(2)

晴宗の葬儀の導師を務めたのは、資福禅寺（資福寺とも）の虎哉宗乙《そういつ》（政宗の生涯の師）（享禄三〈一五三〇〉～慶長十六〈一六一一〉）でした。虎哉和尚は、当時傑出した禅僧で、輝宗が政宗の教育を託した僧侶です。虎哉和尚が住寺をしていた資福寺は、置賜《おきたま》郡長井荘（山形県置賜郡）にあった名刹です。ここに、輝宗が虎哉和尚を招いていたのでした。

元亀三年（一五七二）、政宗六歳のときですが、輝宗は、米沢近郊にあった東昌寺〔現在は仙台市〕にいた虎哉和尚を政宗の学問の師として招いたのでした。東昌寺の住寺が輝宗の叔父にあたる康甫《こうほ》和尚（大有康甫）（東昌寺十四世住職、晴宗の弟）（生没年不詳）でしたので、康甫と虎哉は東昌寺で親交を重ねていました。その縁で輝宗は、虎哉和尚を招いたのでした。

虎哉和尚の資福寺入院記事が『性山公治家記録』の元亀三年七月七日の条に記されています。

七月戊《つちのえ》申《さる》大七日乙卯《きのとう》。慈雲山資福禅寺新住持虎哉和尚入院セラル。進山開堂ノ規式尤《もつと》モ厳重《げんじゆう》ナリ。山門仏殿開堂ノ法語等アリ。去年ノ冬興国山下ノ昌首座《しゆそ》ヲ専使《せんし》トシテ招請シ給フ。老母アルヲ以テ固辞シテ不応《おうぜず》。此年再ビ使《つかい》ヲ遣《つかわ》シ強《しい》テ請ヒ給フ。闔国《こうこく》ノ諸老禅モ亦《また》書ヲ以テ倶《とも》ニ勧《すす》ム。因《よつ》テ命ニ応ゼリ。(3)

輝宗は、「進山開堂ノ規式尤《もつと》モ厳重《げんじゆう》（厳かなこと）ナリ」とあるように、礼を尽くして虎哉和尚を招いたようです。前年の冬にも、「興国山下ノ昌首座《しゆそ》（禅宗で修行僧の首位の者）ヲ専使《せんし》（特使のこと）トシテ招請シ」ていたのでしたが、虎哉は、「老母アルヲ以テ固辞シテ不応《おうせず》」と、老母がいることを理由に応じませんでした。政宗が六歳の年に、再び資福寺に招請しますと、「闔国《こうこく》（国中）ノ諸老禅モ亦《また》書ヲ以テ倶《とも》ニ勧ム」とあるように、国中の多くの禅僧たちが虎哉に手紙を送って資福寺入寺を勧めたのでした。

輝宗の虎哉和尚招請の願いがいかに大きかったが想像できます。この虎哉和尚が、晴宗の葬儀の導師を務めたのでした。ですから、政宗は、元服までの五年間に、すでに仏道・学問・文学・書などを虎哉和尚から学んでいたと思われます。

父輝宗の政宗への期待は、伊達家が培ってきた「文化力」を身につけることでもあったのでしょう。虎哉和尚は、その後生涯政宗と師弟関係を続けていたといわれています。

## 2　政宗と田村氏の愛姫の結婚

さて、晴宗の病状を輝宗に告げてきた田村清顕は、現在の福島県猪苗代湖の東方に位置する陸奥国田村郡三春城〔福島県田村郡三春町〕を拠点としていた領主です。しかし、南方には白河氏・西方には二階堂氏と領土を接しており、その南に石川氏・佐竹氏の脅威があり、西方にはさらに蘆名氏が勢力を張っていましたので、きわめて戦略上困難な立場にありました。

しかし、北方には、伊達氏の勢力範囲と領地を接しており、伊達氏にとっては、南方を守るためにも田村氏の勢力は欠かせないものでした。また、陸奥国の南東部〔福島県東部の浜通り夜ノ森以北〕に勢力を張る相馬氏が田村氏・伊達氏の領土を侵そうと迫っていましたので、田村氏の戦略的な立場は、伊達氏にとっても重要な意味を持っていたのでした。しかも、これらの勢力は、伊達稙宗・晴宗の時代に政略結婚政策によって、その子女を婿・正室などとして迎えていましたので、互いに親戚関係でもあるという複雑な勢力関係が存在していたのでした。

このような複雑きわまりない勢力関係と領土争いの中で、田村清顕は、伊達輝宗の嗣子政宗に娘を嫁がせて、伊達氏との連合で周囲の脅威と立ち向かおうとしたようです。

政宗元服の二年後、天正七年（一五七九）、田村清顕から伊達氏との婚儀の申し出がありました。『性山公治家記録』（巻之四）、天正七年十月二十一日の条に、その記事があります。

> 十月乙亥《きのとい》大二十一日癸巳《みずのとみ》。田村大膳大夫殿清顕ヨリ、国井丹波（諱不知《いみなしらず》）ヲ使者トシテ、当冬中《とうふゆじゅう》御婚儀調《ととのえ》ラルベキヤ否《いなや》、御相談ノ旨仰進《おおせまいら》セラレ、今日御返答仰出《おおせいだ》サル。御入輿《じゅよ》ノ日取リ、路次・警固等ノ義、委曲《いきょく》仰遣《おおせつかわ》サル。又田村、家臣小笠原宗林斎ニ御書ヲ以テ、右ノ趣ヲ示サル（御婚約ノ年月不知《しらず》）。(4)

十月二十一日に、田村清顕は、「当冬中《とうふゆじゅう》御婚儀調《ととのえ》ラルベキヤ否《いなや》」（この冬中に婚約の儀を整えるべきでしょうか、いかがですか）と相談の使者を遣わしたということです。この時、政宗は十三歳、愛姫《めごひめ》は十二歳でした。

田村氏の政治的な状況の緊迫した様子が推測されます。政宗も、相馬氏との戦いに備えるためにも、田村氏との連合が必須と判断していたのでしょう。

輝宗は、即座に、「御入輿《じゅよ》（輿入れ）ノ日取リ、路次・警固等ノ義、委曲仰遣《いきょくおおせつかわ》サル」と、輿入れの日取りや輿入れの道順、警護などのことまで細かく指示し、田村家の家臣小笠原宗林斎に手紙で指示しました。

政宗と愛姫の結婚については、右の記事に続いて、次のように記されています。


此《この》冬、奥州高野郡田村荘三春主田村大膳大夫殿坂上清顕ノ嫡女愛《めご》（訓米吾《めごとくんず》）姫御入輿、御祝儀調《ととのえ》ラル。板屋雪深キ故ニ、小坂路ヲ経テ到リ給フ。

愛姫御母ハ小高相馬殿顕胤《あきたね》ノ女《むすめ》ナリ。清顕御夫婦共ニ　稙宗君ノ外孫ニシテ、愛姫ハ政宗君ノ再従兄弟《はとこ》ナリ。(5)


「此《この》冬」とありますので、天正七年の年末が輿入れの時期であろうと推測できます。「板屋雪深キ故ニ、小坂路〔福島県伊達郡国見町小坂〕ヲ経テ到リ給フ」という輿入れのルートは、田村氏の居城の三春城から北上して、杉目城を北西に進めば米沢ですが、この最短ルートが「雪深キ故」に避けられて、白石《しろいし》辺りまで北上して、西に向かい、南下して亀岡文殊をとおって米沢に入ったのでしょう。政宗の結婚にも、亀岡文殊が地図上に現れるのは興味深いことです。政宗・愛姫の結婚が政略結婚の典型でもあったせいか、また、二人の年齢が若かったせいか、二人の間にはしばらく子供が出来ませんでした。結婚後十五年にして、五郎八姫《いろはひめ》（文禄三 一五九四〜寛文元 一六六一）が生まれ、政宗の嗣子忠宗《ただむね》は、その六年後に誕生します。

## 3　片倉小十郎への手紙

愛姫に子供がなかなか出来なかったことは、後に田村氏の跡継ぎ問題にも発展しますが、政宗の傅役《もりやく》でもあり、忠臣でもあった片倉小十郎《かたくらこじゅうろう》にとっては、主人政宗の嗣子がなかなか誕生しないことが大いに心配であったようです。

ところが、片倉小十郎の方に先に子供が出来たのでした。家督を継いだ主人の将来に、嗣子がまだ出来ないという心配が片倉小十郎の脳裏から去らなかったのでしょう。

これからの伊達家運営の補佐と忠勤を尽くさなければならない小十郎にとっては、絆《ほだ》しとなる子供が主人よりも先に出来たことに、忠臣小十郎の心は悩みつづけたようです。

悩んだ末、片倉小十郎は、とうとう生まれた子供を殺害しようと決意したようです。そのことを聞きつけた政宗は、必死になって小十郎に手紙を書き、子息の殺害を止めようと説得しています。
『伊達政宗の手紙』には、その時の天正十二年（一五八四）の片倉小十郎宛伊達政宗書簡（『片倉家文書』）が紹介されていますので、著者の佐藤憲一氏の口語訳と共に引用します。

彼《かの》むまれ《（生）》子の事、ぜひ《（是非）》なくおしかへし候べく候由、きゝおよび候。さりとては、身の心ざしに、たすけ給べく候。すへ《（末）》の事を、おぼつかなくおもひ候て、其方《そなた》のとかくをいゝ候も、いかゞにて候。たゞ〳〵、み《（身）》にまかせ候べく候。これをおしころし候はゞ、其方へうらみをふかく申すべく候間、ひらに〳〵、たすけ給べく候。かしく。
尚々《なおなお》、しきりにおしかへし候べく候由承り候間、いそぎふみ《（文）》にて申し候。ともかくも、人はこ《（子）》にて候間、かくいけん《（意見）》を申し候。かへす〴〵、みに相《あい》まかせ候べく候。

（封印）
かた小　　政

〔訳〕
そなたは誕生間近の我が子を殺すと言っておるようだが、どうか私に免じて助けてやってくれまいか。将来のこともおぼつかないのに、そなたのことをとやかく言うのもおかしいが、ただただ私に任せて欲しい。もし子どもを殺す様なことがあれば、そなたを恨みに思うぞ。どうか助けてやってくれ。かしく。
追伸、しきりに殺すと言っていることを聞いたので、急いでこの手紙を書いた。ともかくも人間にとって子どもほど大事なものはないのだから。くれぐれも、私に任せるように。[6]

政宗と片倉小十郎との信頼関係がひしひしと伝わる手紙です。佐藤氏の解説によれば、仮名書きで書かれた手紙は、女性宛か家族・身内にしか使われず、家臣には漢字主体の手紙であるのに対して、片倉小十郎への手紙は大部分仮名書きとのことです。自身の心情を細やかに表現できる仮名書きが、小十郎には自然と用いられたのだと思います。政宗の小十郎への親しさが文体にもうかがわれます。

さて、「身の心ざしに、たすけ給べく候。（私に免じて助けてやってくれまいか）」、「たゞ〳〵、みにまかせ候べく候（ただただ私に任せて欲しい）」、「これをおしころし候はゞ、其方へうらみをふかく申すべく候間、ひらに〳〵、たすけ給べく候（もし子どもを殺す様なことがあれば、そなたを恨みに思うぞ。どうか助けてやってくれ）」という文面には、小十郎に懇願するような政宗の真剣な心情が伝わります。「ともかくも、人はこ《子》にて候（ともかくも人間にとって子どもほど大事なものはない)」という言葉は、いまだ父とはなっていないながら、子供の大切さを、おそらく父輝宗の愛情を通して政宗は実感していたのでしょう。この手紙によって、「彼《かの》むま《(生)》れ子」は助けられたのでした。生まれた子は、二代目の小十郎、すなわち片倉重綱《しげつな》(天正十二 一五八五〜万治二 一六五九)でした。彼は、大坂の陣では、豊臣方の武将、後藤又兵衛基次(永禄三 一五六〇〜慶長二十 一六一五)を討ち取った猛将です。「鬼の小十郎」と呼ばれたのが、二代目の重綱でした。

また、片倉重綱は、大坂の陣で敵方の真田信繁《のぶしげ》(幸村)(永禄十 一五六七?〜慶長二十 一六一五)の子供たち、阿梅《おうめ》・阿菖蒲《おしょうぶ》・おかね・大八の遺児を預かり、白石城でひそかに養育しました。周知のとおり、真田信繁は、敵将の重綱に子供をあずけ、大坂夏の陣で討ち死にします。片倉重綱の人間性を信じた信繁の行為で、戦国武将の心が偲ばれます。

阿梅は、後に重綱の継室となり、大八は伊達藩士となり、数奇な運命を生き抜きました。阿菖蒲は、田村家に嫁ぎ、白石市の田村家の墓に、父幸村とされる墓石と共に眠っています(図12)。現在、白石市の当信寺には、阿梅・大八の墓が祀られています(図13)。政宗の小十郎への右の手紙がなければ、戦国末の片倉重綱の活躍はなかったでしょう。

## 4 政宗初陣と家督相続

図12　愛宕山・田村家墓所の清顕の墓（撮影筆者）

図13　当信寺の阿梅と大八の墓（撮影筆者）

政宗の結婚から二年経った天正九年（一五八一）、十五歳の政宗は、父輝宗と共に初めての合戦に出陣しました。

『性山公治家記録』（巻之四）、天正九年五月上旬に、政宗初陣の記事があります。

> 五月甲午《きのえうま》小上旬。公（輝宗）・政宗君相馬御戦トシテ伊具郡ニ出陣シ玉フ。嗣君（政宗）御年十五歳、御出陣ノ始《はじめ》ナリ。天正六年（一五七八）公（輝宗）越後御出張ノ節ヨリ、相馬御戦《いくさ》ノ事ハ亘理《わたり》兵庫頭殿元宗・同源五郎殿重宗父子ニ命ゼラル。然《しか》ルニ今度《このたび》相馬長門守殿義胤《よしたね》、亘理《わたり》ニ向テ戦ヲ挑《いど》マル。公因《よっ》テ御出馬ナリ。相馬殿義胤ハ弾正少弼《だんじょうしょうひつ》（7）殿盛胤《もりたね》ノ嫡男ニシテ、稙宗君ノ御婿ナリ。

五月上旬、輝宗は、嗣子政宗を伴って戦に出陣しました。伊具郡は、伊達氏の本拠地である米沢の東方で、隣接する伊達郡のさらに東です。伊具郡を東に越えると、太平洋に面した亘理郡です。相馬氏との戦は、天正六年以来、亘理元宗・重宗父子にあたらせていたのですが、このたびは、相馬氏の当主である相馬義胤《よしたね》（正室は政宗の曾祖父稙宗の娘）（天文十七 一五四八～寛永十二 一六三五）が出陣したというので、輝宗自らが出陣したのでした。政宗は、この戦から合戦の日々を送ることになるのです。

相馬氏との戦いは、天正四年（一五七六）頃から激しさを増していたようです。『性山公治家記録』（巻之三）によれば、この年の五月には伊達郡・信夫郡という伊達氏の本拠地近くまで相馬氏が進出して交戦しています。八月には、晴宗も輝宗に加わって出陣しています。この年の合戦は、田村清顕の仲介で和睦がなったようです。ところが、天正九年になって、相馬氏との戦いが再燃したのでした。

小林氏の前掲書によると、伊達家の稙宗・晴宗の対立の要因の一つに、稙宗が婿の相馬顕胤《あきたね》に伊達郡の一部を割譲しようとしたことがあったとのことです(8)。その後、相馬氏は、伊達郡・信夫郡という伊達家の本領を侵すことになりました。

輝宗・政宗の相馬との合戦は、「失地回復のための一連の反攻戦のうちの一つであった。以後天正十二年の夏にいたるまで連年、政宗は父と共に伊具郡の各地を転戦し、小斎・金山・丸森の諸城を奪回」(9)して、相馬氏を追い返したのでした。

『性山公治家記録』（巻之五）によれば、天正十二年（一五八四）五月下旬に、田村氏・石川氏・佐竹氏・岩城氏の仲介で伊達氏と相馬氏の和睦となりました。

五月庚午《かのえうま》小下旬。当家・相馬殿義胤御和睦アリ。田村殿、御両家御間柄ナレバ、御戦ノ義御心《こころもと》許ナク思《おぼ》シ、先年中途へ御出馬、御扱ヒアリトイヘドモ和義不調《ととのわず》、御戦数年ニ及ブ。当春以来又宇多郡マデ出馬シ、逗留有テ様々御扱ヒアレドモ、公（輝宗）望ム所ニ不叶《かなわず》、許諾《きよだく》シ給ハズ。故ニ四月中旬田村ヨリ白川郡主七郎殿義親ヲ以テ、佐竹常陸介殿義重へ仰通セラル。佐竹ヨリ名代ノ使者差下サレ、磐城ヨリモ名代トシテ志賀右衛門武清ヲ差遣《さしつかわ》サレ、一同ニ取扱ハル。是ニ因テ公其意ニ任セラレ、和譲調ヘリ(10)。

稙宗・晴宗以来の政略結婚政策で、鉾《ほこ》を交える伊達氏の周辺の諸勢力の多くが親戚関係でもあるという、実に複雑な関係にありました。例えば、右の佐竹義重の正室は、晴宗の娘です。相互に対立し合戦を交えつつも、姻戚関係にあるということは、合戦の拡大を防止する装置にもなっている点が興味深いことです。田村氏の奔走で、敵対している白河・佐竹・岩城という大名たちが「一同ニ取扱」うことで輝宗も合意して和睦がなったのでした。これによって、伊達氏の旧領は回復されたのです。

この天正九年の政宗の初陣から、父輝宗と共に相馬氏と戦った天正十二年までの三年の間に、政宗は、父から戦国武将としての資質を認められたのでしょう。

そのことを明白に推測させるのは、その十月に輝宗が政宗に家督を相続させ、自ら隠居したことです。相馬氏から奪われた本領を取り返す戦いの日々において、政宗の戦いぶりを輝宗は頼もしく眺めていて、家督相続をさせる決意を固めたのでしょう。政宗十八歳の時でした。

『貞山公治家記録《ていざんこうちけきろく》』(巻之二)には、政宗の家督相続の記事が記されています。

天正十二年甲申《きのえさる》　公御生十八
正親町《おおぎまち》院ノ御宇権大納言従三位平秀吉卿十月乙亥《きのとい》小。　御父左京大夫従四位下輝宗入道受心君隠居シ給ヒ、　公(政宗)御家督ヲ嗣《つ》ジ玉フ。今度御家督ヲ譲リ給フベキノ由仰出ル。公(政宗)御年少ヲ以テ頻《しきり》ニ御辞退アリ。然《しか》レドモ親族老臣等モ固ク勧メ奉ル。因《よつ》テ其命《そのめい》ニ従ヒ給ヘリ。
公ハ出羽国置賜郡長井荘米沢城ニ御座《おわしま》ス。　受心君(輝宗)ハ米沢館山城隠居シ給フ。御家督ノ日、六日ヨリ二十二日ニ至ルノ間ナリ。(11)

さて、輝宗が家督相続を公表した時、政宗は、「公（政宗）御年少ヲ以テ頻《しきり》ニ御辞退アリ」というように、十八歳という年少では家督相続は早すぎるとしきりに辞退しました。親族や一門の多くの家臣たちから信頼され、伊達家の当主として一門を束ねるには、一門の結束力を生み出す強烈なリーダーシップが必要です。政宗は、自身の十八歳という年齢では、まだ家督相続して当主になるには経験不足だと思っていたのでしょう。一方で、興味深いことは、「然《しか》レドモ親族老臣等モ固ク勧メ奉ル。因《よっ》テ其命《そのめい》ニ従ヒ給ヘリ」とあるように、親族・老臣たちが揃って若き政宗に家督を相続することを勧めた点です。

そのことは、親族や輝宗に仕えていた老親たちも、結束して政宗を支えるという決意を表明したことを意味しています。彼等もまた、相馬氏との合戦の中で、政宗の勇猛果敢で、しかも知謀にも長けた一面を充分評価し、当主として仕えようという信念を共有していたに違いありません。

しかし、伊達家の周囲の諸勢力にとっては、有力大名家の当主の隠居と若き当主の家督相続という事態は、侵略するチャンスでもあります。伊達氏は、田村氏との連合があるといえ、北に最上氏、南に蘆名・二階堂・白河・佐竹・相馬の各氏が伊達の領土の侵略をうかがっています。

政宗は、輝宗が築いた領土回復・周辺諸勢力との和睦という一時的な安定はあるものの、その後もまた周辺諸勢力との合戦の毎日を、一門を率いて戦い続けなければならなかったのです。

# 第四章　若き当主の門出

## 1 「伊達輝宗正月行事」

天正十二年（一五八四）十月、伊達輝宗は十八歳の嗣子《しし》政宗に家督を譲りました。すでに前章でお話ししたように、政宗は、天正九年（一五八一）十五歳で初陣を飾って以来、翌年三月には、父と共に蘆名氏・二階堂氏と田村氏との和睦斡旋を、四月には相馬氏との合戦に参加しています。その後、天正十二年の家督相続まで、政宗は、父輝宗と共に相馬氏との戦いを継続していました。おそらく、その三・四年間の合戦の間に、父輝宗の眼には、嗣子政宗が勇猛さと知謀とを兼ね備えていることが確信されたのでしょう。自ら隠居して、十八歳という若さの政宗に家督を譲り、伊達家の困難な状況を父子で乗り切ろうとする決意が輝宗の心に芽生えたのだと思います。

伊達家の将来を考えても、早く代替わりをしておくことがよい、と輝宗は考えたのだと思われます。また、若さ故に家督相続を辞退する政宗を、「然《しか》レドモ親族老臣等モ固ク勧メ奉ル(1)」と、親族・老臣らも、若き政宗を新当主として推戴《すいたい》することを申し出ていたので、輝宗を中心にした伊達家の結束力は、そのまま政宗の時代に引き継がれようとしていたのでしょう。

そうした父輝宗の愛情を感じさせる資料に、「伊達輝宗正月行事」という文書があります(2)。これは、家督を相続した翌年の正月の行事について、詳細に政宗に伝えている文書です。『貞山公治家記録《ていざんこう》』には、「此月。受心君（輝宗）御自筆ヲ以テ、当家正月御儀式ノ次第ヲ書記シ給ヒテ、公（政宗）へ進《まいら》セラル(3)」とあり、また、前掲「伊達家文書」をみますと、その包み紙には、「性山公（輝宗）御自筆年始御儀式壱巻(4)」と記されていますので、わざわざ自筆で嗣子に正月行事を伝えようとする父親の愛情も感じられます。

この「伊達輝宗正月行事」には、一日に「礼衆《れいしゅう》」（正月の挨拶に参上する家臣たち）が集まり、当主から式三献（正式な饗応の膳で、酒肴を出し、三つの杯で一杯ずつ飲ませて膳を下げることを一献といい、三回繰り返すことを式三献という）を受けることから始まり、二十二日から月末の二十八日までの龍宝寺護摩焚き《りゅうほうじごまた》の行事まで、日々の正月行事を説明しています。

特に、八日の心経会《しんぎょうえ》（般若心経を読誦《どくじゅ》する法会）、十八日の当昌寺での懺法《せんぽう》（罪を懺悔する儀式）、月末の龍宝寺での護摩焚きなどの行事には、布施について細かく具体的に指示されており、伊達家としての行事を正確に政宗に継承させようとする輝宗の父親らしい愛情が読み取れます。また、伊達家は代々信仰心の深い人々で、寺院・神社を大切に扱っているのも特徴です。おそらく、輝宗の父晴宗《はるむね》と祖父稙宗との不和による対立が、周囲の諸勢力の侵略を招き、領土の安全を脅かすことになることを、輝宗は知り尽くしてたのでしょう。将来の親子の不和を招かぬように、早く家督相続をしておこうと決心したのかもしれません。輝宗・政宗父子の関係は良好で、稙宗・晴宗・輝宗の時代のような父子対立はなく、父子の間はきわめてよい関係であったようです。

さて、「伊達輝宗正月行事」の中で、興味深い行事があります。まず、二日には「カイソメ（買い初め）」(5)という行事があります。これは、おそらく米沢の町の商人たちから米や塩を調達する恒例行事のようですが、米沢城下の商業の繁栄を重要視する輝宗の商業・経済政策が背後にあったと思われます。経済的な発展も、領主にとっては必須のもので、それを正月の二日に位置づけているところに、軍事政策と共に大切な政策として経済政策が存在していることを示唆しています。史料の表面にはなかなか地方の商人たちの姿は現れにくいですが、このことから輝宗が商業の発展を重視していたことが分かります。

## 2　伊達家の「結束力」と「文化力」

ところで、伊達家にも茶の湯の文化が広がっていたことを推測させる記述もあります。四日の行事の中に、「八幡殿」（山形鶴岡の八幡か）から書状と「茶百袋」が届く記事もあり、その日に、「チャノヒキゾメ《茶の挽き初め》、オトシオトコ《年男》ガ申候」[6]と、茶の挽き初めをその年の年男が行うと記されています。おそらく、都から地方に伝わった書院の茶の湯が伊達家にも伝わり、正月行事になっていたことを推測させます。

『米沢市埋蔵文化財調査報告書第四十四号　米澤城調査報告書』によると、唐津・志野の茶碗などが米沢城から出土しており、茶の湯が嗜まれていたことが推測できます[7]。

また、すでに輝宗の祖父、稙宗以前の伊達氏の館（梁川城）には、京都の書院造りの館と同様の建物が建てられており、そこにはまた礎石を使用しない東北地方の建築の様式も残っていて、伊達氏が地方領主から大名へ成長する過程も推測できるということです[8]。

その館（梁川城跡の館跡）には、東北地方において確認事例のない泉水を伴う庭園が設けられています。これは、その泉水の前には、書院の茶の湯や連歌会などが催される会所（パーティールーム）があったことを示しているでしょう。

序章で述べた伊達家の京都の将軍への接近による戦国大名への成長の過程が、館跡からもうかがえるようです。京都の文化を積極的に受け入れることにより、周辺の諸勢力から優位に立とうとする伊達家の戦略に、「文化力」の獲得というものがあったのです。

十四日には、第一章で触れた中野宗時《むねとき》父子追放事件に功績があった重臣新田景綱が出仕し、「乱舞初め」があり、「モチコ大夫ウタイハジメ《謡い初め》候」とあるように、おそらく能楽のような芸能の会が催されています。「ランブシユ《乱舞衆》・キヤウゲンシユ《狂言衆》」も参加していますので、この地方に伝播した能楽のような芸能の催しのようです。(9)

そして、年頭行事の節目にあたる正月七日には、「連歌会」が開かれています。正月の節目の七日に連歌会を催すことも、伊達家の「文化力」が連歌会をハレの儀礼的な行事に位置づけることにより培われてきたことを示しているでしょう。

「伊達輝宗正月行事」には、

> 七日。レンガ《連歌》、リウホウジ《龍宝寺》、ヂヤウゼンジ《定禅寺》ヨリ今日御出候ユへ、御シユ《酒》参候。同ジキ三コン《献》、レンガ《連歌》座ニテ、リウホウ《龍宝寺》ヂヤウ《如御本書》ゼンジ《定禅寺》ヘホウシ参候。(10)

とあり、龍宝寺・定禅寺の住職が参加して、正式の饗応三献でもてなし、「レンカ《連歌》座」つまり

連歌をする座敷（会所であろう）で連歌会を催しています。この日の連歌は、『貞山公治家記録』に、

七日己卯《つちのとう》。御佳例御連歌アリ。

何船

若菜ツム道有《みちある》御代ノハジメ《始め》哉《かな》　政宗

袖ニたゞシク《「只敷く」と「正しく」の掛詞》香《か》ホル梅ガ枝《え》　実範（龍宝寺の住職）

鶯《うぐいす》ノ軒《のき(端)》バニチカク夜ハアケテ　受心（輝宗）

裏第十句

山アヒ《(間)》ノミチ《(道)》ハ雫《しずく》ニ行ヤラデ　実斎（八幡宮別当、後に龍宝寺住職）

駒ニ鞭《むち》ウツ坂ノハルケサ　政宗(11)

それまでの伊達家の連歌を見ても、当主が発句を詠み、隠居した前当主、または後嗣が第三句を詠むことになっています。特に、この年の佳例《かれい》の連歌は、政宗が当主となった最初の行事としての連歌ですから、政宗の発句には、「正月の若菜摘みに出かける道があるように、正しい政道が行われる時代の始まりだ」といった家督相続の決意が表現されています。

それを受けて、龍宝寺住職の実範が「袖に立ちこめさせた香りが香る梅が枝のように、正し

く政道が奥州に敷かれますよう」と受けています。

第三句に、父の輝宗が「鶯が軒端近くに鳴いて、夜が明けたよ」という句を継いで、新しく政宗の世になったことを「夜ハアケテ」という表現で象徴的に詠っています。

こうして、鎖の輪のように各句が連なるのが連歌です。半紙を折って書きとどめられた連歌が裏返されたところに、第十句目の「山間《やまあい》の道は雫に行やらで」と、山間の道を政宗の将来の道に例え、「雫のためになかなか前に進めないこともあろう」と実斎が詠むと、政宗も、「駒に鞭を打たねばならぬ道の困難な遠さです」と、家督相続した後の覚悟を連歌に託しています。

大変優れた各句の繋がりですが、こうした行事を家臣や僧侶を交えて繰り返すことにより、一門の「結束力」が培われたのでしょう。

「文化力」が一門の「結束」を培い、周辺の勢力に対峙していく「軍事力」の基盤になっていくのです。伊達家の「文化力」の質の高さを、この連歌の記録は物語っています。

## 3　大内定綱の裏切り

『貞山公治家記録』には、「伊達輝宗正月行事」の記事に続いて、伊達氏・田村氏の領地に接する安達郡小浜城主（福島県二本松市）の大内定綱《さだつな》（後に政宗に臣従）（天文十四 一五四五〜慶長十五 一六一〇）が政宗の家督相続の祝儀の為に米沢から参上したことを記しています。

此冬奥州塩松〔福島県二本松市・別名「四本松」〕ノ主大内備前定綱、御家督ノ祝儀トシテ米沢ニ参上ス。大内代々　当家ヲ頼ムノ由、公〔政宗〕伝ヘ聞カル。近年、然《しか》ラズ。「向後ハ当地ニ居《お》リ、奉公可然《しかるべき》」旨命ジ玉ヘバ、「辱《かたじけな》キ御意ナリ、父義綱《よしつな》代ヨリ御家奉公ストイヘドモ、先年御内乱ニ就《つき》テ、某《それがし》事田村ヲ相頼ム。少ノ事ヲ以テ田村殿ノ意ニ違ヒ、其後《そのご》会津・佐竹ノ介抱ヲ以テ進退相続ス。勿論《もちろん》唯今ヨリ、爰許《ここもと》ニ詰メ居リ、奉公致スベシ。屋敷ヲ賜リ、妻子ヲモ移シタキ」旨申上グ。因《よっ》テ屋敷ヲ賜リ、直《ただち》ニ米沢ニ越年ス。

大内近年当家ヲ疎遠ニスル而已《のみ》ナラズ、田村殿ヲモ背テ、偏《ひとえ》ニ会津〔蘆名氏〕・佐竹ニ属シ、進退相続ノ計策コレニ不過《すぎず》ト思ヘリ(12)。

大内氏の領地は、伊達氏とは北で接し、田村氏とは南で接していましたが、西の会津蘆名氏や北常陸の佐竹氏からの圧迫も受けていました。また、伊達氏にとっては、南方の蘆名氏・二階堂氏・畠山《はたけやま》氏・石川氏・白河氏・佐竹氏といった会津から北常陸に至る東西にライン上に連なる敵対勢力に対抗するために、大内氏を味方につけることは戦略上重要なことでした〔次頁図14〕。

政宗の家督相続の祝いに大内定綱が米沢に来ました。大内氏は、代々伊達家を頼っていたと政宗も聞いていましたが、近年は敵対的な関係であったのです。政宗は、「今後は、米沢に居住して、伊達家に奉公しなさい」と命じると、大内定綱は、「忝《かたじけな》いことです。父の義綱《よしつな》の代から伊達家に奉公しておりましたが、先年の伊達家の内乱（天文《てんぶん》の乱）が起き、私は田村氏を頼りに致しました。しかし、些細なことで田村氏の意に違い、その後、会津の蘆名氏・常陸の佐竹氏の世話をいただいて生き残って参りました。勿論、ただ今より米沢に住まいし、奉公を致しましょう。屋敷を賜り、妻子を米沢に移したいと存じます」と述べたのでした。

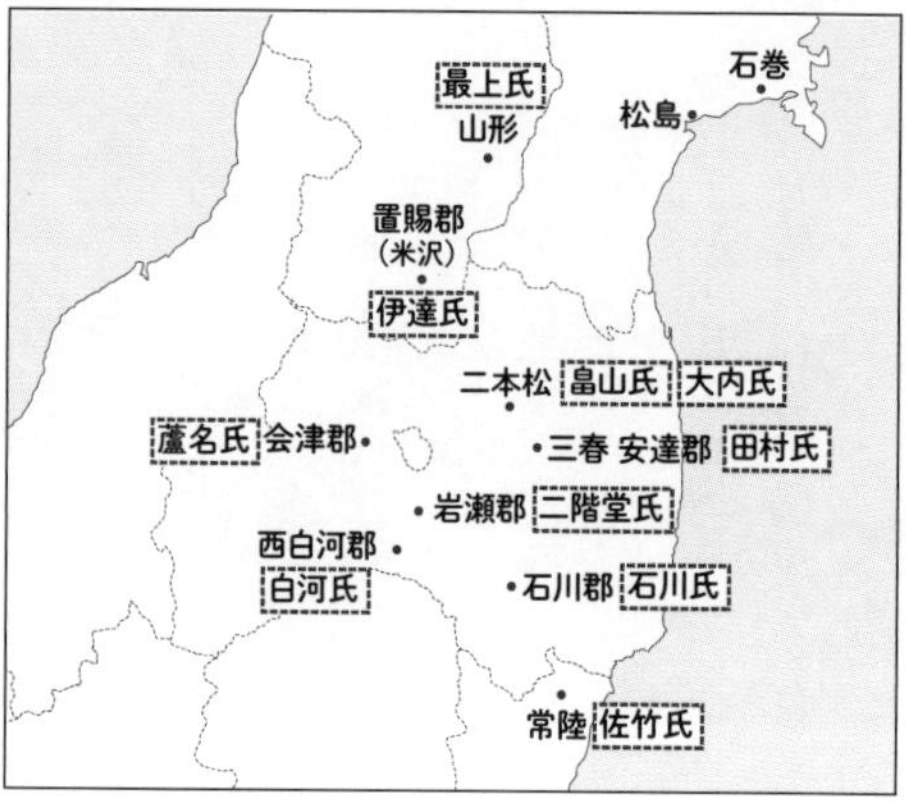

図14　関連地図（著者作成）

序章でも述べましたが、天文の乱で、稙宗と晴宗が戦った内乱により、伊達家の支配が弱まると、蘆名氏・佐竹氏といった大名の影響力を背景に、伊達氏・田村氏から大内氏〔小浜・二本松〕や畠山氏〔二本松〕などの領主が独立的な動きをして、反伊達氏・反田村氏の行動に出ていたのでした。

輝宗が相馬氏と戦い失地を回復すると、その地域の領主は、再び伊達氏の庇護下に入ろうとしたのです。定綱の米沢参上も、そのような一族の生き残りを賭けた動きでした。近年は、伊達氏・田村氏を叛いて、会津の蘆名氏や北常陸の佐竹氏を頼っていたのでした。米沢に屋敷を賜り、奉公しますと誓った大内定綱ですが、翌年雪消えの季節になり、屋敷の普請の時期になっても、米沢に戻ってきません。

『貞山公治家記録』には、次のように記されています。

大内備前定綱、去ル正月御暇賜り、塩松〔二本松〕ニ罷《まかれ》リ、雪消へ普請ノ時節ニ至レドモ米沢ニ来ラズ。

遠藤山城方ヨリ度々催促スレドモ不来《きたらず》。「何様ニ御意アリトモ参マジ」ト固ク申払《もうしはら》フ。雖然《しかりといえども》大内ヲ退治シ給ヘバ常州ノ佐竹常陸介助殿、会津ノ蘆名亀王丸殿、磐城ノ右京大夫殿、石川ノ大和守殿、白河ノ七郎殿、近年当家ニ被仰合《おおせあわせられ》御一党ナレバ、御敵ニシ給フ事　受心君（輝宗）笑止ニ（不安に）思召《おぼしめ》シ、大内ニ異見《いけん》セラルベキト、宮川一毛斎、五十嵐蘆舟斎ヲ御使トシテ、早々「米沢ヘ罷リ越シ然《しか》ルベシ、公（政宗）・田村ノ御首尾ニ、其方事米澤ヘ引移スベキ」由仰セラル、「身命知行気遣ヒ有ベカラズ、其段ハ任セ奉ルベキ」旨仰下サル処ニ、「御意見過分ナリトイヘドモ、最前ヨリ兎角《とかく》申上ル上ハ、仮令《たとい》滅亡ニ及

トブモ参ルマジキ」由返答ス。(13)

輝宗の側近の遠藤基信《もとのぶ》から催促をしても、「何と仰せられても、米沢には参りません」と、前年末の言葉を翻して、米沢参向を拒絶したのです。遠藤基信が「度々催促」したというのは、この状況を憂慮した輝宗の意向です。ここで、大内追討に出ると、その背景の佐竹氏・蘆名氏・磐城氏・石川氏・白河氏らの反伊達連合軍を敵にまわすリスクがあります。そこで、輝宗・政宗の老臣、宮川一毛斎、五十嵐蘆舟斎《ろしゅうさい》を使者として「米沢に来るべきだ。政宗様や田村氏の意向どおり、米沢に移住せよ」「命や知行地については心配無用。それについては、お任せしなさい」と説得しましたが、大内定綱は、「過分な仰せではありますが、以前から米沢には参らぬといったからには、例え我等が滅亡しても、米沢には参りませぬ」と返答したのでした。

この背景には、蘆名氏・佐竹氏という大きな勢力からの圧力がかかり、大内氏は、伊達氏・田村氏に頼るよりも、南の反伊達連合に与《くみ》する方が生き残ることが出来るという判断があったのでしょう。

新当主になった政宗にとっては、この大内定綱の態度は、侮辱でもありました。家督相続直後から、周辺の小領主にこのような態度を許せば、父親と失地回復の戦いを相馬氏と繰り広げた成果が台無しになります。会津の蘆名氏・北常陸の佐竹氏たちという大きな敵を向こうにまわすリスクを抱えても、家督相続直後に伊達家への侮辱的な態度を見逃せば、領土の保全にとって危機的な事態さえ起きかねません。政宗は、定綱追討を決意したのでした。

当初、政宗は、会津の蘆名氏が跡継ぎ問題で混乱していることを好機と考え、直接蘆名氏との戦いを準備しましたが、その準備の調略作戦がうまくいかずに、米沢の南、蘆名氏の領地との境にある桧原《ひばら》に城塞を築いて、蘆名側からの反撃に備え、大内定綱を打つ作戦に切り替えたのでした。

閏八月七日、三春と二本松との間にある大内氏の小浜を政宗は攻撃しました。

『貞山公治家記録』によれば、政宗麾下《きか》の武将は、伊達成実《しげざね》（政宗の祖父晴宗の弟実元の子。母は晴宗の娘。亘理伊達氏の祖）（永禄十一 一五六八～正保三 一六四六）・小梁川盛宗・白石宗実・原田宗時・浜田景隆たちで、いずれも輝宗時代からの家臣たちでした。田村清顕《きよあき》は、援軍として駆けつけています。[14]家督相続後の大切な最初の合戦ですが、すでに政宗の下には整然とした指揮系統のもとに、家臣団が動いていることが分かります。

対する定綱側には、岩城氏・蘆名氏・畠山氏が援軍を送っています。

## 4　小手森城の撫で斬り

閏《うるう》八月二十四日には、大内定綱と会津・仙道・二本松からの援軍も小手森城に籠城し、政宗・田村氏の軍勢が城を取り巻きました。『貞山公治家記録』には、次のように記されています。

二十四日壬辰《みずのえたつ》。公（政宗）・田村殿同《おなじ》ク小手森城へ御働キ、大内備前本城小浜ヲ出テ当城ニ籠《こも》レリ。且ツ小浜ニ籠ル会津・仙道・二本松ノ援勢モ、小手森近所マデ来ル。公、兵ヲ進メ間《ま》近ク働キ給フトイヘドモ、城中固ク守テ出戦ハズ。殊ニ晩日ニ及ブ。因《よっ》テ先ヅ打揚《うちあ》ゲラル。時ニ城中ヨリ人数ヲ出シ公ノ後陣へ攻懸ル。敵策《はかり》テ約スト見ヘテ、会津勢モ二本松勢ヲ先手トシテ進来《すすみきた》リ、敵両方ヨリ戦ヲ挑ム。(15)

小手森城に籠城した大内勢は、「城中固ク守テ出戦ハズ」と攻めても城から出て来ません。晩になり、一旦政宗勢は引き上げましたが、その隙をついて城から大内勢が出てきて、政宗軍の背後にまわり、夜討ちをかけてきました。会津の蘆名勢・二本松の畠山勢も示し合わせたように進軍してきました。大内軍とその援軍、そして城内からの軍勢が政宗軍に攻めかかったのでした。

公、御旗ヲ返シ給ヒ、軍ヲ分テ三隊トシ、一隊ハ城兵ト戦ヒ、一隊ハ援勢ト戦ハシメ、公ハ一隊ヲ率ヒテ両隊ノ間ニ陣シ給フ。即チ御旗本足軽《はたもとあしがる》鉄砲・御不断組士《ふだんくみし》（旗本の中核になる常備軍）鉄砲、都合五百挺《ちようばか》許リ、東ノ山際《やまぎわ》ヨリ敵勢推切《おしき》ラント横筋違《すじたがい》ニ打懸《うちかけ》シメ、士卒大ニ進ム。城兵援兵共ニ敗績ス。城ノ二ノ構マデ追入レ、首五十余（百余り）討捕ル。城兵小口へ入得ズシテ、南ノ方へ逃走ル者多シ。身方《みかた》追ハントスレバ、其傍《そのそば》ニ二本松勢トノ戦アリ。此所ヲ追過サバ、若《も》シ敵ニ跡ヲ推切ラレン歟《か》ト追捨《おいすて》タリ(16)。

政宗は、即座に軍を三隊に分け、一隊は城兵と、一隊は会津・二本松勢と戦わせ、政宗の隊は、この二隊の間に陣取り、旗本と足軽・不断組の鉄砲隊の五百挺ばかりで敵に発砲攻撃をしました。この鉄砲隊の銃撃によって政宗軍は進軍し、城兵と敵の援軍は城に逃げ帰ったのです。城の二の丸まで攻め入った政宗軍の攻撃によって城の敵兵は南方に逃げ去りました。政宗は、深追いして二本松からの畠山勢に迎撃されることを予測して、追撃を中止しました。

敵の攻撃に対する即座の対応、三隊に分けられた政宗軍、中央本体の鉄砲の装備など、政宗の司令官としての優秀な資質が読み取られます。
さて、二十七日、伊達成実《しげざね》・留守政景の軍勢が、籠城中の小手森城に攻撃をかけました。するると、城内から降伏の申し出がありました。

然《しか》ルニ城中ヨリ一人出テ成実ノ陣ニ向ヒ、指物ヲ以テ麾《さしまね》ク。人ヲ出シテ問ヘバ、「成実ノ家士遠藤下野対面セント欲ス、某《それがし》ハ石川勘解由《かげゆ》ト申シテ、下野ニ懇切ノ者ナリ」ト云フ。下野出テ「何事ゾ」ト尋ヌレバ、「此《この》城ニ小野主水《もんど》・荒井半内ヲ始トシテ、備前ニ近ク仕ル者多《あまた》籠《こも》レリ、今通路ヲ断タレ落城日アラズ、御侘言《わびごと》申シ、城ヲ開ケ渡シ、小浜へ引退《ひきのがれ》ント欲ス、此由成実へ頼入」旨申ス。(17)

城内から、伊達成実の陣に向かって、旗指物で招くものがあり、成実は使者を出しました。招いた男は、「成実様の家来で、遠藤下野殿〔基信の子息、宗信か〕に対面したい。拙者は石川勘解由《かげゆ》という者で、遠藤殿に親しい者です」ということでした。遠藤下野が対面して、「何事か」と問うと、「城中には、小野主水《もんど》・荒井半内をはじめとして、大内定綱に近侍する者がたくさんいます。今は、逃げ道も断たれて、今日にも落城するでしょう。政宗様に詫びて、城を明け渡し、小浜〔大内定綱の本拠地〕に引き退こうと思います」という申し出でした。

伊達成実は、そのことを政宗に報告します。

成実使ヲ以テ言上ス。公、「御弓箭《ゆみや》ノ果、敢《あえ》テ行《ゆ》ク事然《しか》ルベキ間、召出サルベシ、然レドモ小浜ヘハ遣《つかわ》スベカラベ、伊達領ヘ引退クベシ」ト仰出サル。即チ勘解由ヲ呼出シ此旨ヲ報ズ。(18)

政宗は、「戦の成り行きでこのようになるのは当然だ。彼等を許そう。しかし、小浜に戻るのでなく、伊達の領地に引き退くように」と返答し、石川勘解由にそのことを伝えます。勘解由は、城内に戻り、相談した後、再度返答をしました。

勘解由城ニ入テ相談シ、又出テ「城中ノ者共伊達ヘ引退ハ命ヲ助ラン為《た》メナリ、此城ヲ出テ小浜ヘ引退ント申故ハ、備前（大内定綱）切腹モ近日ナルベシ、最後ノ供ヲモ可致《いたすべし》ト存《ぞんずる》ナリ、偏ニ成実ヲ頼ミ奉ル」ト申ス。重テ此旨申上ゲラルレドモ御許容ナシ。因テ下野、城門二重ノ内マデ行テ勘解由ニ此由ヲ報ズ。時ニ公ヨリ成実ヘ御使ヲ以テ、「厳ク攻メ給ハザル故ニ、城中如此《かくのごとき》ノ自由ヲ申出ス、早々攻メラルベシ、本丸マデ落城セバ城兵伊達ヘモ引退クベシ、此旨諸備《そな》ヘモ命ゼラル」由仰遣《おおせつかわ》サル。(19)

その返答は、「伊達の領地に引き退くというのは、命を助かろうとするためです。小浜へ引き退こうとするのは、主人の大内備前定綱は、近日切腹するでしょう。我々は追い腹を切り、主人と運命を共にしたいのです」という申し出でした。すると、政宗は、「厳しく攻撃をしないから、城中でこのような勝手なことを言い出すのである。早々に攻撃せよ。本丸まで落とせば、彼等は伊達の領地に逃げるだろう。その準備をせよ」と、攻撃を命じたのです。

政宗にとって、今までの大内定綱の侮辱的な態度を見ていると、簡単に切腹して果てるような人物には思えなかったのでしょう。「小浜に戻って、主人の追い腹を切りたい」などという連中は、一見主人に忠誠を尽くし殉死したいという飾った言葉を弄《ろう》してはいますが、小浜に戻って定綱と再起することを考えているに違いありません。政宗の眼は、降伏を申し出た石川勘解由たちの策略を見抜いていたのです。

新たに家督を継いだ政宗にとって、今回の戦の大内定綱の侮辱的な態度を許せば、周囲の諸勢力が反伊達氏になるかもしれず、領土の安全さえ危うくする危険があります。本丸まで攻撃されれば、命が惜しい者は、我が領地に逃げ込んで来るであろうから、策を講ずるような者たちは許さない、という政宗の決意です。

成実即チ城へ攻懸《せめか》ケ火ヲ放ツ。山城ナル故早速吹上ゲ、所々ニ火移ル。総手ヨリモ推懸《おしか》ケ火ヲ放ツ。因《よつ》テ城兵役所ヲ離レ、度《ど》ヲ失ヘリ、午刻《うまのこく》ヨリ手始メシ、申刻《さるのこく》ニ至テ本丸落城ス。男女八百許《ばか》リ、一人モ残サズ目付ヲ附テ斬《きり》殺《ころさ》ル。(20)

伊達成実は、政宗の攻撃命令を受け、即座に城を攻めました。今回は、火攻めで、城に火を放ったのでした。山城であったので、火の手は即座に所々に移り、成実軍は、総門からも攻めかかり、火を放ちました。敵の城兵たちは、持ち場を離れて、右往左往してしまったのです。正午から、午後四時頃までに本丸が落城しました。成実軍は、「男女八百許《ばか》リ、一人モ残サズ目付ヲ附テ斬殺《きりころ》」したのでした。

右の直接的な資料になったと思われる伊達成実の著した『伊達日記　上』には、

未《ひつじ》刻（午後二時頃）ヨリ御攻。申《さる》ノ刻（午後四時頃）ニ落城申候《もうしそうろう》。ナデ切ト被仰付《おおせつけられ》男女牛馬迄切捨《まできりすて》。日暮候テ被引上《ひきあげられ》候。(21)

とあります。「ナデ切ト被仰付《おおせつけられ》」とありますので、落城の報告を受けた政宗が、「ナデ切」を命じたのでした。

## 5　撫で斬りの真意

この合戦の勝利を、政宗は最上義光《よしあき》（政宗の伯父、政宗の母吉姫の兄）（天文十五一五四六〜慶長十九一六一四）に手紙で伝えています。

急度《きっと》脚力をもつて申し届け候。よつて今日二十七日先達《せんだつて》申し候つ小手森の要害、昨日取《とり》廻《めぐ》り近陣に及び候ところに、通路は相留《あいと》め候得《そうらえ》ども、十日二十日は彼要害《かのようがい》まづもつて相抱へ申すべき様に、見当申し候間、自身乗り寄せ、相手の鉄砲八千丁あまり相懸け、則《すなわ》ちとり付き候間、落城申し候。もつとも城主を始めとして、大備（大内定綱）親類ども相添《あいそ》へ五百余人討ち捕らへ、そのほか女・童は申すにおよばず、犬まで撫で斬りに成《な》させ候条、以上千百余人きらせ申し候。

これにより二時ばかりが内に、一新城、一木こり山、一かち内館、一ひたち館、一小手森相添へ五ヶ所、手裏に属し候。四ヶ所は自《みずから》落申し候。大備（大内定綱）居館小浜より前には敵地一ヶ所もこれ無く候。拙子名理も候やと存じ候。この上は須加河まで打ち出で、関東中々手安く候。万々後音を期し候。恐々謹言。
八月二十七日　政宗（花押）
山形殿
追啓、定めて当世のならひにて、是をも偽りとおぼし候べく候。世上より其隠れこれあるべからず候。以上。(22)

「自身乗り寄せ、相手《あいのて》の鉄砲八千丁あまり相懸け」「大備（大内定綱）親類ども相添《あいそ》へ五百余人討ち捕らへ、そのほか女・童は申すにおよばず、犬まで撫で斬りに成《な》させ候条、以上千百余人きらせ申し候」と、最上義光宛の手紙には、大変な数量の鉄砲、撫で斬りの人数も、大変誇張して報告されています。

政宗の父輝宗は、最上氏の父子対立の時、義光の父義守を援助していましたので、伯父といえども、義光は、伊達家にとっては脅威でもあったのです。戦国の世ですので、いつ何時最上氏からの侵略があるか分かりません。

家督相続直後の戦いは、単に政宗に対して侮辱的な裏切り行為をした大内定綱への個人的な怒りではなく、新たな当主、しかも若年の当主であっても、容赦なく攻め込めば反撃することを示す必要があったのです。

伊達氏の北方の脅威は最上氏であり、南方の脅威は蘆名氏・佐竹氏でした。これらになびく中小領主に対して、小手森城の撫で斬りは、政宗に対抗するものは容赦しないという意思表示でもあったのでした。

手紙の文中「関東中々手安く候」と述べているのは、関東に進出するとか、天下を狙っているとかいう意味ではなく、北常陸の脅威の佐竹氏なども打ち破ることは出来るという、最上氏への警告でもあるでしょう。

追伸の文面に、「定めて当世のならひにて、是をも偽りとおぼし候べく候。世上より其隠れこれあるべからず候」と、自分の報告を嘘と思うだろうが、世間では隠れない事実ですよ、と誇張した文面を事実だと強弁しています。これも、北方の最上氏に対する威嚇でもあるのです。

輝宗以上に周囲に威厳を示した政宗は、こうして家督相続後の合戦で、父の代からの家臣団を結束させていったのです。その結束力には、先述した伊達家の「文化力」も機能していたのでした。

父輝宗の示した正月行事での連歌会や茶の湯などで培われた輝宗時代からの重臣や一族たちとの結束力は、このような合戦での結束に機能したのでした。厳しい撫で斬りでの見せしめは、若き当主の戦国武将としての資質を内外に示すものでした。そして、その背後には伊達家の「文化力」が政宗にカリスマ性を付与していたことがあったのです。

# 第五章　父の死

## 1　大内定綱の逃亡

天正十三年（一五八五）閏《うるう》八月、大内定綱《さだつな》の裏切りに対して、攻勢をかけた伊達政宗は、家督相続の初戦を小手森城の戦いで飾りました。伊達家の若き新当主としての威厳を、撫で斬りで周囲の諸勢力に誇示したようです。

翌月の初め、この勝利を政宗終生の師である資福寺の虎哉《こさい》和尚（虎哉宗乙《そういつ》）に知らせています。『貞山公治家記録《ていざんこうちけきろく》』同年九月二日の条には、次のようにあります。

九月丙戌《ひのえいぬ》大二日己亥《つちのとい》。資福寺虎哉和尚ニ書ヲ賜フ。其趣《そのおもむき》、「去ル二十四日、当表ニ於テ合戦、敵数多討捕《あまたうちと》リ、小手森《こでもり》二ノ構マデ取破ル、近年無比類《ひるいなき》御手際《てぎわ》ナリ、同二十六日小手森へ御近陣、翌二十七日御見当ヲ以テ攻敗《せめやぶ》り、城主ヲ始メ大内親類ノ面々、其外男女共ニ悉《ことごと》ク斬《きり》殺《ころ》シ、以上八百人許《ばか》リ討捕り給フ、其御威光《そのごいこう》ヲ以テ、同日五六箇所落城ス、去ル二十九日、当地槻 自落《おのずからおつる》ニ付テ、即時ニ乗入リ在馬シ給フ、猶珍事《なおめずらしきこと》出来セバ仰越《おおせこ》サルベキ」ノ旨著サル（槻館築館同《つきだてはつきだてにおなじ》）。(1)

「去る二十四日、当地小手森において合戦をし、敵を多く討ち取り、小手森城の二の丸まで攻め込み、近年比類のない大勝利でした。二十六日には、小手森城を取り巻いて、翌二十七日、作戦どおり攻め破り、城主を始め大内氏の親類の者たち、そのほか男女共に悉く斬り殺し、総勢八百人ほど討ち取りました。その威勢によって、その日は五六箇所の城が落ちました。去る二十九日、当地槻館《つきだて》城も開城しましたので、即座に入城しました。なお、またよい知らせが出てきましたら、報告申し上げます」といった手紙です。

新当主の戦勝祈願を山形の資福寺で祈っている師の虎哉和尚に、大勝利を伝える手紙です。小手森城の撫で斬りについても報告しているのは、おそらく虎哉和尚に殺害した敵の供養も依頼してのことでしょう。戦場では非情にならねばならない政宗は、終生の師の虎哉和尚に対して、戦勝祈願の礼と自身の殺生の滅罪も含めて、手紙に記していたのです。

政宗は、大内定綱に追撃を加えるため、定綱の重臣たちに恩賞を約束して、調略《ちょうりゃく》作戦に出ています。『貞山公治家記録』十七日の条には、続けて次のように記されています。

十七日甲寅《きのえとら》。大内（定綱）御退治ノ義ニ就テ、其臣《そのしん》塩松玄蕃《げんば》・小島二休斎・小島丹波ニ仰合《おおせあわ》サル事アリ。因《よつ》テ各《おのおの》御朱印《ごしゅいん》ヲ賜フ。其趣《おもむき》、「今度被仰合《おおせあわさるる》義成就ニ於《おい》テハ、玄蕃ニハ本領ニ岩角弾正抱ヘノ地差添《さしそえ》フベシ、二休斎・丹波ニハ本領御知行相添可賜《あいそえたまうべき》」ノ旨ナリ。二休斎ニハ小十郎（片倉小十郎景綱）ヨリ証状差遣《さしつかわ》ス。「申合《もうしあわせ》ノ義成就ニ於テハ、大河内伊豆進退本領ハ勿論、其外御加恩ノ所ヲモ我等馳走《ちそう》スベシ、疑心有ベカラザル由載セリ（三人ニ仰合セラル様子不知[2]）。

戦国期の合戦で重要なことは、攻める相手の主要な家臣を味方につける調略作戦です。そのためには、普段の情報収集は欠かせません。政宗は、大内定綱の重臣「塩松玄蕃《げんば》・小島二休斎・小島丹波」に内応するように、恩賞を保証する「朱印状」を与えています。彼等は、それぞれ自分の領地を持っていますので、本領の安堵と領地や禄高の加増の約束には、勝敗の見通しが困難な時には、魅力を感じることでしょう。

「二休斎ニハ小十郎（片倉小十郎景綱）ヨリ証状差遣《さしつかわ》ス」と、片倉小十郎が小島二休斎に直接政宗の約束状を届けているところに、政宗側近の小十郎の調略活動や情報収集活動がうかがわれます。「大河内伊豆進退本領ハ勿論、其外御加恩ノ所ヲモ我等馳走《ちそう》スベシ、疑心有ベカラザル由」（内応してくれれば、大河内伊豆の本領は勿論、そのほかの加増も致しましょう。疑いなく）という文面です。

直接的な戦いとこうした調略作戦が功を奏して、九月二十五日の夜、大内定綱は、居城の小浜城を捨て、二本松城から会津の蘆名氏のもとに逃亡しました。『貞山公治家記録』には、次のように記されています。

此夜、大内備前定綱、小浜城ヲ捨テ二本松ニ奔《はし》ル。其外《そのほか》支城悉《ことごと》ク明ケ退ク。今日小浜ニ於テ、会津加勢ノ面々、定綱ニ異見ス。其趣《おもむき》、「公（伊達政宗）、岩角《いわつの》（岩角城。福島県本宮市）ヲ御巡見アリ、攻メ取リ給フ事必定《ひつじょう》ナリ、然《しか》ラバ何《いず》レモ引退ク事叶《かなう》ベカラズ、今夜引退《ひきの》キ然ルベシ、幸ヒ会津ノ宿老松本太郎ガ跡知行ノ地ヲ賜テ、宿老ニ被立様ニ取持《とりもつ》ベシ、速《すみやか》ニ引退《ひきの》カレヨ」ト中目式部・平田尾張ヲ以テ頻《しきり》ニ催促ス。定綱「尤《もっと》モ」ト同心シ、夜ニ紛レテ出奔《しゅっぽん》スト云云。是ニ於テ塩松悉《ことごとく》皆御手ニ属セリ。

二十六日癸亥《みずのとい》。公（伊達政宗）小浜城へ御馬ヲ移サル。(3)

大内定綱は小浜城を捨てて、二本松城（福島県二本松市。後に政宗の父輝宗を殺害した畠山義継《はやけやまよしつぐ》の城）に逃げ込みました。定綱と畠山義継とは、息子と娘を結婚させていて同盟関係でした。このたびの合戦でも、義継は、定綱に援軍を送っていたのです。

二本松城に逃げ込んだのは、大内氏と畠山氏との同盟関係があったからです。また、定綱が二本松城に奔《はし》ったのは、その夜小浜城で、政宗に敵対する会津の蘆名氏に加勢するようにしていた家臣たちからの助言からでした。

その意見というのは、「政宗様は、岩角城《いわつの》を見回られました。城を攻め取られるのは明白です。そうなれば、もう逃げられません。今夜、お逃げ下さい。幸い、会津の宿老松本太郎殿の旧領をいただいて、蘆名家の宿老として待遇してくれます。速やかにお逃げください」というものでした。定綱も「尤モ《もっと》」と納得して、夜に紛れて、出奔したのでした。

この定綱の逃亡によって、塩松地方、つまり二本松周辺の領土は、すべて政宗の支配下に入ったのでした。

## 2　畠山義継の輝宗訪問

同盟者の大内定綱の逃亡によって、政宗勢に取り巻かれた畠山義継（二本松義継とも）（天文二十一一五五二〜天正十三一五八五）は、大内氏との同盟によって政宗とも敵対関係にありました。前章での小手森城の撫で斬りが行われた合戦でも、定綱に援軍を送っていました。
このままでは、政宗からの攻撃が避けられないと判断した畠山義継は、政宗に降参するため、政宗の父輝宗のもとに参上しました。以下、『貞山公治家記録』によってその経緯を記します。

此日《このひ》。二本松右京大夫殿（畠山義継）受心君（輝宗）ノ御陣所、安達郡宮森《みやのもり》（福島県二本松市）へ不図《ふと》参ラル。此故ハ今度大内御退治以後、二本松ヲ攻メ給フベキ催《もよおし》アルニ因《よっ》テ、栖《せい》安斎《あんさい》ヲ以テ、「代々　御家ヲ頼ミ身ヲ立ル処ニ、近年会津・佐竹・岩瀬ト田村戦アリ。我等モ田村殿ニ恨《うらみ》アレバ、佐竹・会津へ一味シ、度々同陣ニ及ブ。然レドモ　御家へハ前々ノ御首尾ヲ以テ、先年　受心君（輝宗）相馬へ御働《おんはたら》キノ時節、両度マデ御陣所へ参上奉公ス。此等ノ事ヲ以テ、進退相違ナク立テ賜ハル様ニ」ト仰入ラル。
受心君（輝宗）御挨拶ニハ、「相馬御働ノ節参陣セル事御覧アリ、然《しか》レドモ今度大内御退治ノ節、小手森両口ノ戦、一口ハ二本松勢先手ナリ、又大場野内御働時モ、二本松勢籠り居テ、人数ヲ出シ戦ヘリ、然レバ、大内同前ノ敵ト思召サル、是非攻メラルベシ」ト仰払《おおせはら》ハル。(4)

十月六日、畠山義継は、謝罪と服属交渉のために、宮森城にいた伊達輝宗を訪れました。今にも、政宗による攻撃があると判断した畠山義継は、家臣の栖安斎《せいあんさい》に次のように語らせたのでした。「代々伊達家を頼りにして身を立てていましたが、近年、会津の蘆名氏・常陸の佐竹氏・岩瀬氏が田村氏（田村氏は伊達政宗に娘を嫁がせており、伊達氏と同盟関係）と合戦しました。当家も田村氏とは遺恨の仲でしたので、佐竹氏・蘆名氏に加勢して、度々参戦したのです。しかし、伊達家に対しては、以前からの関係で、先年輝宗様の相馬氏との合戦でも、二度参戦いたしました。このようなことをお考えになって、なんとか我々を攻めることなきようにお願いしたい」と、謝罪して服属の交渉を持ちだしたのでした。

元来、田村氏と領地を接する畠山氏・大内氏は、北の伊達氏と隣接する田村氏の勢力に迫られていましたので、会津の蘆名氏や北常陸の佐竹氏という有力大名を頼って、生き残りを策していたのです。

しかし、輝宗は、使者の栖安斎に、「相馬氏との合戦に参陣してくれたことは覚えている。大場しかし、今回は、小手森城の合戦でも我々に敵対して一方の先陣をしていたではないか。大場野内の合戦でも、お主《ぬし》の勢が城にこもって出陣してきたではないか。であるならば、大内と同様の敵と思われる。必ずや合戦に及ぶぞ」と、申し出を拒否したのでした。

輝宗は、詫び言と服属を誓うなら、二本松の領土の内、「南ハ杉田川、北ハ油井川ヲ限リニ明ケ渡サルベシ、其間ノ五箇村ヲ以テ進退立ラルベシ、其上義継ノ子息ヲ米澤へ人質ニ差遣《さしつかわ》サルベキ」と、杉田川から油井川の土地の割譲と、人質として子息を米沢へ差し出すことを要求したのです。畠山義継は、その条件に対して、「南乎北乎《かか》一方許《ばか》リ被召上様《めしあげらる》ニ」と申し出たのでしたが、輝宗は拒絶したのです。

そこで、義継は、輝宗のもとに六日の日にやってきたのでした。

晩　公（政宗）ノ御陣所小浜城へ　受心君（輝宗）御出有テ、家老中召寄《めしよせ》ラレ、義継御侘《おわび》ノ事仰聞《おおせきこせ》ラレ、公へ訴訟ノ旨仰入ラル。最前ヨリ栖安斎御侘《せいあんさいおわび》取次ノ首尾ヲ以テ、伊達成実《しげざね》ヲ相加ヘラル。

義継前ニ申ス如ク、「領地北カ南カ一方ハ副《そ》ヘ賜リタキ」由、成実ヲ以テ訴訟アレドモ、御許容ナケレバ、「只今マデ召置《めしおき》タル家来ニ、如前采地《さきのごとくさいち》ヲ賜リ召仕ハレ給ハルベシ、然ラザレバ各飢餓ニ及ブ事不便《ふびん》」ノ由訴訟セラル。終ニ御許容ナシ。

義継「爰許《ここもと》ヘ不図《ふと》参ラル事ハ、切腹ヲ命ゼラルトモ御意ヲ背カジト覚悟セリ。何様《いかさま》ニモ御意ノ儘《まま》ナリ」ト申サル。因《よつ》テ五箇村ヲ以テ進退ヲ立ラル旨落着ス。(5)

輝宗は、夜になって小浜城にいた政宗のところに出向き、家老たちも交えて畠山義継の謝罪について話し合いました。使者の栖安斎の取次《とりつぎ》は、伊達成実《しげざね》であったことから、成実も会議に加えられました。

畠山義継は、領地割譲については、「領地北カ南カ一方ハ副《そ》へ賜リタキ」といずれか一方だけにしていただきたいという希望を成実から伝えてもらい、もし許容なければ、「只今マデ召《めし》置《おき》タル家来ニ、如前采地《さきのごとくさいち》ヲ賜リ召仕ハレ給ハルベシ、然ラザレバ各《おのおの》飢餓《きが》ニ及ブ事不便《ふびん》」と、家臣を召し抱えてもらいたい旨を訴えたのでした。しかし、ついにその申し出も、政宗は拒絶したのでした。

そこで、畠山義継は、「爰許《ここもと》へ不図《ふと》参ラル事ハ、切腹ヲ命ゼラルトモ御意ヲ背カジト覚悟セリ。何様ニモ御意ノ儘《まま》ナリ」と、「ここに急に参りましたのは、切腹を仰せつけられたとしても、御命を叛くまいという覚悟です。どのようにでもしていただきたい」と懇願したのでした。そこで、「因《よつ》テ五箇村ヲ以テ進退ヲ立ラル旨落着ス」、つまり、五箇村のみ安堵するという条件で、畠山義継の謝罪と服属が認められたのでした。

## 3 輝宗殺害

畠山義継の謝罪と服属が決まり、政宗は、畠山義継と面会したことを伊達成実を通して輝宗に報告しました。そこで、輝宗は、翌七日、成実の陣所に出向いて畠山義継に対面し、小浜城

図15　伊達成実像（仙台市博物館蔵）

に近い宮森城に戻ったのでした。

　翌八日、伊達成実が輝宗のもとに参上し、「今朝義継ヨリ使ヲ以テ、進退ノ義偏《ひとえ》ニ受心君（輝宗）ノ御取持ヲ以テ相調フ、御礼ノタメ宮森へ参上スベシ、二本松ニ罷帰リ、嫡子国王丸ヲ米沢へ差遣ス支度ヲ致サレタキ」[6]（今朝、畠山義継から、進退のことについてはひとえに輝宗様のお取り次ぎで決着できました。御礼を申し上げるため、宮森城に参上いたします。二本松に帰り、嫡子の国王丸を米沢に送る準備をお調えください）と、畠山義継の伝言を伝えました（図15）。輝宗は、「早々罷出《まかりいで》ラル様ニ」と返答しましたので、さっそく義継は輝宗のもとに参上し対面したのでした。

　その時に、突如、義継の輝宗殺害事件が起きたのです。

　義継家臣高林内膳《ないぜん》・鹿子田和泉《かのこだいずみ》・大槻中務《なかつかさ》ト云者三人御座敷へ召出サル。　和泉密《ひそか》ニ義継へ耳語ス。受心君（輝宗）御着座ノ方ニ政景・成実伺候セラル。何ノ御物語モナク既ニ御暇乞《おひまごい》アリ。
受心君（輝宗）玄関マテ送出《おくりいで》テ給フ。時ニ義継手ヲ地ニ置キ、「今度色々御馳走　辱《かたじけなく》存ズ。然《しか》レバ我等ヲ害シ給フベキノ由承ル」ト云ナガラ、左ノ手ヲ以テ御胸ヲ捕へ、脇指ヲ抜テ衝懸《つきかく》ル。兼《かね》テノ謀《はかりごと》ト見ヘテ、従者七八人御後へ廻《まわり》テ引立出ヅ。(7)

畠山義継には、高林内膳《ないぜん》・鹿子田和泉《かのこだいずみ》・大槻中務《なかつかさ》という家臣が同席し、輝宗には、留守政景《るすまさかげ》（政宗の祖父晴宗の三男で輝宗の弟。留守氏の養子となる）（天文十八一五四九～慶長十二一六〇七）と伊達成実が同席していました。ところが、その場で鹿子田和泉が密かに主人の義継に耳打ちをしたのです。

その内容は、『貞山公治家記録』では、この事件の末尾に、次のように記されています。

義継俄《にわか》ニ受心君（輝宗）ヲ捕テ人質トセント欲スル故ハ、此日《このひ》市中ニ刀ヲ磨者《みがくもの》アリ。人ニ戯《たわむ》レテ、「今日義継来《きた》ラバ、此刀ヲ試《こころ》ミン」ト云フ。聞者《きくもの》皆信ズ。時ニ二本松ノ賈人《こじん》アリ。大ニ驚キ、急ニ馳テ義継ノ臣ニ告グ。其臣座敷ニシテ義継ニ耳語ス。故ニ義継忽《たちま》チ此挙動ニ及ブト云々。(8)

耳打ちした内容は、市中で刀を研いでいた者がいて、この男が人に戯れて「今日、義継が来たのなら、この刀で切れ味を試してやろう」と言っていたという内容でした。市中の武士が、おそらく冗談で語った言葉でしたが、周囲のものはその言葉を信じてしまったのです。大内・畠山勢との戦いが終わった直後のことですので、まだ血気にはやる武士が刀を磨きつつ述べた戯れの言葉でした。

ところが、二本松の「賈人《こじん》」、つまり商人がその言葉を聞き、真に受けて驚いて義継一行の家臣にその言葉を伝えたのでした。その家臣が鹿子田和泉だったようです。鹿子田和泉は、主人と輝宗の会見の場で密かにその話を義継に伝えてしまったのでした。

和泉の耳打ちを真に受けてしまった義継は、早々に「何ノ御物語モナク既ニ御暇乞《おひまごい》(9)」をしたので、輝宗も玄関先まで見送りに出ました。

その時でした。義継は、一旦手を地について、「このたびはお世話になりました。忝《かたじけな》く思っておりますが、我々を殺害なさるということを聞きましたぞ」と言いながら、左手で輝宗の胸ぐらをつかみ、脇差を抜いて輝宗に衝きかけたのでした。かねて申し合わせていたのでしょうか、義継の従者七八人が即座にその周りを取り囲んで、門外に出ようとしました。

御見送ノ時、政景・成実モ御供シテ出ラル。玄関前、両方竹垣ニシテ道一筋ナレバ、受心君(輝宗)ノ御傍《おそば》ヲ通ルベキ様ナク、御後ニ控ヘ居ラル。　義継捕ヘ奉ルノ時、何事モ不叶《かなわず》、タヾ

「門ヲ閉ヨ」ト呼懸ケラル。事急ナル故ニ門ヲモ閉得《とじえ》ズ。(10)

見送りには、留守政景も伊達成実も一緒にいたのですが、屋敷の玄関前の門までの道は、両脇が竹垣で狭く、取り囲まれた輝宗の脇を通ることが出来ません。義継が輝宗を捕らえた時には、政景も成実も手を出すことが出来ずに、大声で「門を閉じよ」と叫んだのですが、あまりの緊急事態で門を閉じることが出来ません。

輝宗を取り囲んで、畠山義継一行は、二本松に向かって逃亡しました。

義継従者等　受心君（輝宗）ヲ取囲ミ二本松ニ赴ク。
政景・成実ヲ始トシテ、御家臣等武具ヲモ不着《きず》、御跡ニ傍《そつ》テ馳行《はせゆ》ク。小浜ヨリハ何レモ武具ヲ着テ早打《はやうち》スレドモ、「可討果《うちはたすべし》」ト云《いう》者ナク、茫然《ぼうぜん》トシテ敵ヲ取囲ミ、田舎道十里（田舎道は一里六丁。約六百〜七百メートル）余過テ、安達郡高田原ニ到ル。
時ニ　受心君（輝宗）大音《おおごえ》ヲ揚《あ》ゲ、「速《すみやか》ニ義継ヲ撃《うち》殺セ、我ヲ顧《かえりみ》テ家醜《いえのはじ》ヲ貽《のこ》ス事勿《なか》レ」ト呼ビ給フ。此御言《ことば》ヲ聞テ、歩卒ノ中ヨリ鉄砲一放《ひとはな》チ撃懸《うちかか》ルト均《ひと》シク、総人数取懸り、義継ヲ始トシテ従者五十余人（或作百余人《あるいはひゃくよにんにつくる》）即時ニ撃《うち》殺ス。　受心君（輝宗）モ共ニ害セラレ給フ。(11)

留守政景も伊達成実も、そのほかの輝宗家臣たちも、鎧兜《よろいかぶと》も着ずに逃亡する義継等を追跡しました。小浜城で皆が武装して馬を走らせましたが、何しろ輝宗が人質になっているので、「私が討ち果たしましょう」と言う者もなく、呆然と敵の一行を取り囲み、六〜七百メートルほど敵味方が共に進むと、安達郡の高原まで来たのでした。

その時、伊達輝宗が大声で叫びました。「速《すみやか》ニ義継ヲ撃《うち》殺セ、我ヲ顧《かえりみ》テ家醜《いえのはじ》ヲ貽《のこ》ス事勿レ」（すぐに義継を撃ち殺せ。わしのことを心配して、家の恥を残すな）と。

その言葉を聞いて、足軽が鉄砲を放ったのでした。その瞬間、政景・成実たちは総勢で攻めかかり、義継を始めとして従者五十人ほどを即座に撃ち殺したのでした。輝宗もまた同時に義継に殺害されたのでした。

さて、『貞山公治家記録』によると、その日、政宗は鷹狩りに出ていました。父輝宗が捕えられたという報告を聞いて、夜中に現場の高原に到着したのでした。

此日　公（政宗）ハ鷹野ニ御出、受心君（輝宗）捕ヘラレ給フト聞召《きこしめさ》レ、夜中高田原マデ馳《はせ》着《つ》キ給フ。即チ義継ノ死骸ヲ索《もと》メ出シ、段々ニ斬放《きりはなち》タルヲ、藤ヲ以テ縫合セ、小浜町ノ辺《あたり》ニ掛《か》ケ、番人数多付《あまたつけ》守ラシム。(12)

政宗は、親の敵の畠山義継の遺体を探し出します。畠山義継の遺体は、すでに「段々ニ斬《きり》放《はなち》タル」とありますので、畠山義継を追跡してきた留守政景・伊達成実たちの怒りによって、ばらばらに切り裂かれていたようです。今までこの記事は、政宗が義継を切り刻んだように解されてきましたが、「斬放《きりはなち》タル」の「タル（たり）」は完了・継続の助動詞ですので、すでに切り刻まれていたという意味です。そこには、留守政景・伊達成実の義継への怒りが読み取られますし、一族・家臣たちに慕われていた輝宗の人柄も推測されるでしょう。

政宗は、「夜中高田原マデ馳着《はせつ》キ」、畠山義継の遺体を探し出させ、政景・成実たちが「段々ニ斬放《きりはなち》タル」義継の遺骸を、藤の蔓でもって縫い合わさせて、小浜の町に番人を多数つけて、磔《はりつけ》にしてさらしたのでした。

義継に拉致された輝宗を追った伊達成実は、『伊達日記』を著していますが、そこにも、この段は次のように記されています。

政宗公、御鷹野へ御出被成被聞召御帰《おいでなされきこしめされておかえり》候。
二本松衆（畠山の家臣たち）半沢源内、月舘持候《つきだてもちそうろう》遊佐孫九郎、弓ヲ持候。其外《そのほか》抜刀ニテ輝宗公ヲ取籠参《とりかこみまいり》候。然所《しかるところ》ニ取巻参《とりまきまいり》候味方ノ内ヨリ、鉄砲一ツ打候ニ付、誰下知《だれげち》トモナク惣勢懸《かか》リ、二本松衆五拾人余《あまり》、一人モ不残打殺《のこさずうちころし》候。輝宗公モ御生害被成《なさる》。
政宗公モ其《その》夜ハ高田へ御出馬被成《なされ》候。家老衆、「先《まず》小浜へ御引返、吉日ヲ以《もって》御責《おせめ》可然《しかるべし》由《よし》」被仰上《おおせあげらる》ニ付、九日未明ニ小浜へ御帰被成《なさる》。輝宗公御死骸、其夜小浜へ御供仕《おともつかまつり》、九日ニ長井資福寺へ奉送《おくりたてまつり》候。御葬礼ノ砌《みぎり》、遠藤山城内馬・七右衛門追腹《おいばら》仕《つかまつり》候。須田伯耆モ百里隔候《へだたりそうろう》在所ニテ追腹仕候、八日晩、義継死骸方々切放候ヲ求出シ、藤ヲ以《もって》ツラネ、小浜町外ニ張付ニ御カケ候。[13]

右の記事は、『貞山公治家記録』の資料として使われたことは、文脈からも明白ですが、比較的『治家記録』より詳しく、輝宗を取り巻いて逃亡する畠山一行の様子、彼等を包囲するようにしていた成実たち追跡隊の中から、誰が下知するともなく一発の銃弾が撃ち込まれたのを、まるで合図のようにして、成実たちが襲いかかり、畠山義継たち五十人を「一人モ不残打殺《のこさずうちころし》」た様子がありありと描かれています。

鷹狩りに出ていた政宗は、事件を聞いて城に戻り、急いでその夜に現場に駆けつけたのでした。家老たちが、「まず小浜場に引き返し、二本松城攻めは、吉日になされますように」との助言で、そのまま二本松城を攻撃せず、父の遺骸と共に、その夜は小浜城に引き返しました。

そのことは、父が捕らえられているであろう二本松城を攻略するだけの軍勢を整えて高田まで来たことを推測させます。不幸にも、高田では、伊達成実か留守政景の家来が銃を発砲したため、総掛かりの攻撃が行われて、人質の輝宗も殺害されてしまったのでしょう。

「八日晩、義継死骸方々切放候ヲ求出シ、藤ヲ以《もつて》ツラネ、小浜町外ニ張付ニ御カケ候」とあるのは、輝宗殺害に怒った成実・政景《まさかげ》の家臣たちが、感情のままに畠山義継の体を切り刻んだのでしょう。そうでなければ、わざわざ「義継死骸方々切放候ヲ求出シ」ということはあり得ません。政宗は、夜に現場に到着したからこそ、敵の遺骸を探し求めたのでした。『伊達日記』には、そのようなリアリティーが『治家記録』よりも感じられます。

## 4 政宗の回顧

仙台藩の記録『貞山公治家記録』や、伊達成実の『伊達日記』の記述によれば、右のような輝宗殺害の状況がうかがわれますが、政宗自身が語った話を、家臣の木村宇右衛門が筆記した「木村宇右衛門覚書」によると、もう少し詳しい事情も語られています。

まず、畠山義継が父輝宗を訪れた日、政宗は、鷹狩りではなく、猪狩りに出かけたようです。

我等へやずみ《(部屋住)》の事なれば、二本松殿（畠山義継）見廻給ふ朝に、うしろの山に猪、四ツ五ツいたるよし告げきたる。「今日ハおもてに客ありてよき隙なり」とて、へやずみのち中間足軽共猪狩の用意也。我等も「別而《べつして》隙入事もなければ、出《いで》ん」とて、弓鑓《やり》鉄砲にて山へ出《いず》る。(14)

その日は、政宗には特に用がなかった（部屋住み）のでした。屋敷の後ろの山に猪が四五頭出没したというので、家臣や足軽が狩りの準備をしたのでした。政宗も、「特に用もないので狩りに出よう」と、弓矢と鉄砲を持って出かけたのでした。

ところが、この様子を畠山義継の家来が、主人の暗殺の用意かと誤解したのでした。おそらく、『貞山公治家記録』に記されていた街角での武士の戯れごとも影響していたのでしょう。しかも、館の台所で、お膳をつっていた縄が切れて、大きな音が出たことも、義継たちを驚かせたようです。

御はなし最中、俄《にわか》の事なれば、御台所に膳棚四五間縄吊りにてしたるが、縄きれ、盛り並べたる角皿、鉢くわらめきておつるに、人たち騒ぎたる声、御座敷へ騒がしくきこへければ、二本松殿（畠山義継）不思議におもわるゝ所に、供のもの共いよ〳〵怪しみ「疑いもなく二本松へ戻り足を中途にて討たんと、若殿弓鉄砲にて出られたるべし」とおもへば、台所筋騒がしとて、「二本松殿（畠山義継）に御用ある」とて呼びたて、耳つけに何哉《なにやら》ん申きかせ、供の衆ハおもてへまかり出る。(15)

弓・鉄砲を用意して家臣が外出するのを不安に思っていた畠山義継の家臣たちを驚かせたのが、台所の膳棚を吊っていた縄が切れた音でした。義継の家臣たちは、「うたがい（疑）もなく二本松へもどりあし（戻足）を中途にてうたん（討）と、わか（若）殿弓鉄砲にて出られたるべし」、つまり「疑いなく、二本松城に戻る途中、我々を討ち果たそうとして、政宗様が弓・鉄砲を用意して出かけられたのだ」と誤解したということです。

また、『貞山公治家記録』では、政宗は、父輝宗が殺害された後に到着したように読めましたが、「木村宇右衛門覚書」によると、殺害される時には、政宗も追いついていたかもしれません。なぜなら輝宗殺害の様子は、きわめてリアリティーに満ちた内容になっているからです。

近ふよりて御覧ずれば、二本松殿（畠山義継）、輝宗公の御胸元を捉へさゝへあげ、脇指《ざし》をつきかけ申、人々ちかくより候ハば、其まゝ下にひし〳〵とおり刺殺し申さん覚悟也。みな人近寄りかぬる所に、しげざね（伊達成実）はじめ馳寄りて、「何と〳〵」とばかり也。輝宗公、御跡を振り返り御覧じ仰らるゝハ、「我思わずもかく運尽き、日比の敵にとらるゝこと力無し。我等をかばいだてするうちに、二本松領ハちかづく、川をあなたへ引こされてハ、自ずからの人質也。しからば無念の次第也。我をば捨てよ〳〵」と仰られ候へども、さすが一門家老尤共といふ人なく、せんかたなく引たてまいる。(16)

父輝宗の「思わずも運が尽きた。敵に捕らわれたのは仕方ない。わしをかばう間に、畠山の二本松の領地が近づいてくる。川を越えれば、敵の人質になってしまう。そうなれば無念だ。わしを捨ててしまえ」という叫びには、悲壮な響きがあります。

しげざね（伊達成実）をはじめ一門衆みな〳〵、我等の馬の前に乗り向かい、「是非なし、捨てたてまつる外なし、何といたさん」と申さるゝほどに、「ともかくもよりどころなき仕合かな」といひければ、其色をみて、二本松衆ひし〳〵とおりいて、いたはしくも輝宗公を刺殺したてまつる。(17)

成実たちが「輝宗様を捨てざるを得ません。いかが致しましょう」と申し出た時、政宗も、「ともかくも手立てがないことだ」と応じたのでした。政宗・成実たちの様子を見て、畠山義継たちは、輝宗を殺害したのでした。そこで、政宗・成実たちは、畠山一行を全員討ち果たしたのです。

二本松衆一人ももらさずた丶きころし、其上《そのうえ》二本松殿（畠山義継）を選るほどのもの、一かたなづ丶とおもへども、づた〴〵にきりたるを、藤にて死骸をつらぬきあつめ、ぬいつけ、其《その》所に旗物にかけて、川向いの敵おつぱらい、輝宗公の御しがひとり収めたるとの給ふ[18]。

畠山義継たちを全員討ち果たし、義継の遺体を見つけた政宗の家臣が一刀ずつと思いつつも、輝宗の敵という怒りからか、ズタズタに切ったということです。その遺体を「ふぢ《（藤）》にてしがひ《（死骸）》をつらぬきあつめ、ぬいつけ、其《その》所にはた《（旗）》物にかけ」た、ということでした。

「木村宇右衛門覚書」には、父輝宗を殺害された時の政宗の気持ちについては、この記事の後に「附言」が記されています。

此如《かくのごとき》ヶ条久申伝《ひさしくもうしつたえ》たる御事御座候《おんごとござそうら》へ共《ども》、正宗様御意ハ終不承候《ついにうけたまわらずそうろう》。加様之《かようの》御心持《こころもち》ニも御座候哉《や》、義山様（伊達藩第二代藩主の忠宗、政宗の嫡男）江《へ》貞山様（政宗）御意被成候《なされそうろう》ハ、「家之大事ニ成時《なるとき》ハ、親をもかばわぬ事ニて候。其心得尤候《そのこころえもっともにそうろう》」由御意ハ柳生是翠（仙

台藩家臣か）承《うけたまわりそうろう》候由申候。(19)

右の言行録の内容は、長く伝承されたもののようです。政宗が父輝宗の殺害をどのように受け止めたのか、ついに誰も聞くことは出来なかったようです。しかし、政宗の嫡男、忠宗《ただむね》は、「家之大事ニ成時《なるとき》ハ、親をもかばわぬ事ニて候。其心得《そのこころえ》尤《もっともに》候《そうろう》」（家の大事になる時には、親をもかばうことはないものだ。その気持ちはもっともなことだ）と述べていたようです。

ともあれ、ばらばらに斬られた遺体をもとに縫い合わさせたというのは、現代人にとっては、残虐にしか感じられないかもしれませんが、服属の誓いの直後に、裏切りどころか恩人の輝宗を殺害した者に対しては、敵討ちだけでは放置しないという政宗の覚悟も感じられます。

つまり、政宗は、怒りの感情のままに流されず、磔《はりつけ》の刑という刑罰執行で反逆の罪のけじめをつけたのでした。政宗の伊達家新当主としての覚悟を読み取るべきでしょう。

政宗は、翌九日、輝宗の遺体を小浜城に運び、小浜・二本松の北方、信夫郡佐原村宝珠山寿徳禅寺で火葬しました。資福寺の虎哉和尚が導師を務めました。かつて輝宗が政宗の学問の師として招いた虎哉和尚によって、輝宗の葬儀がなされたのでした。遺骨は、虎哉和尚の米沢資福禅寺に葬られました。

# 第六章　人取橋合戦

## 1　落とせぬ二本松城

天正十三年（一五八五）、十月八日、伊達政宗の父輝宗は、畠山義継《はたけやまよしつぐ》によって殺害されました。畠山義継も、追跡してきた伊達成実《しげざね》・留守《るす》政景《まさかげ》勢に殺されました。

伊達政宗は、畠山義継の遺骸を磔《はりつけ》の刑にしましたが、畠山義継の拠点である二本松城（福島県二本松市。「霞ヶ城」とも）に攻撃を加えようとします。

当初、政宗は、父輝宗の仇討ちとして、二本松城をすぐにでも攻めようとしたようですが、「先《ま》ヅ御入馬、吉日ヲ択ンデ御働然《おんはたらきしか》ルベシ(1)」という家老衆たちの意見によって、一旦小浜城（福島県二本松市）に引き上げたのでした。

さて、二本松城への攻撃については、『貞山公《ていざんこう》治家記録』に次のように記されています。

十五日壬午《みずのえうま》。公（政宗）二本松城へ御働キアリ。去ル八日義継滅亡ノ時、二本松領本《もと》宮《みや》・玉井・渋川ノ人数悉《ことごとく》皆二本松城へ相集リ、譜代ノ家臣等、義継嫡子国王丸十二歳ナルヲ守立《もりたて》、義継従弟《いとこ》新城弾正《あらきだんじょう》ト云武功《ぶこう》ノ者ヲ以テ物主《ものぬし》（守備隊長の意）トシ、堅固ニ籠城ス。御人数攻寄スレドモ、城兵守テ不出《いでず》。故ニ何事ナク打揚《うちあ》ゲ、逢隈川ヲ越テ高田原ニ野陣シ給フ。

此時成実《しげざね》ハ、八丁目ノ抱《かかえ》ノ地、伊芳田ニ陣セラル。伊芳田ハ二本松ノ北ニシテ、高田原ト相隔《あいへだて》レリ。成実人数ヲ引揚《ひきあ》ゲラルノ時、城中ヨリ兵ヲ出シ相戦フ。互ニ死傷多シ。公ノ御人数返合セ、相戦テ城兵ヲ外構マデ追入レ、武別《ぶわか》（互いに兵を引き上げること）レス。(2)

「十五日」とありますので、輝宗の死去後二七日《ふたなのか》の後です。おそらく二七日の間は、父の喪《も》に服していたのでしょう。この間に、二本松城の畠山勢も、「悉《ことごとく》皆二本松城へ相集リ、譜代ノ家臣等、義継嫡子国王丸十二歳ナルヲ守立《もりたて》、義継従弟《いとこ》新城弾正《あらきだんじょう》ト云武功《ぶこう》ノ者ヲ以テ物主《ものぬし》（守備隊長の意）トシ、堅固ニ籠城ス」とありますように、二本松城に結集し、義継の嫡子、十二歳の国王丸をもり立てて、義継の従兄弟の新城弾正なる武将を守備隊長として籠城したのでした。

籠城した畠山勢は、政宗勢の攻撃にも耐え、城外に打って出ることをせずに籠城に徹したので、政宗も一旦高田原に引き上げました。この時、伊達成実《しげざね》の勢は、二本松の北、「八丁目ノ抱《かかえ》ノ地、伊芳田」というところに布陣していましたが、政宗勢に合流しようと撤退するところに、二本松城から攻撃部隊が出陣し交戦して、互いに死傷者多数を出したということです。そのことを知った政宗は援軍を出し、二本松城に畠山勢を押し返したのでした。

二本松城は簡単には落ちず、翌日からは大風と大雪が続き、冬の季節の到来もあり、年内の合戦は不可能と判断した政宗は、二十一日、二本松城攻略戦を延期して、「諸境ノ輩悉ク相返サル」(3)と配下の武将たちを国許《くにもと》に返したのでした。

## 2　反伊達勢力連合の来襲

ところが、翌十一月十日、安積《あさか》〔福島県郡山市辺りの地域〕から大変な事態の注進が政宗のもとに届いたのでした。

十一月戊子《つちのえね》大十日比《ころ》。安積表ヨリ注進ス。其趣《そのおもむき》、「佐竹義重（常陸国の戦国大名）（天文十六 一五四七〜慶長十七 一六一二）・蘆名亀王丸（生まれてすぐ蘆名氏の当主となる。母は伊達輝宗の妹）（天正十二 一五八四〜天正十四 一五八六）

名代某《なにがし》・岩城常隆（父は輝宗の兄）（永禄十 一五六七〜天正十八 一五九〇）・石川昭光（父は輝宗の弟）（天文十九 一五五〇〜元和八 一六二二）・白川義親（正室は蘆名氏の娘）（天文十 一五四一〜寛永三 一六二六）、人数都合三万許《ばか》リヲ率ヒテ、須賀川（猪苗代湖の東南）へ出馬。安積表　当家奉公（政宗）ノ城々へ相働キ、中村城ヲ責メ取ル」ト云云。[4]

佐竹氏・蘆名氏は、共に伊達家と鋭く対立する勢力です。岩城氏・石川氏・白河（白川とも）氏は、佐竹氏と蘆名氏とに挟まれた地域の中小大名で、北の伊達氏・田村氏の勢力が南下することを警戒する勢力でした。佐竹氏・蘆名氏の勢力に頼って戦国の時代を生き抜こうとする中小の大名です。このうち、蘆名氏・岩城氏・石川氏は、政宗の親戚関係です。政宗の祖父晴宗による政略結婚政策の負の側面が表面化したような構図がうかがえます。

伊達氏と田村氏の勢力が南下することを恐れたこれらの連合勢力は、伊達家の家督相続直後の輝宗の死去という状況が、伊達氏・田村氏の連合を討つ絶好のチャンスと思えたのでしょう。しかも、政宗が本陣を敷いている小浜城のすぐ北には二本松城が落ちずに存在しています。二本松城救援というのも、連合軍の目的の一つであったかもしれません。

政宗にとっては、すぐ北の二本松城に敵勢力が籠城している中で、しかも自軍を各地に帰還させていたところですので、北上する佐竹氏・蘆名氏の連合軍「都合三万許《ばか》リ」を迎撃するには、あまりにも自軍の軍勢が少なすぎるのでした。まともに三万の敵を正面から待ち受けるには、多勢に無勢という状況です。しかも、すでに「人数都合三万許《ばか》リヲ率ヒテ、須賀川へ出馬。安積表　当家奉公ノ城々へ相働キ、中村城ヲ責メ取ル」というように、安積方面の政宗の支城への攻撃が始まり、中村城が攻め落とされていたのです。

しかし、政宗は、その報告を聞くやいなや岩角城〔福島県本宮市〕に入り、重臣たちの率いる軍勢七八千騎を集め、安積郡高倉城〔福島県郡山市日和田町高倉〕には桑折《こおり》宗重たちに鉄砲三百挺を添えて配置し、畠山勢が籠もる二本松城の南の本宮城には、瀬上《せのうえ》景安・中嶋宗求・浜田景隆・桜田元親たちを籠め、同郡玉井城〔福島県大玉村〕には白石宗実を籠め置きました。

政宗は、自軍の人数不足を思い、二本松城の押さえに配置していた若き猛将、伊達成実を呼び寄せます。成実は、自軍の半分ほどを率いて小浜城に駆けつけます。

小浜城では、政宗の軍勢は、政宗と共にほぼ出陣していましたので、「小浜御留守ニモ御人数置キ給ハザレバ、成実ノ人数ヲ残サルベシ[5]」という政宗の指示に従い、成実は小浜城に「馬上五十騎許リヲ添ヘテ残シ置キ[6]」、岩角城の政宗のもとに向かいました。

十六日には、佐竹氏・蘆名氏たちの連合軍が、「前田沢南ノ原」〔福島県郡山市喜久田町前田沢〕に布陣し、桑折宗重を配置した高倉城に向かうという情報が政宗のもとに入り、政宗は、岩角城から本宮城に本陣を移し、本宮城の北、観音堂山〔福島県本宮市山田〕に本陣を敷いて、重臣たちを本陣の周囲に布陣させ、連合軍を待ち受けます。敵軍の動きを見下ろして、敵が攻めようとしている高倉城〔福島県郡山市。政宗のいる本宮近くの城〕を救援できるように布陣したのです。

『貞山公治家記録』は、次のように記しています。

十七日癸丑《みずのとうし》。御本陣ヲ観音堂山ニ備《そなえ》ラル。亘理《わたり》兵庫頭殿元宗〔伊達稙宗の十二男〕（享禄三 一五三〇〜文禄三 一五九四）・同源五郎殿重宗・国分彦九郎殿政重〔秋田伊達氏の初代〕（天文二十二 一五五三〜元和元 一六一五）・〔留守〕政景・〔片倉小十郎〕景綱・〔原田〕宗時（永禄八 一五六五〜文禄二 一五九三）等ヲ始トシテ、各ヲ御本陣ノ前、吉田ノ原ニ出ス。御人数都合四千許《ばか》リナリ。敵ノ働キヲ見合セ、高倉ヲ救ハンタメ出張シ給フ。(7)

さて、政宗勢の人数の不足で、二本松城の押さえに置かれていた伊達成実も、「成実、士卒千騎ヲ率ヒ、高倉海道ノ中小山ニ拠《よつ》テ備《そなえ》ラル」と、政宗の本陣の援助に駆けつけ、高倉城を攻めようと進軍してきた敵勢を待ち構えます。

さて、敵の軍勢は、三手に分かれて迫ってきました。

然《しか》ルニ敵五千余騎ヲ三手分ケ、一手ハ大勢前田沢ヨリ高倉ノ城西ヲ過テ寄来ル。一手ハ荒井ヲ経テ青田ノ原、人取橋〔福島県本宮市青田茂庭〕ニ向テ来ル。一手ハ其中間ニ留《とどまり》テ、両

陣ノ後軍（後詰め）トナル。(8)

右の「敵五千余騎」とあるのが重要な点です。三万騎の敵軍の内、五千騎が先陣として政宗の本陣に押しかけたのでしょう。残りの二万五千騎は、いまだ後方に布陣していたのでしょうか。蘆名氏・佐竹氏たちの連合軍の進軍のあり方に問題があったのか、詳しいことは不明です。ただ敵勢の先陣が、三手それぞれ千五百あまりの軍勢に分かれたのは、人数に劣っていた政宗勢にとって幸運だったことは確かです。しかも、政宗勢は、本陣の前に四千ばかりの軍勢を分散せずに布陣していたのですから、敵の先鋒とはほぼ対等に戦える陣形になっていたのでした。そしてまた、戦場は地理的には政宗軍の勢力下の地域でしたので、土地勘のある戦場に敵軍を引き込んでいたのも、政宗勢にとって幸運だったようです。

## 3　伊藤重信の奮戦

さて、桑折宗重たちが配置された高倉城では、本宮城に進軍する敵の先鋒隊を見て、守備する人数の少ない本宮城に敵勢が攻め込むのを阻止しようとします。

高倉城中ノ輩、敵ノ前田沢ヨリ高倉ヲ推通ルヲ見テ、「本宮ノ御人数寡《すくな》キ故、此城ヨリ人数ヲ出シテ敵ヲ喰止《くいと》ムベシ」ト相議ス。城主畠山近江 并《ならびに》 桑折治部等ハ、「小勢ヲ以テ大勢ニ向ハン事叶《かなう》ベカラズ」ト云フ。富塚《とみづか》近江（宗綱《むねつな》）・伊藤肥前（重信）ハ「假令《たと》ヒ城中ヘ追籠ラルトモ、本宮ニ打通ル人数ハ留マルベシ、不苦《くるしからず》」ト云テ、近江等城ヲ守リ、肥前ハ城ヲ出テ、足軽二百人ヲシテ鉄砲ヲ撃掛《うちか》ケシメ、馬上三十騎歩卒若干ヲ率ヒテ横ニ大軍ヲ衝崩《つきくず》ス。

案ノ如ク敵ヲ推縮《おしちぢ》ムル処ニ、磐城ノ勢入替リテ相戦フ。身方両小口ニ追入ラレ、二三十人討死ス。此時肥前手自《てずから》敵二騎討捕ル(9)。

高倉城主の畠山近江と桑折宗重は、「小勢ヲ以テ大勢ニ向ハン事叶《かなう》ベカラズ」と慎重な判断を下しますが、富塚近江宗綱（天文十二 一五四三～慶長十八 一六一三）・伊藤肥前重信（生年不詳～天正十六 一五八八）は、「假令《たと》ヒ城中ヘ追籠ラルトモ、本宮ニ打通ル人数ハ留マルベシ、不苦《くるしからず》」（たとえ出撃して城中に押し返されても、本宮城を攻めようとする敵はここで足止めを食らうだろう）と言い、城主の畠山近江は城に留まり、伊藤重信は城から出撃し、足軽二百人でまず敵勢に鉄砲を撃ちかけて、騎馬武者三十騎と歩兵を少し率いて大軍の敵の側面を突き崩したのでした。

最初はうまく敵勢を混乱させましたが、その後、岩城氏の軍勢が入れ替わり襲ってきたので、伊藤重信の部隊は高倉城に押し返されました。これによって、重信の勢は二〜三十人討死したのでした。しかし、重信は、みずから敵の騎馬武者を二人討ち取ったということです。

この伊藤重信は、政宗の祖父晴宗の時代からの伊達家の家臣だったようで、主家を守らんとする意識がことのほか強かったのでしょう。

重信と同様に、伊達家の古参の家臣の活躍は、主戦場になった人取橋《ひとどりばし》での合戦においても記されています。

## 4　老将鬼庭左月斎の憤死

本宮城を攻めようとする敵勢は、右のように高倉城から出撃した伊藤重信の玉砕覚悟の攻撃で、おそらく足止めを余儀なくさせられたようですが、一方、荒井〔福島県福島市荒井〕を通過して人取橋に攻め込んできた敵勢について、『貞山公治家記録』は、続けて次のように記しています。

又荒井ヲ経テ来ル敵ハ、直ニ御本陣ヲ指テ、人取橋ノ方ニ推寄《おしよ》ス。時ニ鬼庭（茂庭）周防良直入道左月并《ならび》ニ士卒若干、観音堂前ヨリ出テ、敵ノ様体《ようたい》ヲ窺《うかが》フベキタメ、荒井辺《あたり》ニ向テ進ミ行ク。既ニ敵ニ値《あ》フテ挑戦《いどみたたか》フトイヘドモ、大勢ニ推立《おしたて》ラレ、人取橋ノ方ニ退ク。爰《ここ》ニ壮士十余騎馬ヲ返シテ敵陣へ乗入レ相戦フ。其中唯中村八郎右衛門盛時・大町清九郎高綱二人無恙《つつがなく》、其外皆討死ス。(10)

敵のもう一隊は、政宗の本陣、観音堂山に向かって人取橋に押し寄せました。ちょうどその時、鬼庭《おににわ》（茂庭《もにわ》）周防良直《よしなお》入道左月（左月斎。伊達稙宗・晴宗・輝宗・政宗の四代に仕えた）（永正十 一五一三～天正十四 一五八六）は、わずかの部下を引き連れて、観音堂から敵の様子を探りに荒井の辺りに出ていました。すると敵勢と遭遇し、大軍に挑みかかったのでした。しかし、多勢に無勢で、鬼庭左月斎良直は人取橋まで撤退しました。そして、良直は、再び引き返し、勇猛な騎馬武者十余騎を率いて敵陣に乗り込んだのでした。その中で、中村八郎右衛門盛時・大町清九郎高綱だけが生き残り、ほかはすべて討死したのでした。

この玉砕的な戦いは、鬼庭良直たち十四騎によるしんがりの戦いで、一旦人取橋まで退く味方の勢を、最後尾で守るという死を賭した戦いでした。良直の戦いぶりを『貞山公治家記録』は、次のように記しています。

此時《このとき》左月（鬼庭良直）ハ敗卒ヲ下知シ、殿後《しんがり》シテ引退ク。

大老ナレバ甲冑ヲモ着セズ、黄絮帽子《きいろのわたぼうし》ヲ冠《かぶ》り、士卒ヲ下知スル事手足ヲ使フガ如シ。敵呼喚《さけび》テ「他人ヲ目懸ル事ナカレ、只《ただ》黄絮帽子ヲ討捕レ」ト云フ。大勢競ヒ懸ル。是ニ於テ討死ス。行年七十三。従者肩ニ掛テ引退ク。其外百余人戦死ス。敵勝ニ乗テ大ニ競ヒ来ル。(11)

引き退く味方勢の最後尾で、鬼庭良直は、敗走する味方の軍勢を見事に指揮したのでした。「士卒ヲ下知スル事手足ヲ使フガ如シ」とありますので、古参の老武者の経験が戦場で遺憾なく発揮されたのでしょう。良直は七十三歳という高齢でしたので、甲冑もつけずに、「黄絮帽子《きいろのわたぼうし》」を着て部下の撤退を指揮していたのでした。追撃する敵勢は、「他人ヲ目懸ル事ナカレ、只《ただ》黄絮帽子ヲ討捕レ」とあるように、良直一人を討ち取れという言葉によって、良直に襲いかかったのでした。良直は、この人取橋でついに討死を遂げたのでした。しかし、良直の従者が「肩ニ掛テ引退ク」とあるように、首は取られなかったようです。

敵勢は、鬼庭良直を討ち取った勢いに乗って、政宗の本陣に迫ったのでした。

## 5　政宗重臣たちの奮戦

政宗の本陣には、政宗の近臣たちが結束して大軍に挑みかかりました。

亘理《わたり》元宗・同重宗《しげむね》・国分《こくぶん》政重・留守《るす》政景、何《いず》レモ突戦シ、片倉景綱《かたくらかげつな》（小十郎）・原田宗時等、相励《はげみ》テ奮戦ス。其外諸卒悉《ことごと》ク進ム。人取橋ノ辺《あたり》ニ於テ、或ハ追立《おいたて》、或ハ追返《おいかえ》サレテ苦戦スル事数度、敵終《つい》ニ進ム事ヲ得ズシテ引退ク。(12)

いわゆる政宗の重臣たちが一丸となって大勢の敵に突撃を繰り返した様子が、「人取橋ノ辺《あたり》ニ於テ、或ハ追立《おいたて》、或ハ追返《おいかえ》サレテ苦戦スル事数度」という表現によく描かれています。彼等政宗の重臣たちの結束した戦いによって、「敵終《つい》ニ進ム事ヲ得ズシテ引退ク」とあるように、多勢の敵を伊達家の結束が撃退したのでした。

## 6　伊達成実の奮闘

『貞山公治家記録』の記事から、佐竹氏・蘆名氏たちの連合軍は、「一手ハ大勢前田沢ヨリ高倉ノ城西ヲ過テ寄来ル。一手ハ荒井ヲ経テ青田ノ原人取橋ニ向テ来ル。一手ハ其中間ニ留《とどまり》テ、両陣ノ後軍トナル」[13]とありましたので、先方の二部隊は、結集した須賀川から二手に分かれて、前田沢から岩角城の政宗の本陣を攻める部隊と、荒井から畠山勢が籠城する二本松城の救援に向かう部隊とに分かれて進軍したようです。そして、「其中間ニ留」った一隊は、須賀川の北方で後詰めの部隊として控えていたのでしょう。三隊で五千騎というのですから、残りの二万五千騎は、須賀川で次の攻撃のために態勢を整えていたのかもしれません。

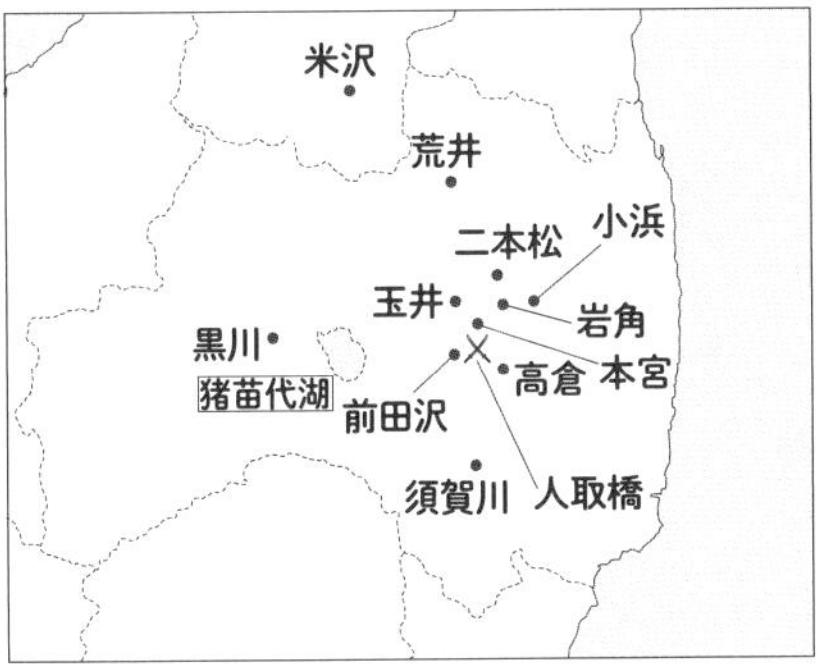

図 16　人取橋合戦関連図（著者作成）

　最初の三手に分けて進軍した部隊の数があまりにも少ないので、「人数都合三万許《ばか》リ」という政宗のもとに注進された最初の情報は、敵の総勢を多く見誤ったのかも知れません。いずれにせよ、人取橋周辺での激戦は、互角の戦いが繰り広げられていたようです（図16）。

　さて、二本松城の押さえを命じられていた伊達成実の部隊は、政宗の軍勢に加勢しようと、急いで南に向かって進軍していました。その成実部隊に向かって高倉を北上して敵勢が迫ってきました。


又高倉ヲ過来ル敵ハ、成実ノ陣ニ向ヘリ。成実陣所ノ前ニ山ノ少シ高所《たかき》アリ。下郡山《しもこおりやま》内記馬ヲ乗上ゲ見ルニ、白石宗実・浜田景隆・高野壱岐親兼三人ノ指物《さしもの》見ヘテ、馬上六七騎足軽百四五十許《ばか》リ、高倉ノ方ヨリ馳来《はせきた》ル。其跡《そのあと》ヨリ又大勢推来《おしきた》ル。誰カト怪《あや》シム。其間《そのあいだ》一町余、鉄砲一放チ撃懸《うちか》ケタリ。

「扨《さて》ハ敵味方ノ境ナリ」ト思ヒ、馬ヲ乗返シテ「敵来ル。早ク指物ヲ指セ」ト呼懸《よびかく》ル。何《いず》レモ指物ヲ指テ相待ツ。三人共ニ成実ノ陣ニ馳入リ、直ニ御本陣ヲ指テ打通ル。(14)


伊達成実は、本陣より南から進軍する敵勢を見るために、麾下《きか》の下郡山内記を小高い丘に登らせると、玉井城に詰めていた白石宗実・浜田景隆・高野壱岐親兼たちの部隊の旗指物が見え、その後を追うようにして大勢の部隊が近づいていました。鉄砲を合図に成実部隊から打ちかけてみると、やはり後ろから白石たちを追うのは敵の軍勢と分かりました。

そこで、成実は家来たちに旗指物をつけさせ、白石たちに味方であることを知らせると、彼等は成実の部隊に走り入り、そのまますぐに政宗の本陣に向かったのでした。

その時、本陣近くの人取橋では、合戦の最中でした。白石と共に本陣に向かう下郡山内記は、馬を乗り返して成実に、「観音堂ノ御人数ト此方ノ勢ノ間ヲ敵ニ推切ラレタリ、早々退キ給へ」(15)（観音堂の政宗様の本陣の人数と、成実殿の部隊との間を敵に分断されてしまいます。早く部隊を観音堂の本陣に退きなさい）と告げたのでした。

ところが、成実は、ここに留まり、死を覚悟して迫る敵勢に挑みかかったのでした。

成実「縦《たと》ヒ引退クトモ討死疑ヒナシ、一向爰《ここ》ニテ討死スベシ」ト謂《いい》テ、踏留《ふみとどま》リ、士卒ヲ下知シ、又纏《まとい》ヲ立テ待シニ、敵間モナク山下ニ推来《おしきた》ル。人数ヲ出シテ相戦フ。敵勢少シ退ク。成実ノ家士伊場野《いばの》遠江、七十三歳、大剛ノ者ナリ。真先《まつさき》へ敵へ乗入シ、両人ヲ討テ、一人ノ首ヲ従者ニ捕ラセ、終ニ敵ヲ山ノ南五町許《ばか》リ橋詰メニ追下ス。

敵橋ヨリ守返《まもりかえ》シ、身方山へ追上ゲラル。時ニ羽田右馬助、敵身方ノ堺ヲ乗分ケ、身方不崩様《くずれぬよう》ニ退カシム。折節敵進出《すすみいで》、鑓《やり》ヲ以テ右馬助ガ馬ヲ突カントス。乗返シ一太刀ニ討テ首ヲ従者ニ捕ラシム。従者モ一人討死ス。終ニ戦ヒ始メタル所へ追付ラル。(16)

成実の家臣で七十三歳になる伊場野《いばの》遠江という武者が「真先《まつさき》へ敵へ乗入」れて、敵二人を討ち取り、一人の敵の首は従者に持たせて、敵勢を人取橋の橋詰めに追い下しました。

再び敵勢が盛り返してくると、成実の家臣羽田右馬助は、味方勢が崩れないようにしんがりを務め、攻め寄ってきた敵を一刀のもとに斬り伏せるという働きをしたのでした。
成実部隊は、成実の家臣たちが大奮戦をして、敵勢を防いだのです
特に七十三歳の老将伊場野遠江は、成実部隊が崩れないよう、しんがりの働きもしたのでした。

其ヨリ身方退キ色ニ成タルヲ、不崩様《くずれぬよう》ニト伊場野遠江殿後《しんがり》シテ度々返合《かえしあわ》セ、余《あまり》ニ味方ヲ離ル。「冑冠《かぶとかぶ》レバ老眼見ヘズ」ト云テ、其日《その》ハ冑ヲモ冠ラザルニ、敵乗懸ケ頭ヲ二太刀斬ル。怺兼《こらえかね》テ引退ク。身方其ヨリ又本ノ場ヘ追付ラル。(17)

伊場野遠江は、老齢のため「冑冠《かぶとかぶ》レバ老眼見ヘズ」と冑もつけず、しかも二太刀頭に切りつけられても戦い続けた「大剛ノ者」でした。深手を負って、この後死亡したことが記されています。
成実部隊の奮戦で、政宗の本陣は守られたのでした。そして、敵味方それぞれが戦いを終え引き上げたのです。

此《この》時刻、観音堂ニ於テモ武別《ぶわか》レス。因《よっ》テ敵引揚ゲタリ。
成実モ人数ヲ纏《まとめ》テ引挙《ひきあげ》ラル。遠江ハ痛手ナレバ終ニ死ス。下郡山内記ハ元　受心君（輝

宗）近ク召仕ハル。相馬御戦ノ節ハ武頭シテ度々高名アリ。此比《このころ》ハ御勘当ヲ蒙テ成実ヲ頼ミ居ル。今日モ進《すすむ》トキハ先登シ、退クトキハ殿後《しんがり》ス。敵ヲ両度討取リ、其首ヲ従者ニ捕ラセ、比類ナキ働キナリ。(18)

高齢の伊場野遠江は亡くなりました。下郡山内記は輝元側近の武将でしたが、近年輝宗から勘当され、成実のもとにいたということです。主家からの勘当にもかかわらず、「今日モ進《すすむ》トキハ先登シ、退クトキハ殿後《しんがり》ス」という奮闘ぶりに、伊達家の家臣たちの結束力がうかがわれるでしょう。

人取橋の合戦は、七十三歳の鬼庭良直・同じく伊場野遠江という稙宗・晴宗からの老将、そして十七歳の成実といった政宗の若き家臣たちの結束力の勝利でした。

## 7　撤退した連合軍

さて、両軍が撤退した時、味方からはぐれて退くことが出来なかった伊達勢の家来が二人いたのです。彼等は、敵に紛れて敵陣にいたのでした。

今日ノ戦武別ノ時、身方二人退ク事アタハズ、敵ニ紛レテ従ヒ行ク。時ニ敵、「明日本宮へ近陣シ、二本松籠城ノ輩ヲ引退カセン」ト相談ス。具《つぶ》サニ此事ヲ聞テ、「夜ニ入リ敵陣ヨリ逃帰ル」ノ由言上ス。

因《よつ》テ夜半成実へ御使ヲ以テ御親筆ノ御書遣サル。御書御口上ノ趣、「今日ノ働キ無比類《ひるいなしと》思サル、大敵両軍ノ間、御本陣ヘモ隔タル所ニ於テ相戦ヒ、敗軍セラレザル事、前代未聞ナリ、畢竟《ひつきよう》其方働キノ故ニ大勢相助カル、定テ家来ノ内、手負死人数多《あまた》アルベシト思召《おぼしめ》サル、然《しか》レバ明日敵方ヨリ本宮近陣ノ由聞召サル、誰ゾ被遣ント思召サルトイヘドモ、思召当テ無シ、大義ナガラ本宮へ参ラルベシ、政景ヲモ遣サル」由仰遣《おおせつかわ》サル。時ニ成実十八歳ナリ(19)。

この二人が聞きつけた敵の様子は、「明日、本宮の近くに陣を移して、二本松の籠城している輩を撤退させよう」というものでした。この敵の動向を聞いて、彼等は「夜に入って、敵陣より戻りました」と、右の情報を政宗に伝えました。

そこで、政宗は、成実に自筆の手紙を書きました。その内容は、「今日の働きは比類ないものだ。大敵に挟まれ、本陣からも隔たったところで合戦し、負けなかったことは、前代未聞である。あなたの働きで、多くの味方が助かった。きっと其方の陣営にも死傷者の多く出たであろう。さて、明日は、敵が本宮の近くに陣を取るということだ。誰かを本宮の方に遣わそうと思うが、ふさわしいものが思い浮かばぬ。申し訳ないが、本宮に行ってみてくれ。留守政景も遣わそう」というものでした。

そこで、成実は、翌日の未明に本宮に行きました。

十八日甲寅《きのえとら》。未明ニ成実本宮へ打入り、敵ノ働クヲ待居《まちお》ラル。然ルニ火ノ手見ユルニ因《よっ》テ、敵勢陣ヲ移ス歟《か》ト思ハル。武見《ぶみ》（斥候）早馬ニシテ来リ、「佐竹・会津・磐城勢引退キ、殊ニ前田沢モ引退ク」ノ由申ス。即チ前田沢へ人ヲ遣シ見届レシム。敵ノ総勢悉《ことごと》ク引揚ゲタリ。此由岩角へ注進セラル[20]。

成実が本宮に着陣すると火の手が遠くに見え、敵が陣を移すのかと思えたところ、斥候《せっこう》の兵が早馬で、「佐竹・会津・磐城勢引退キ、殊ニ前田沢モ引退ク」という報告をしてきたのでした。そこで、前田沢まで人を遣わしてみたところ、敵の連合軍は悉《ことごと》く撤退していたのでした。成実は、そのことを岩角の政宗に報告したのでした。

こうして、人取橋の戦いで奮戦した政宗勢の活躍で、大軍は撤退を余儀なくされたのでした。輝宗から若き当主の政宗に家督相続し、その直後の輝宗の死去という伊達家の状況を見定め

図 17　人取橋合戦跡地（撮影筆者）

て、今が伊達家を討つ絶好の機会と、にわかに連合軍を結成した佐竹氏・蘆名氏でしたが、統一した戦略・戦術が不足していたのでしょう。しかも、前月末でさえ、政宗が二本松城を攻略できず、「夜半時分ヨリ大風吹《ふき》、明方《あけがた》ヨリ大雪降《ふり》。十六日、十七日、十八日昼夜トモニ降候故《ふりそうろうゆえ》、馬足不叶《かなわず》、御働モ不成《なせず》。二十一日ニ小浜へ御引込、年内ハ御軍《いくさ》被相止由《あいとどめらるよし》ニテ」[21]とあるように、東北の早い冬の到来も連合軍の撤退の原因であったかもしれません。また、一説には、佐竹氏の内紛が原因とも伝えられています。

いずれにせよ、大軍を相手にしての撃退という結果は、政宗を当主に仰いでの最初の激戦・苦戦を、老将から若き猛将たちまでの結束力によってもたらされたものでした。

有名な人取橋合戦は、伊達家家臣団の結束によって、敵の大軍を退かせた合戦でした（図17）。

# 第七章　茶の湯との出会い

## 1　二本松城攻略の失敗

天正十四年（一五八六）になりますと、三月に二本松城の畠山《はたけやま》の家臣、箕輪玄蕃《みのわげんば》・氏家新兵衛《うじいえしんべえ》・遊佐丹波《ゆさたんば》・同源左衛門《げんざえもん》・堀江式部《ほりえしきぶ》ら五人が相談の上、「政宗に忠義を尽くすので、二本松城を乗っ取らせましょう」と内通する旨の連絡をしてきました。

『貞山公《ていざんこう》治家記録』（巻之二）には、次のように記されています。

三月壬辰《みずのえたつ》大十一日丙午《ひのえうま》。今度二本松家臣箕輪玄蕃・氏家新兵衛・遊佐丹波・同源左衛門・堀江式部、五人相談ヲ以テ、「某《それがし》等奉公致シ、二本松ヲ乗取《のっとら》セ奉ルベシ、玄蕃屋敷、人数ヲ引入ルニ、地形モ宜《よろ》シ、早々御人数ヲ遣《つかわ》サルベシ」ト密《ひそか》ニ言上シ、各《おのおの》人質ヲ進上ス。

図18　現在の二本松城（撮影筆者）

因《よつ》テ今晩御人数ヲ差遣《さしつかわ》サル（1）。

「箕輪玄蕃の屋敷に兵を引き入れれば、地形もいいので、早々に援軍をお送り下さい」という内通の連絡でした。しかも、五人の内通者は、政宗に人質もよこしていたのです。そこで、その晩に、政宗は援軍を遣わすことにしたのでした。

二本松城は、標高三四〇メートルあまりの山城でしたので、籠城する畠山勢を攻略することが難しかったのでした。山城の攻略は、力攻めではなく、敵勢の中に内通者を作り、内部から攻略するのが戦術です。ちょうど箕輪玄蕃たちの申し出は、政宗にとっては渡りに船のような申し出だったのです（図18）。

ところが、箕輪玄蕃以外の氏家新兵衛・遊佐丹波・同源左衛門・堀江式部の屋敷が二本松城の城下にあるため、彼等の屋敷には軍勢を入れることはできません。そこで、かれらも箕輪玄蕃の屋敷に入り、近所の同調する者たちも集合したので、箕輪玄蕃の屋敷も「鎗《やり》ヲ取廻《とりまわ》ス程ノ地モナク、相迫《あいせま》レリ」(2)、つまり槍を振り回す余地もないほど混雑していたのでした。しかも、箕輪玄蕃の屋敷に、内通者の勢が密集していた時、以前栗柵《くりさく》という辺りにも同調者がいたのでしたが、彼等が玄蕃たちを裏切り、二本松城に事態を通報してしまったのでした。

会《かつ》テ栗柵（地名）ニモ一味同心ノ者アリシガ、俄《にわか》ニ違変シ、二本松ノ本城ニ内通ス。本城堅固ニ守備ス。

玄蕃屋敷ハ栗柵ト本城ノ間ニ在テ甚危《はなはだあやう》シ。殊《こと》ニ此夜ノ明方ニ本城ヨリ人数ヲ出シ攻懸《せめかけ》タリ。味方周章《しゅうしょう》シ（大慌てになり）、屋敷引出テ引退《ひきしりぞ》ク。時ニ大勢小口（狭い裏口）ヨリ出兼《いでかね》テ、塀築地《へいついじ》ヲ推破《おしやぶ》リ、険阻《けんそ》所ヨリ弥《いや》ガ上ニ落重《おちかさなり》テ逃退ク。踏殺《ふみころ》サル者男女四五十人ト云々(3)

裏切り者の報告で、二本松城の守りは堅固になってしまいました。しかも、箕輪玄蕃の屋敷は、二本松城と栗柵との間に位置していたので、二本松城から明け方に攻めかかられたために、内通者の勢は大慌てになり、屋敷から引き退こうとしました。ところが、裏の出口は狭く、そこに大勢が出ようとしたために、塀や築地を押し破って、足下《あしもと》の悪いところをいやが上にも大勢が脱出しようとしたので、人々が落ち重なり、踏み殺される男女が四五十人となってしまったのでした。

こうして二本松城の攻略戦術は再び失敗に帰したのでした。しかし、政宗は、この箕輪玄蕃たちの内通による二本松城攻略の失敗の直後でも、二本松城がほどなく落ちるであろうという確信を持っていたようです。

会津の蘆名氏たちの連合軍の再来襲に備えて、桧原《ひばら》〔福島県北塩原村〕を守備させている家臣の後藤信康《のぶやす》（弘治二 一五五六〜慶長十九 一六一四）宛の三月十六日付の政宗の手紙には、次のように記されています。

（前略）随而《したがつて》二口《（日本松口）》追日《ひをおつて》手詰《てづまり》、不及是非《ぜひにおよばず》候、今十一日之夜、城中計合候而《はかりあいそうらいて》、表之面々七八人相除《あいのぞき》、其外地下人二千余同心候、彼地尚《かのちなお》、不可有程《ほどあるべからず》　候《そうろう》　事《ことに》　候《そうろう》

三月十六日　政宗御書判

後藤孫兵衛殿(4)

「二本松城の攻略は、このところ手詰まりであるが、仕方がない。先般十一日の夜に、城内で相談して七八人が内通し、そのほか領内の地下人二千人ほどが同調している。二本松城は、ほどなく落ちるであろう」という意味です。長期の籠城戦で、まもなく二本松城は落ちるであろうという政宗の自信が述べられた書簡です。

## 2　畠山氏の滅亡

四月上旬に、政宗は二本松城に出馬し、城の北南東の三方から攻めかかりますが、四五日経っても城内から応戦の気配がありません。城内では、警備隊長の新城弾正《あらきだんじょう》（信常）（城主国王丸の従兄弟）が幼主国王丸をよく守っていたのでした。『貞山公治家記録』には、次のように記されています。

四月癸巳《みずのとみ》小上旬。　公（政宗）、二本松へ出馬シ玉フ。（中略）即チ彼城へ北南東三方ヨリ推寄《おしよ》セ、既ニ五日ニ及ベドモ、城中ヨリ不出合。新城弾正等幼主国王丸ヲ守護シテ固ク守ル。除垣懸《のぞきがきかか》リナド二三度仕懸《しか》ケ玉へドモ、城地険難ニシテ攻口自由ナラズ。内々近陣シ、取詰メラルベシトイヘドモ、又去年ノ如クニ、佐竹・会津・磐城ヨリ安積《あさか》表ニ出張セバ、此城ヲ巻解《まきとか》シ、安積へ発向シ玉フベキ事如何ト思召サレ、御人数許《ばか》リヲ留テ二本松ヲ囲マシメ、　公ハ小浜城へ御入馬有テ、二本松へ佐竹・会津等ヨリ援兵ノ通路ヲ把断《はだん》シ玉フ(5)。

城の防御の垣根などを取り除く「除垣懸リ《のぞきがきかか》」などをしても、何しろ山城のため攻め口が定められません。そこで、政宗は、このまま籠城戦に対していれば、昨年のように佐竹氏・蘆名氏の連合軍が北上するであろうと警戒して、二本松城は必要な数の部隊で取り巻いたまま、いったん小浜城に戻り、二本松城への救援軍が北上する通路を遮断したのでした。そして、二本松城の要害の地栗柵を、亘理《わたり》元宗元安斎（伊達晴宗の弟）に攻めさせて、二本松城攻めを有利に進めたのでした。

二本松城戦が長期に及ぶようになったので、その七月には、父輝宗の時代から対立して戦っていた相馬義胤《そうまよしたね》から、二本松城の開城に関する斡旋が入りました。人取橋《ひととりばし》合戦では、佐竹氏に同調して政宗に敵対した相馬義胤でしたが、常陸の佐竹氏・会津の蘆名氏たちの連合が北上できなくなった状況を判断して、伊達氏と畠山氏との斡旋に乗り出したのでしょうか。また、相馬氏にとっても、常陸の佐竹氏は脅威であったと思われます。政宗と田村氏との支配領域を佐竹氏に侵されることは、相馬氏にとっても避けたいところだったのでしょう。

『貞山公治家記録』の記事を見てみましょう。

七月丙申《ひのえさる》小四日丁酉《ひのととり》晩。老臣以下召集メ、二本松無事扱ヒノ義相談シ玉フ。其故ハ、小高〔福島県南相馬市〕ノ相馬長門守殿義胤ヨリ、伊達兵部少輔実元《さねもと》入道殿栖安《せいあん》斎《さい》（伊達晴宗の弟で、成実の父）・亘理元安斎（亘理宗元。伊達晴宗の弟）・白石右衛門宗実（伊達輝宗・政宗の家臣）ヲ以テ、「二本松龍城ノ輩《ともがら》、城ヲ明渡シ、城主ヲ始メ何レモ引退ク様ニ宥恕《ゆうじょ》シ玉ヘ」ト御侘言《わびごと》アリ。

公（政宗）、復讐ノ義ヲ重《おもん》ゼラレ、「是非攻滅《せめほろぼ》サルベシ」ト仰ラル。然《しか》レドモ義胤頻《しきり》ニ侘《わ》ビ玉ヘリ。因《よっ》テ今日田村殿（清顕）（母は稙宗の娘。政宗の正室愛姫の父）ヘモ御使ヲ以テ相談シ玉ヒ、今晩衆評有テ、「義胤ノ為《た》メニ死ヲ免ザルベキ」ノ由決セラル(6)。

政宗の重臣、伊達実元《さねもと》・亘理宗元・白石宗実を通じて、相馬義胤の「二本松籠城の者ども、城主の国王丸以下、いずれも城を明け渡して退去することをお許し願いたい」という申し出でした。畠山氏は父輝宗の敵でしたから、政宗は「復讐ノ義ヲ重《おもん》」じて、「是非攻滅《せめほろぼ》サルベシ」と相馬義胤の斡旋を最初は拒絶しました。しかし、しきりに義胤が二本松城の無血開城を懇願したので、まず妻の父にあたる同盟者の田村清顕《きよあき》に相談し、その晩に重臣と評議して、相馬義胤に免じて畠山国王丸たちの命を助けることを決めたのでした。

翌日には、栖安斎、元安斎、白石宗実に使者を出し、相馬義胤に開城の条件を伝えました。

五日戊戌《つちのえいぬ》。栖安斎、元安斎、白石宗実ヘ、御使ヲ以テ、二本松城中ノ義、相馬殿御懇望ニ任セ、左ノ通ニ決セラル、此旨《このむね》相馬殿へ申通《もうしとお》セラルベキノ由仰遣《おおせつかわ》サル。

題目之事（無血開城の条件）

一　今月十六日ニ城可被明渡《しろあけわたさるべき》之事

一　新城・新庵両人之進退、本領計《ばかり》相立、二之内ニ候者何方ニモ被踞《よられ》候事

一　二城（二の丸）実城（本丸）計《ばかり》放火、其外家共其儘可指置《そのままさしおくべき》之事

一　今十四日ニ先彼地へ相馬衆可打入《うちいるべき》之事(7)

「七月十六日に城を明け渡すこと・守備隊を率いた新城弾正盛継と新庵（不詳）については本領だけは安堵するが、その領地のものはどこの主人についてもよい・城は本丸と二の丸は焼いてもよいが、その外の城下はそのままにして退去すること・十四日にはまず斡旋をした相馬の部隊が二本松城に入ること」という四条件でした。

そして、ついに二本松城は開城して、畠山国王丸は会津蘆名氏のもとに去り、鎌倉時代から続いた名家、二本松畠山氏はここに滅んだのでした。

十六日己酉《つちのととり》。二本松城本丸自焼シテ、城主国王丸会津ニ奔《はし》ル。城受取ノ義、成実《しげざね》ニ命ゼラル。成実彼地へ行キ、本丸ニ仮屋ヲ建テ、守居《まもりお》ラル。(8)

この年、政宗は、米沢城の近くの遠山村〔米沢市遠山町〕に父の菩提寺として伽藍を建立し、覚範禅寺と号して、幼年からの師である虎哉《こさい》和尚を請じて開山としたのでした。『貞山公治家記録』は、次のように記しています。

此年　性山公（輝宗）ノ為メニ置賜《おきたま》郡長井荘遠山ニ伽藍ヲ創造セラル。覚範禅寺《かくばんぜんじ》ト号シ、山ヲ遠山ト称ス。即チ資福寺前住虎哉《こさい》和尚（諱宗乙）ヲ請ジテ開山初祖トシテ住持セシム。(9)

## 3　正月行事の変化

天正十四年（一五八六）七月下旬から、政宗は、獲得した畠山氏の領地の処置を側近の片倉《かたくら》小十郎《こじゅうろう》に命じて、八月には米沢城に戻ったのでした。また、九月には、伊達成実に二本松城を与え、二本松城番の片倉小十郎を大森城主に任ずるなど、塩松・二本松領の論功行賞を行いました。

これらの処置は、家臣の知行換えなどもともなうもので、政宗の家臣団統制力の発展を物語っています。また、重臣にあたる家臣たち、例えば祖先以来白石城主であった白石宗実（天文二十二 一五五三

〜慶長四一五九九）が宮森城〔福島県二本松市〕に移るなど、家臣たちの集団にも兵農分離が進んでいたことを暗示しています。周辺の諸勢力よりも、政宗を当主とした伊達家の軍事的結束が進んでいたことを推測させます。

さて、この伊達家の結束力を生み出したのは、すでに触れましたが、伊達家の「文化力」だったようです。なかでも、政宗の父輝宗が家督を政宗に譲った時、自筆で正月の行事を綴って与えたように、正月に行われた恒例の行事が伊達家一門の結束の源泉になっていたようです。とくに一門での正月恒例の連歌会（正月七日の行事）は、一門結束の文化的行事として大きな意味を持っていたと思われます。戦国時代に、連歌が諸大名の間で大変流行したのも、一門結束のための意義が大きかったからだと思えます。

ただ、父の仇でもある畠山氏を滅ぼして、政宗最初の新領地の論功行賞などをした翌年、つまり天正十五年（一五八七）の正月行事は、父輝宗が示した正月行事にほぼ従って恒例になった伊達家の正月行事が行われたようですが、輝宗時代の正月行事と政宗が主催した正月行事とを比べますと、七日に連歌会があるのは共通していますが、九日の行事に大きな変化が生まれます。

輝宗時代の行事は、九日は、「以前ハシヤク《（「赤口」カ）》成ユへ、野へ出候《いでそうろう》由《よし》申《もうし》候《そうろう》。シヤクユへ、レイシユ《（礼酒）》ナシ」[10]とあります。「シヤク《（「赤口」カ）》」の意味が不明ですので、記事の内容が「野出候由」

「レイシユナシ（礼酒）」以外は不明ですが、「シヤク」が暦の「赤口」とすると、その日はあまりよい日ではないので、野に出て縁起払いのような日にして、礼酒は行わない日にしていたようです。

ところが、天正十五年の正月は、その日に「茶会」が開かれています。『貞山公治家記録』天正十五年正月の九日には、「九日己亥《つちのとい》。御鷹屋ニ於テ御茶会アリ。御膳ハ少納言方ヨリ捧ゲ奉ル」[11]と記されているのです。

もともと九日は、「野へ出候由申候」と伝えられていた日ですので、鷹狩に出たようですが、鷹狩用の建物、つまり鷹屋で茶会を催したというのが政宗の新たな行事となっているのです。

「御膳ハ少納言方ヨリ捧ゲ奉ル」とあるのは、いわば茶会用の弁当がわざわざ「少納言」から持参されたということです。この「少納言」というのは、伊達政宗の乳母・養育係で、人取橋合戦で政宗を守って討死した鬼庭良直《おににわよしなお》の娘、政宗側近の片倉小十郎の異父同母の姉（片倉喜多（天文七 一五三八〜慶長十 一六一〇）にあたる人です。この喜多《きた》は文武に優れ、政宗や片倉小十郎の人間形成にも影響を与えた女性といわれています。

このように例年とは異なった「茶会」を催し、側近の縁者から「御膳」を持参させるという記述からは、この茶会が政宗の発案から催されたものであり、伝統的な連歌会と共に、茶会が一門の結束に役立つということを政宗が意識したのかと推測できるのです。

さらに、この年の二月三日には、政宗は家臣の高野壱岐親兼（生年不詳〜慶長三 一五九八）の館を訪れ、茶の湯でもてなされています。『貞山公治家記録』には、「高野壱岐宅ニ於テ御茶差上《さしあげ》饗シ奉ル。暮時御帰《くれどきおかえり》」とあり、「此外折々所々へ御饗応、或ハ数奇（数寄）ヲ催テシテ饗シ奉ル。略シ不記《しるさず》」と続いて記されていますから、この頃には、政宗家臣たちも、「数奇（数寄）」つまり茶の湯で主人のもてなしをしていたようです(12)。

すなわち、天正十五年には、伊達家においても茶の湯が拡がってきたようです。連歌会に加えて、茶の湯もまた一門の結束を促す伊達家の「文化力」を形作る一つになっていたことがうかがえます。

すでに第四章で述べたように、政宗の曾祖父、稙宗の時代から伊達氏の館は、東北地方でもいち早く京都の書院造りの館や泉水が造られており、連歌や茶の湯が嗜まれ始めていたことが推測できます(13)。

稙宗が桑折《こおり》西山城〔福島県伊達郡桑折町〕を築城し、西山城に拠点を移す前には、梁川《やながわ》城〔福島県伊達市〕が伊達氏の拠点でした。その梁川城趾には、見事な京都風の泉水の跡が復元されており、すでに政宗の曾祖父の時代から京都の書院の茶の湯の文化が東北の地にも伝わっていたことが分かります（図19）。

また、その後、政宗の祖父、晴宗の時代に米沢に居城が移りますが、米沢城跡からは、唐津や志野茶碗が出土するなど、茶の湯文化は伊達家において順調に発展していたことがうかがわれます[14]。

　しかし、天正十五年の正月行事に、政宗がわざわざ「御鷹屋ニ於テ御茶会」を催し、その後の家臣宅への訪問時にも、家臣たちが政宗を「数寄」すなわち茶の湯でもてなすようになっていることを考えますと、合戦に明け暮れたこの期間に、政宗が茶の湯を通して重臣たちとの結束を強めていたであろう事が推測できます。

図 19　梁川城趾の庭園（撮影筆者）

　おそらく輝宗の時代においては、戦国時代に諸国に拡がった書院の茶の湯が伊達家でも催されていたと思われます。しかし、政宗の時代には、例えば先述の「此外折々所々へ御饗応、或ハ数奇《（数寄）》ヲ催テシテ饗シ奉ル[15]」という『貞山公治家記録』の記述から推察して、書院の広間での儀礼・儀式的な茶の湯ではなく、もっと主客の距離が縮まった形での「数寄」（茶の湯）が行われていたかと推測できます。
　つまり、都で流行っていた「侘び茶」が東北の伊達政宗の興味をひく茶の湯として天正十五年前後から受け入れられたのではないかと思われます。

## 4 「新造ノ数寄屋」の落成

そのことを示す記事が『貞山公治家記録』の天正十五年九月の記事に見られます。

○二十日丙午《ひのえうま》。雨降、新造ノ御数寄屋《すきや》落成ス。今朝、伊達碩斎・濱田伊豆（景隆）・松井松雲軒ニ御茶ヲ賜フ。（以下略）

○二十一日丁未《ひのとひつじ》。新造ノ御数寄屋《すきや》ニ於テ七宮伯耆・意休斎・旧雪斎ニ御茶ヲ賜フ。（以下略）

○二十三日己酉《つちのととり》。朝、新造ノ御数寄屋《すきや》ニ於テ錦織即休斎・五十嵐芦舟斎・伊藤肥前ニ御茶ヲ賜フ。○晩、
富塚近江・守屋伊賀・朽木民部ニ御茶ヲ賜フ。（以下略）

○二十六日壬子《みずのえね》。晩、新造ノ御数寄屋《すきや》ニ於テ藤田七郎・大條《おおえだ》越前実頼・三坂越前隆次ニ御茶ヲ賜フ。　此後日記不伝《つたわらず》(16)

すなわち、九月には、「新造ノ御数寄屋《すきや》」、つまり政宗は新たな茶室を建てたのでした。九月二十日から二十一日・二十三日・二十六日と重臣たちを三人ずつ招いて茶を点てて振る舞って

います。

客が三人ずつに限られているということは、この新造の数寄屋は、伝統的な書院の茶の湯、すなわち立派な広間に高級な道具類を飾り、大人数の客を招くような儀礼的な茶の湯ではなく、明らかに小間の茶の湯、つまり京都や堺で流行していた四畳半の侘び茶であったと思われます。「此後日記不伝」とありますので、『治家記録』作成に用いられた「日記」は茶会記であったと推測されます。この四会のみが史料として記されたのでしょうが、失われた茶会記があったことを推測できます。

つまり、右の新造の茶室で政宗が重臣を三人ずつ招いた記録は、明らかに「茶室披き」の記事であり、その後もしばらく重臣・側近を招いて茶会が続けられたことを暗示しています。狭い小間の茶室の中で、政宗と招かれた重臣・側近たちが茶を共に喫するのですから、主従の関係はおそらくより一層密接に結びついていったことでしょう。

周辺の諸大名との危うい政治的・軍事的状況の悪化が続く中で、家臣団の結束を深めるためには、このような新たな小間の茶室で行われる侘び茶こそ結束を深める機能を果たしたものと思われます。

伊達家の「文化力」の伝統は、政宗の時代に入り、新たに茶の湯と結びつくことにより家臣団の結束を強め、厳しくなっていく戦国の状況に立ち向かう力となっていったように思われるのです。

# 第八章　侘び茶への傾倒

## 1　蘆名氏・佐竹氏との対立

天正十四年（一五八六）、父輝宗の敵《かたき》であった畠山《はたけやま》氏を二本松城から追い、父の菩提を弔う覚範寺を建立した政宗は、翌天正十五年（一五八七）、久々に大規模な軍事的行動をせずに、表面上では比較的穏やかな年を迎えたようです。しかし、伊達政宗の運命を左右するいくつかの出来事が政宗の周囲で生じていたのでした。

一つは、『貞山公治家記録《ていざんこうちけきろく》』（巻之二）に記された、次の天正十四年十一月の記事です。

此月二十二日、会津主蘆名亀王丸《かめおうまる》殿痘ヲ病テ卒セラル。（三歳）。父は三浦介殿盛隆《もりたか》、母ハ受心君（輝宗）ノ御養女、実ハ御妹　公ノ御叔母ナリ。(1)

伊達氏とは親戚関係でもある蘆名氏は、常に政宗とは敵対していたのですが、先代の蘆名盛隆（永禄四〜天正十二 一五六一〜一五八四）が早世し、幼主として亀王丸（天正十二〜天正十四 一五八四〜一五八六）が生後一ヶ月で当主になりました。ところが疱瘡で亀王丸も三歳で死去したのでした。

この蘆名氏の跡継ぎとして、伊達政宗の弟小次郎（幼名、竺丸）（生年不詳〜天正十八 一五九〇）を推す蘆名氏の家臣団と、伊達氏の仇敵でもある佐竹氏から佐竹義広（天正三〜寛永八 一五七五〜一六三一）を迎えようとする家臣団との間で内紛が起きます。その結果、佐竹氏から義広を迎えようとする勢力が、伊達小次郎を迎えようとする勢力を追い、天正十五年（一五八七）三月には、佐竹義広が蘆名氏の養子として蘆名家を継ぐことになったのです。

『貞山公治家記録』（巻之二）三月二十日の条には、次のように記されています。

> 二十日己酉《つちのととり》。佐竹常陸介殿（義重）ヨリ使来ル。
> 此月三日。佐竹殿次男義広ヲ会津蘆名ノ家督トシテ黒川城へ遣サル。此等ノ義ヲ仰遣サル乎、不詳。(2)

しかし、右の件は、政宗にはすでに正月にその噂が伝わっていたようです。『貞山公治家記録』

同年二月八日の記事には、次のように記されています。

（前略）当家ト会津・佐竹・磐瀬《いわせ》・磐城《いわき》・石川・白川等御和睦ノ義、旧冬相馬ヨリ田村ノ家臣等ト相議シ、御取扱アリ。因テ表面ハ和議相調《あいととの》フトイヘドモ、互ニ御油断ナシ。殊ニ、会津亀王丸殿去年早世ニ付テ、公ノ御弟竺丸殿ヲ家督トシ玉フベキ由、内々相談セラル。然ルニ今度違変ニ及ビ、佐竹常陸介殿次男義広ヲ立ラルノ沙汰アリ。公甚《はなは》ダ憤《いきどお》リ玉ヒ、事実ナラバ時節ヲ以テ会津ヲ攻メ玉フベキ御志アリ。是故ニ桧原以下ノ御境目警固等ノ義厳《きび》シク検察ヲ加ル(3)。

正月に噂として伝え聞いていた会津蘆名氏の後継問題に関する政宗の懸念が、三月に佐竹氏から伝えられたのですから、「公甚《はなは》ダ憤《いきどお》リ玉ヒ、事実ナラバ時節ヲ以テ会津ヲ攻メ玉フベキ御志アリ」という政宗の怒りは、蘆名氏・佐竹氏と伊達氏との対立を決定的にしたのでした。

蘆名氏の後継問題は、政宗の仇敵である佐竹氏から義広を迎えるということになり、伊達政宗と蘆名氏との関係は決定的に悪化しましたが、逆に政宗の仇敵であった佐竹氏から跡継ぎを迎えた蘆名氏と佐竹氏との結束は強まり、政宗は、伊達氏の領土の南に深刻な危機を抱えることになったのでした。

というのも、もう一つの事態が生じていました。この前年の天正十四年（一五八六）には、政宗の舅《しゅうと》（正室、愛姫《めごひめ》の父）でもあり、強力な同盟者であった田村清顕《きよあき》が死去したのです。田村清顕は政宗の妻となった娘、愛姫のほかに子供がなく、田村氏もまた後継問題で、政宗派と後継問題に介入する相馬派との間で内紛が起きます。相馬氏は、政宗の父輝宗の時代から伊達氏と敵対しており、田村清顕の死去に乗じて、田村氏の後継問題に介入してきたのでした。結果的には、政宗派が相馬派を追い、清顕の甥、宗顕《むねあき》（天正二 一五七四～正保五 一六四八）が田村氏の後継となりました。こうして伊達氏と田村氏との結束は強まりましたが、領土の南から迫る蘆名氏・佐竹氏・相馬氏という大きな勢力と政宗は対峙しなければならなくなったのです。

## 2　政宗を取り巻く情勢の変化

すでに第五章で述べたように、天正十三年（一五八五）には、父輝宗が畠山義継《はたけやまよしつぐ》に殺害された後、蘆名氏と佐竹氏は連合して伊達領の安達郡に侵攻し、いわゆる「人取橋《ひととりばし》合戦」で、政宗率いる伊達軍と死闘を交えていました。この時、蘆名氏・佐竹氏に率いられた勢力は、岩城氏・石川氏・白川（白河とも）氏で、共に伊達氏とは姻戚関係にありつつ、蘆名氏・佐竹氏の領土に挟まれた諸勢力でした。つまり、会津地方から常陸国にいたる、伊達政宗の領土の南側に、東西に延びる帯状の敵対勢力が形成されていたのです。

蘆名氏の後継者として佐竹氏の義広が迎えられたというのは、蘆名氏への佐竹氏の影響力が強まり、両者の強い結束が生まれ、政宗にとっては大変な脅威となったのでした。しかも、夭逝した亀王丸の母親は政宗の叔母で、政宗からすれば弟の小次郎が蘆名氏に入れば、敵対的関係も好転する可能性がありました。しかも、政宗の父輝宗の時代には、蘆名氏と連携して、伊達氏は越後の上杉氏にも敵対していましたので、蘆名氏の後継者に佐竹義広が入ったことは、上杉氏と蘆名氏との連合も想定されて、政宗にとっては政治的に大きな危機になったばかりか、屈辱的な結果だったのです。この後、天正十七年（一五八九）、政宗が会津の蘆名氏を滅ぼすにいたる遠因もここにあったのでした。

それに加えて、伊達政宗の運命には、豊臣秀吉政権による天下統一の動きが背後に迫っていました。

遡《さかのぼ》って天正十年（一五八二）、山崎の合戦で明智光秀（享禄元 一五二八?～天正十 一五八二）を討った秀吉は、その後、織田信長（天文三 一五三四～天正十 一五八二）の後継者として、破竹の勢いで天下取りの道を這い上っていきました。翌十一年（一五八三）には、柴田勝家（生年不詳～天正十一 一五八三）を滅ぼし、大坂城の普請を始めます。この普請は大名普請ともいい、秀吉に従った大名たちが分担して普請するものですので、はやくも秀吉の信長後継者としての地位が固まりつつあったことを示しています。

天正十二年（一五八四）には、徳川家康（天文十一〜元和二 一五四二〜一六一六）・織田信雄《のぶかつ》（永禄元〜寛永七 一五五八〜一六三〇）と小牧・長久手の合戦を戦い、家康・信雄と秀吉との間に講和が成立します。そして、翌十三年（一五八五）には、秀吉は、関白に就任し豊臣姓を賜ります。この時、有名な禁中茶会が行われ、秀吉が正《お》親町《おぎまち》天皇に献茶し、千利休（大永二〜天正十九 一五二二〜一五九一）が後見をしました。

茶の湯を秩序構築のための儀礼として確立したのは織田信長でしたが、秀吉は、信長の確立した茶会を大規模に政治的にも推し進めました。(4) 利休は、儀礼的な茶の湯も天下の宗匠として演出しましたが、自らが求めた侘び茶も信長時代に確立し、信長麾下《きか》の近畿の武将たちを中心に堅い師弟関係を形成していました。(5) この利休の弟子衆たちは、信長の死後秀吉の軍事力の中核を担う人たちでしたので、秀吉にとって利休は側近として欠くべからざる人材になっていたのです。(6)

例えば、天正十四年（一五八六）には、九州の大友宗麟《そうりん》（義鎮《よししげ》）（享禄三〜天正十五 一五三〇〜一五八七）が大坂に至り秀吉に謁見し、島津氏の豊後侵攻を訴え、九州出兵を要請しました。この時、秀吉の弟秀長（天文九〜天正十九 一五四〇〜一五九一）が宗麟の手をとって、

……宗滴（宗麟）手をとられ候て、何事も何事も、美濃守（秀長）如此候間《かくのごとくそうろうあいだ》、心安候《こころやすくそうろう》。
内々之儀者宗易。公儀之叓（事）者《は》、宰相（秀長）存候。御為ニ悪敷事《あしきこと》ハ不可有之候《これあるべからずそうろう》。(7)

と、「細々《こまごま》とした交渉については利休（宗易）を窓口に、公式の要請事はこの私がうかがいましょう」と述べたことは周知のところです。

この頃、秀吉政権から、大友宗麟と敵対していた島津義久（天文二〈一五三三〉～慶長十六〈一六一一〉）の重臣、伊集院忠棟（生年未詳～慶長四〈一五九九〉）に、利休と細川幽斎（天文三〈一五三四〉～慶長十五〈一六一〇〉）が連著して合戦の停止を勧める書簡を送っていることからも、大大名との外交の中心には、秀長・利休・幽斎というラインが対応にあたっていたことが分かります(8)。島津義久は、利休に丁寧な返書を送っているほどです(9)。

この年の十月には、徳川家康も秀吉政権に筆頭大名として、また秀吉の妹婿として参加します。家康の役割は、主に秀吉政権の東国政策担当でもありました。この家康の政権参加に至る交渉にも、利休は加わっていたと推測される利休宛家康書簡も表千家に所蔵されています。

さて、秀吉政権に家康が加わり、東国への備えが出来ると、翌天正十五年（一五八七）秀吉政権は、惣無事令（戦争禁止令）を守らない島津氏に対して、九州に大軍を派遣し島津氏を降伏謝罪させ、西日本をほぼ統一しました。

秀吉政権にとって、天下統一に向かって次の課題は、いまだ秀吉政権に臣従しない東国の北条氏と東北の伊達氏対策となったのでした。

政宗にとっては、領土の北方に敵対する最上氏・大崎氏のみならず、南に展開する反伊達氏の連合勢力や、その向こうに迫る中央政権、すなわち秀吉政権の東国・東北戦略の動きにも対応しなければならなくなってきたのでした。

### 3　秀吉政権へのアプローチ

このような情勢を受けて、天正十五年（一五八七）の九月頃に、政宗は京都の秀吉に馬を献上したようです。

『貞山公治家記録』（巻之二）には、八月の記事に、「十八日乙亥《きのとい》。京都へ御進上ノ御馬御覧(10)。」とあり、二十五日の条にも、「関白公へ御進上御馬ノ馬衣御覧(11)」とあります。続けて、九月八日の条には、「八日甲午《きのえうま》。近日京都へ御使者被二相登一《あいのぼらる》ニ就《つき》テ、関白殿ヘノ御書相調《あいととのえ》ラル。且《か》ツ御進上ノ御馬御覧(12)。」という記事が記されていますので、政宗は、中央政権の動きを想定して、秀吉政権との結びつきを求めて書簡と馬を献上したようです。幾度も馬を「御覧」とありますので、献上した馬も選び抜かれた名馬であったに違いないと思われます。

「伊達家文書」には、年未詳とされている政宗宛の「豊臣秀次書状」第三四八号文書があります。その書簡には、豊臣秀次（永禄十一〈一五六八〉～文禄四〈一五九五〉）から馬献上の御礼が記されています。

（折封上書）「伊達左京大夫殿　　秀次」

（切封）「〆」

為御音信《ごいんしんとして》、馬一匹（栗毛）送給候。遠路処《えんろのところ》御懇志之段、別而《べつして》喜悦之至候《いたりにそうろう》。向後相応之儀、不可有疎意《そいあるべからず》候、猶《なお》委細申含御使者候間《おんししやにもうしふくめそうろうあいだ》、不詳《つまびらかならず》候、恐々謹言、

十二月三日

伊達左京大夫（政宗）殿(13)

文意は、「お手紙と献上の栗毛の馬一匹、お送り下さいました。遠路はるばるお心遣いのこと、特に嬉しく存じます。今後の交流につきましては、疎《おろそ》かな扱いはけっしてございません。なお、細かなお返事は、御使者に言い含めておきましたので、ここには略させていただきます」といった内容です。おそらく、この秀次書状が政宗の献上した馬への礼状かと思われます。

「伊達家文書」を見ますと、この年の十二月十一日付の「伊達政宗宛前田利家書状」（第三四五号文書）も、右の秀次書状と関連する手紙と思われます。

思召寄預御使札《おぼしめしによりおんしさつをあずかり》、本望至《ほんもうのいたりに》存候、殊《ことに》見事之御馬二疋（黒毛・黒駮《ぶち》）送給候、御懇信之段、誠難申謝《まことにしやしもうしがたく》候、就其《それにつきて》此般　関白様へ御音信被仰上《おおせあげられ》、尤珍重《もっともちんちょうに》存候、即相添使者《すなわちししやをあいそえ》

指上《さしあげ》候処、御両使仕合能《しあわせよく》、我等迄、満足不過之《これにすぎず》候、次《つぎに》御使節如才覚《さいかくのごとく》、於于向後《こうごにおいては》、互《たがいに》無御隔意可申談覚悟《おんかくいなくもうしだんずべきかくご》、随而《したがいて》雖不珍《めずらしからざるといえども》候、小袖五并鞍二口（惣梨地紋人形紋天人）令進覧之《これをしんらんせしめ》候、聊《いささか》御音問之験計《しるしばかりに》候、如何様自是可申伸《いかさまこれよりもうしのぶべく》候條、閣筆候、恐々謹言、

（天正十五年）

極月十一日　　利家（花押）

伊達左京大夫殿(14)

文意は、「お手紙いただきありがたく存じます。ことに見事な馬を二頭お送り下さり、お心遣いにお礼の言葉もありません。また、関白（秀吉）様にもお手紙をお届けいただき、ありがたく存じます。すぐに使者を関白様に遣わしましたところ、お喜びいただき、私までもありがたく存じます。また、政宗様のお遣いのお申し出のとおり、今後は互いに懇意に致しましょう。そこで、珍しくもないものですが、小袖五つと鞍二つを進上いたします。ささやかな御礼でございます。今後ともまた宜しく。筆を置きます」といった内容です。

右のように、天正十五年の末頃に、政宗は、秀吉政権の重鎮である秀次・前田利家（天文七〜慶長四 一五三九〜一五九九）といった政権中枢の大名にアプローチしていったようです。

## 4　当世の茶の湯稽古

天正十六年（一五八八）になりますと、政宗と秀吉政権との交渉が始まります。しかし、この天正十六年は、政宗にとっては、きわめて厳しい年になっていたのでした。『貞山公治家記録』によると、天正十六年の正月十七日に、政宗は、大崎氏〔宮城県北西部〕を攻めるために、家臣の浜田景隆（天文二十三一五五四～天正十九一五九一）を陣代として、留守《るす》政景《まさかげ》・泉田重光（享禄二一五二九～慶長元一五九六）を両将にして派兵しました。しかし、この出兵は大敗に終わったのでした。

五月に入ると、北方の大崎氏・最上氏への警戒を続けねばならない政宗の苦境につけいるようにして、相馬義胤《よしたね》が相馬から田村郡に侵入しましたが、政宗は応戦して義胤を撤退させます。しかも、翌六月には、仇敵の佐竹義重と蘆名義広の連合軍が安積《あさか》郡に侵入してきました。政宗は、北の最上氏・大崎氏への防備に兵を派遣していましたし、南の相馬氏に対しても守備のために兵を配置していましたので、少ない軍勢でこの連合軍を迎え討たねばならないという苦境に陥っていました。この時、伊達成実《しげざね》と片倉小十郎《かたくらこじゅうろう》とが防戦に努め、七月半ばには岩城氏・石川氏の仲介で和睦がなったのでした。『貞山公治家記録』には、

十六日丁卯《ひのとう》。朝　佐竹殿陣所ヨリ志賀甘釣斎参上シ、佐竹殿・蘆名殿ト　当家和睦相調フノ旨言上ス。(15)

と、和睦成立の記事が記され、

二十一日壬申《みずのえさる》。佐竹殿・蘆名殿ト　当家和睦ニ就テ双方共ニ今日御陣払ナリ。卯刻(午前六時)　公御人数ヲ引揚ケ玉ヒテ宮森城に御納馬、　佐竹殿・蘆名殿ハ昨夜半ヨリ人数ヲ引揚ゲ入馬セラル(16)

と、両軍が陣払いをした事が記されています。

このように天正十六年は、政宗にとって軍事的には窮地に陥った年だったのです。それ故に伊達家家臣団の結束が強く求められた年でもあったのでした。

さて、前章の終わりに述べたように、前年の正月行事に「九日己亥《つちのとい》。御鷹屋ニ於テ御茶会アリ(17)」と、茶会が定例の鷹狩り行事に付加され、九月には「新造ノ御数奇屋《数寄屋》落成(18)」し、重臣・側近を三名ずつ招き、茶室披きの茶会を催していったのも、家臣団の結束と統制に主従関係を深めることができる茶の湯の機能を政宗が重視し始めたことを示しています。とくに、「新造ノ御数奇屋《数寄屋》」は、客が常に三人ということから、四畳半ほどの茶室と思われますので、京都で利休によって確立された「侘び茶」が東北の政宗のもとにも伝播していたものと考えられます。

そのことを裏づける政宗の手紙があります。

それは、『仙台市史　資料編十　伊達政宗文書二』に収められた第三五二一号文書（鮎貝日傾斎宛書状）です。次に引用しておきましょう（図20）。

（追而書）　　　　　　（袖上追書）

尚々、夜中ニ候へども、心得の為、及一

翰候、以上、

明日、泥蟠斎《でいばんさい》へ茶湯にて罷越《まかりこし》候、相伴尤《しょうばんもっとも》ニ存候、当世之茶湯稽古ニ御座候哉、万々明朝可令閑談《かんだんせしむべく》候、かしく

日傾斎《じつけいさい》　　　　　政宗[19]

右の手紙は、天正十六年（一五八八）十二月十七日と推定されるものです[20]。文意は、「明日、泥蟠斎《でいばんさい》（小梁川盛宗）（伊達晴宗の娘婿、政宗側近）（大永三 一五二三～文禄四 一五九五）の屋敷に茶の湯に行くことにしている。そなたも相伴しなさい。当世はやっている茶の湯（京都から伝わってきた侘び茶であろう）

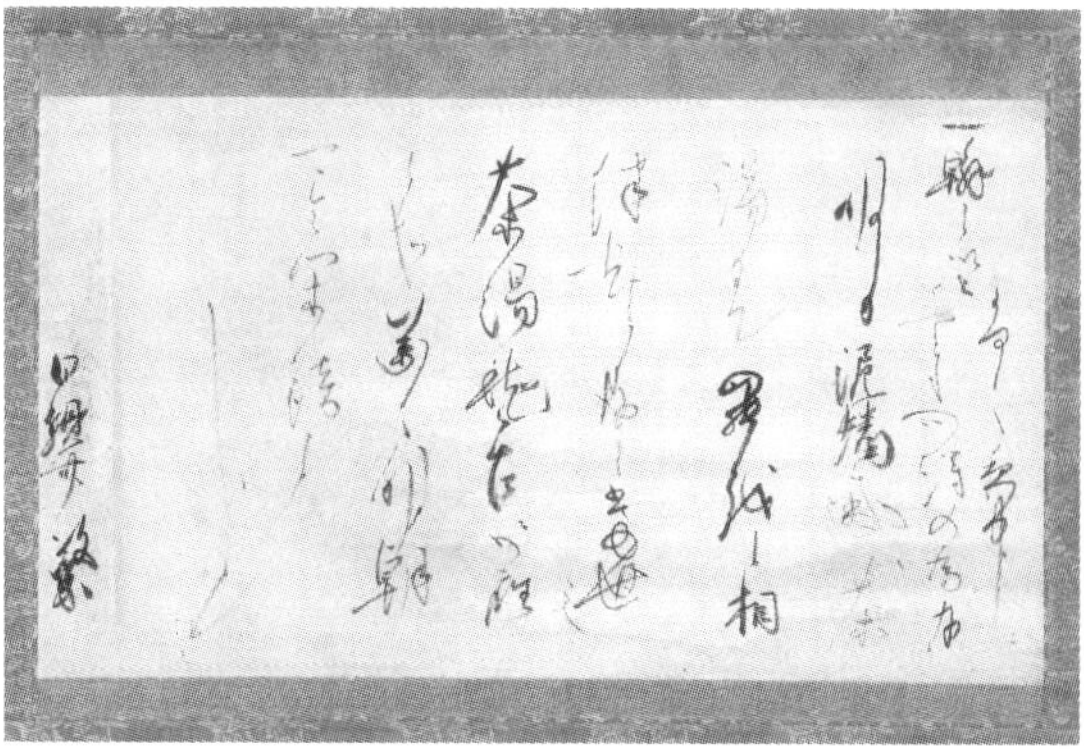

図20　伊達政宗筆「鮎貝日傾斎宛書状」
（『仙台市史　資料編十　伊達政宗文書一』　社会福祉法人共生福祉会蔵）

の稽古のようだ。まあ、明朝のんびりと話をしよう」という意味です。

宛先の「日傾斎《じつけいさい》」は、鮎貝宗重《あゆがいむねしげ》（弘治元 一五五五～寛永元 一六二四）で、この前年、長男の鮎貝宗信《むねのぶ》が最上義光《よしあき》に誘われ謀反を起こしかけたのを政宗に注進し、その功で鮎貝家は次男が家督を継いで守られ、宗重も領地を下賜された政宗の側近です。

右の手紙からも、伊達家において政宗のみならず、側近の家臣も「当世之茶湯稽古」をしていることが分かります。

天正十五年から十六年にかけては、伊達家の周辺では反伊達勢力との小競り合いや合戦が引き続いて常にあり、政宗も家臣団の結束が欠かせない時期にあたっていましたので、「万々明朝可令閑談候《かんだんせしむべく》」ということができる側近との人間同士の親しい関係を深めることができる侘び茶、つまり「当世之茶湯」に政宗が傾倒していたことがうかがわれます。

## 5　富田一白との交流

天正十六年（一五八八）四月、前年末に秀吉に献上した馬の礼状を送り届けてきた前田利家から、政宗に書状が届きました。その内容は、「秀吉様が鷹狩りをお好みなので、よい鷹を進上することが望ましい」という鷹献上の勧めと、次のような最上氏との和睦を勧める文面でした。

（前略）将亦《はたまた》最上与《と》御間之儀、非指御遺恨候者《さしたるごいこんにあらずそうらわば》、可有一和之由《いちわあるべきのよし》、従《より》富田左近将監（一白）方被申越旨候哉《もうしこさるるむねそうろうや》、以御分別《ごふんべつをもつて》、御入魂専用《ごじっこんせんよう》候[21]

右の文面の大意は、「また、最上義光との紛争については、それほど深い恨みがあるというものでないのであれば、まず和議を結ぶべしと、富田一白からの勧めがあったでしょう。十分お考え下さり、富田一白に親しくお従い下さることが大切です」という内容です。

前田利家が秀吉政権と政宗との間の取次《とりつぎ》に名指ししているのが富田一白（知信）（生年不詳～慶長九　一五九九）でした。

富田一白は、若き日には織田信長の麾下で武勇の名をあげ、信長の死後は、秀吉に仕え、小牧・長久手合戦では、織田信雄・徳川家康と秀吉との講和交渉に奔走するなど、秀吉側近の外交官としても活躍した武将です。徳川家康の秀吉政権参加にも関わり、関東の北条氏との交渉や東北の伊達氏との交渉にも関わった人物です。

富田一白が多くの外交交渉に関わったのには、一白という人物が多くの武将から慕われる人間的な魅力と誠実さがあったからだと思われます。秀吉にも信頼された側近の一人でした。

そのような富田一白の人間的魅力を作り上げたのが千利休直伝の茶の湯でもあったのです。一白は、信長時代から茶の湯に親しみ、利休の愛弟子の一人でした。しかも、その茶の湯の境地については、利休から絶賛されるほどの茶人でもあったのでした。

例えば、次の二通の富田一白宛利休書簡があります。

御節供前にて候間、昨日罷下《まかりくだり》候。一道心持《こころもち》之事、御油断なければ寄特にて候。御隙さへ候はば、今日はやどに可《あるべく》レ有候条、御たづね候べく候。明日御前へ可二罷出《まかりいずべく》一候。恐惶謹言。

五月一日　　宗易（利休）

富田左近さま人々御中　　易[22]

右は、桑田忠親氏著『利休の書簡』に紹介された手紙ですが、利休が一白に、茶の湯の道については、「一道心持《こころもち》之事、御油断なければ寄特にて候」と油断なく茶の湯の道に心を注ぐだけでいいのだと、一白の茶の湯への取り組み方を絶賛しています。

もう一通の書状は、一白の茶庭を絶賛している手紙です。


（端裏書）

「富左様（富田一白）　人々御中　　休」

今朝之御すまひ、ただ、山うばのたに《山姥の谷》かとばかり、をどろき申候。御すき《数寄》の事は、とかう不レ申《もうさず》候。唯、過分とばかり存候。わざと御礼にも参間敷《まいるまじく》候。茶碗御秘蔵《ごひぞう》尤《もっとも》たるべく候哉。

かしく。

七月四日(23)

というもので、朝の茶事に招かれた利休が一白の露地に入り、その雰囲気を「山うばのたに《山姥の谷》」と謡曲「山姥《やまんば》」に詠われた深山幽谷の雰囲気であったことを絶賛したものです。しかも、「御すき《数寄》の事は、とかう不レ申《もうさず》候」（御茶のことについては、私はもう何も申すことはありません）とまで富田一白の茶の湯を褒めています。

利休の愛弟子として、長年の茶の湯の修行により、富田一白は、その人間的な深みを身につけていったようです。

前田利家が鷹を秀吉に進上するように勧めた手紙のとおりに、政宗は、秀吉に鷹を献上したようで、六月十一日付の礼状が富田一白から政宗に届いています。そこには、鷹を贈られた秀吉が大変喜んでいることと、その御礼として国行作の名刀を届ける旨が記されています。そして、その手紙の追而書には、「其元《そこもと》御手透《おてすき》次第ニ、御出仕尤奉存《もつともにぞんじたてまつり》候」(24)と、政宗の上洛を勧める文面が記されていました。

この後、「伊達家文書」天正十六年には、四通の富田一白の手紙が収められています(25)。その中の一通、第三八六号は、次のとおりです。

伊達左京大夫殿
人々御中　　一白」
(切封　〆)
猶以《なおもって》元越下国之節可申入《もうしいるべく》候、以上、
先日者《は》元越《げんえつ》ニ預尊書候、蒙仰《おおせをこうむり》候通、委細心得存候、聊《いささかも》不存粗略《そりやくにぞんぜず》候、未《いまだ》彼客僧《良学院栄真》も逗

留候間、下向之刻、猶自是《なおこれより》可申入候《もうしいるべく》、委曲坂東屋道有《どうゆう》申含《もうしふくめ》候條、不能細筆候《さいひつあたわずそうろう》、恐惶謹言、

九月十四日　　一白（花押）

伊達左京大夫殿(26) 人々御中

右の手紙の大意は、「先日は、元越（玄越とも）（政宗家臣）にお手紙をあずけました。仰せのとおりに委細心得ました。決して粗略に扱いません。いまだかの客僧の良学院栄真が逗留していますので、彼が下向します時にこちらから申し伝えましょう。詳しいことは、板東屋（関東屋とも）道有に申し含めましたので、詳しいことはここには書きません。なお、元越が下国しました時にも申し伝えましょう」といったものです。

当時の外交関連の手紙は、重要な内容は文字に書くことがなく、手紙を伝える使者に口頭で伝えるものですので、右の手紙の肝心の内容は不明ですが、重要なことは、政宗と富田一白との間を、元越なる人物と、政宗が信頼する修験僧良学院栄真という僧侶、そして商人の板東屋道有という人物が政宗のメッセンジャーとして往還していたことです。

彼等が実際には前田利家や富田一白のもとを政宗の使者として訪れていたのですから、大切な内容は狭い茶室で、茶の湯のもてなしの形で伝えられたはずです。とりわけ、富田一白が利休の愛弟子の茶人でもあったのですから、政宗の使者、元越・栄真・道有たちから、当時都で

流行していた利休の侘び茶が東北の政宗に伝えられたのでしょう。

天正十六年の十二月には、前節で紹介したように、政宗が、「当世之茶湯稽古ニ御座候哉[27]」と、家臣を誘うのも、そのような背景があってのことだったのでしょう。家臣たちの邸宅にも、政宗の「新造ノ数寄屋」が写されていたのかも知れません。

## 6 「無上の茶」を贈った家康

さて、前田利家や富田一白が書状で政宗に上洛を勧めているのは、徳川家康によって進められていた北条氏と伊達氏との秀吉政権への臣従戦略が背景にありました。

徳川家康・豊臣秀次・前田利家・富田一白たちは、北条氏と伊達氏には融和的で、平和的にその勢力が秀吉政権に臣従するように両者を説得していたのでした。

秀吉政権は、天下統一の戦略として、戦争禁止令つまり「惣無事令」を建前に、秀吉政権からの紛争調停に従わなければ軍事的に攻めるという方針を掲げていました。ですから、信濃の真田氏と紛争を抱える北条氏や、領土の周囲に敵を抱える伊達政宗については、合戦を止め、上洛して秀吉政権に臣従することを強く勧めていたのでした。

小田原の北条氏との交渉は、なかなか進まずに停滞していましたし、北条氏もまた上洛して秀吉政権に臣従することを渋っていたのでした。融和派の徳川家康、その命を受けて政宗と交渉する富田一白にとっては、伊達政宗の上洛と周囲の諸大名との紛争中止が最大の願いでした。

その年、天正十六年七月、かねてから政宗が敵対していた最上義光《よしあき》、および大崎義隆《よしたか》（天文十七一五四八〜慶長八一六〇三）との講和がなったのでした。

『貞山公治家記録』（巻之六）七月二十一日の条には、次のように記されています。

○今度御母公（義姫）御取扱ヒヲ以テ、最上出羽守殿義光・大崎左衛門督殿義隆、及ビ黒川左馬頭晴氏《はるうじ》入道殿月舟斎《げつしゅうさい》ト 公ノ御間和議相調《あいととの》ヒ、去比《さんぬるころ》大崎表於テ諸勢ノ人質ニ渡り、大崎へ行キ、最上へ引移サレタル輩、悉ク返サルベキ由落居ス。因《よつ》テ人質ニ渡リシ泉田《いずみだ》安芸重《しげ》光《みつ》迎トシテ、今日大條《おおえだ》越前・松岡与總左衛門ヲ長井へ差遣サル。(28)

政宗にとっては母親の兄にあたる最上義光は、父の時代から敵対関係にありましたが、政宗の母の斡旋で、大崎氏共々講和が成立したのでした。それぞれの捕虜交換もなったとあります。

この講和は、富田一白にとっても朗報で、十月五日付で政宗に、「快然之至《かいぜんのいたり》候、最上御間之儀、御和談之由、目出度《めでたく》候、弥《いよいよ》向後御入魂《じっこん》尤《もっとも》存候」(29)と、講和成立の祝いの手紙を送っています。

その手紙の中でも政宗に上洛を勧めていますが、それは最上氏や岩城氏などの政宗の敵対勢力が、上洛して秀吉政権に臣従する動きがあり、そうなれば、今後再び紛争が起きると、政宗は、秀吉の家臣と戦うことになり、秀吉政権に敵対することになってしまうからです。

また、この書状の中で、一白は、「殊《ことに》御親父輝宗之従御時《おんときより》、別而御懇蒙仰儀《べつしておねんごろにおおせをこうむるぎ》候つる間(30)」と、彼が政宗の父輝宗以来の親しい仲であることも述べて、政宗の上洛と秀吉への鷹の献上を勧めていました。

ともあれ、最上氏・大崎氏との和睦の成立は、伊達政宗を擁護しようとする富田一白・徳川家康たちにとって朗報でした。

徳川家康も政宗と最上氏との講和をたたえて、手紙を送っています。

（折封ウハ書）
伊達左京大夫殿　　　家康」
（切封）
其表《そのおもて》惣無事之儀、家康可申曖旨《あつかいもうすべきむね》、従殿下（秀吉）被仰下《おおせくだされ》候間、御請申《うけもうしき》、則《すなわち》以使者《ししやをもつて》、和与（講和のこと）之儀可申曖由《あつかいもうすべきよし》存候処、早速御無事之由、尤可然儀候《もつとももしかるべきぎにそうろう》、殊《ことに》義光之儀、御骨肉之事候間、弥向後御入魂専要《せんように》候、将亦《はたまた》羽折一、無上茶三斤進之《これをまいらせそうろう》候、委細玄越（元越とも）口上相含《あいふくめ》候、恐々謹言、

十月二十六日　　　　家康（花押）

伊達左京大夫殿(31)

「そちらの紛争の講和については、家康が扱うべきと秀吉様から仰せ下されていますので、その命を受けました。すなわち、使者を遣わして、最上氏との講和を勧めようとしていたところ早速講和成立とのこと、もっともありがたく存じます。ことに最上義光については、ご親戚でもあるので、いよいよ今後は親しくされることが大切です。さて、羽織一着と無上の茶を三斤差し上げます。詳しいことは、玄悦（元越）に口頭で伝えております」という内容です。

ここで、家康が羽織と「無上茶三斤進《これをまいらせ》之候《そうろう》」を贈っていることに注目したいと思います。「無上茶」とは、最上級の茶のことです。三斤とありますので、一斤が六百グラムとすると、総量で一キロ八百グラムの量です。薄茶なら三百人以上、濃茶なら二百人以上の分量の最上級の茶のプレゼントです。おそらく政宗が大きな茶会を準備していることを知った家康の厚意のあらわれです。

政宗の講和に喜んだ家康が、最高級の茶を贈ったのも、政宗がこの頃に侘び茶に傾倒していることを、一白などから知らされていたからでしょう。

政宗は、領土の周囲が政治的・軍事的な危機に陥っていた時、京都聚楽第の秀吉政権と交渉を始め、取次となった武将茶人富田一白との交流の中で、「当世之茶湯」に傾倒していったようです。その茶の湯への政宗の傾倒を、家康も察知して「無上茶三斤進之《これをまいらせ》候《そうろう》」と、極上の茶を贈ったのでしょう。

茶の湯は、東北という地方にいる政宗にとっても、主従間の交流や一門の結束を促す新たな文化として認識されていたのです。

# 第九章　茶の湯と一門の結束

## 1　茶の湯文化への政宗の傾倒

伊達政宗の勢力拡大につれて、周辺の勢力からの圧力も強まってきます。自領の支配確立と拡大、周辺勢力の侵略阻止、強大な中央政権との関係、このような困難な課題に対して、伊達家の結束は欠かせない課題でした。政宗にとっては、家臣団の結束をどのようにして強化するかも、重要な課題でもあったのです。

その点で注目すべきは、政宗の茶の湯への関心の深化です。

すでに述べましたように、父輝宗が天正十二年（一五八四）二月に書き残した正月行事に変化が見られ、天正十五年（一五八七）の正月九日には「御鷹屋ニ於テ茶会[1]」が行われます。政宗による「茶会」の始まりです。

そして翌二月三日には、家臣の高野壱岐（輝宗以来の重臣。丸森城主）が政宗を自宅で「御茶差上ケ饗シ奉ル」(2)と、重臣との茶会での交流が出てきます。この記事の後には、「此外、折々所々へ御饗応、或ハ数寄ヲ催シテ饗シ奉ル。略シ不記《しるさず》」(3)と記されていますので、重臣たちとの交流に「数寄」すなわち茶の湯が行われるようになったことが推測できます。政宗の重臣たちも、茶の湯をたしなみ始めたのでしょう。

この九月には、政宗も茶室を建てたようで、『貞山公治家記録《ていざんこう》』の同月二十日には、「新造ノ御数寄屋落成ス」(4)とあり、伊達碩斎《せきさい》・浜田伊豆・松井松雲軒を招いて、茶席の披《ひら》きを催しています。二十一日・二十三日にも、同様に重臣を招いていますが、すべて三人ずつの招待ですので、明らかに「新造ノ御数寄屋」は大きな書院風の広間ではなく、おそらく四畳半の侘び茶に相応しい茶室であったかと推測できます。

こうして、政宗は、重臣たちとの結束を茶の湯を通じた交流で深めていったようですが、折しも、結束を強化すべき時に、思わぬ家臣の謀反が告げられるのでした。

## 2　鮎貝宗信の謀反未遂事件

『貞山公治家記録』天正十五年十月十四日、鮎貝城主の鮎貝宗重《あゆがいむねしげ》（盛次《もりつぐ》・日傾斎とも）（輝宗以

来の重臣）が、長年不和であった嫡男宗信《むねのぶ》の謀反を政宗に告げてきたのでした。

鮎貝城は、出羽国置賜郡鮎貝〔山形県西置賜郡白鷹町鮎貝〕にあり、すぐ北方は政宗の母義姫《よしひめ》の兄、最上義光《よしあき》の領土でした。

最上義光は、輝宗の時代から伊達氏とは敵対し、政宗にとっては親族でしたが、北方の脅威勢力でした。この義光の誘いによって、鮎貝宗信は、父宗重の忠告にもかかわらず、最上氏を頼って謀反を企てたのでした。父の宗重は、政宗にその状況を注進してきました。『貞山公治家記録』には、次のように記されています。

十四日、庚午《かのえうま》、鮎貝安房《あわ》宗重《むねしげ》入道日傾斎《じつけいさい》ヨリ、「嫡子鮎貝藤太郎宗信、連々某《それがし》ト不和ノ上、最上殿義光ノ勧メニテ、叛逆ノ企《くわだて》アリ。某《それがし》、頻《しきり》ニ異見（意見）ヲ加フトイヘドモ、承引セズ。今度既ニ城ニ拠《より》テ、兵ヲ起サントス。某ハ高楡《たかたま》（出羽国高楯《たかだま》城か）ヘ退出ス。速《すみやか》ニ御退治願ヒ奉ル」ノ由言上セラル。（政宗は）「時刻ヲ不移《うつさず》、誅伐シ玉フベシ」ト仰出サル。(5)

鮎貝宗重が「嫡子の宗信が常に私とは不和でありましたが、その上、最上義光殿の勧めで、謀反を企てております。私がしきりに忠告したのですが、宗信は聞き入れず、この度はすでに鮎貝城に籠もって挙兵を企てております。私は、高楡に引き退きました。速やかに宗信を退治して下さい」と注進してきたのでした。政宗は、「即座に誅伐すべきだ」と返答しました。しかし、政宗の老臣たちは、すぐに出陣することには慎重な意見でした。

時ニ老臣等相議《あいぎ》シテ、「最上ヨリ加勢モ有ルベシ。殊ニハ藤太郎（宗信）外《のほか》ニモ、最上ニ内通ノ者アルモ計《はか》リガタシ。兎角《とかく》御出馬ノ義ハ、様子ヲ御覧合《ごらんじあわせ》ラレ、然《しか》ルベシ」ト言上《ごんじょう》(6)ス。

つまり、老臣たちは「最上義光からの加勢もあることでしょう。特に、宗信のほかにも、最上義光に内通するものがいるかどうか、まだ分かりません。とにかく、すぐにご出馬なさるのは、少しの間様子を見てからにされるのが宜しいのでは」という慎重論でした。ところが、政宗は、次のように述べて、即座に鮎貝城に向けて出馬し、反乱兵五十余人を討ち取り、城下の所々に火を放ったのでした。

「各相議スル所真理アリトイヘドモ、左様ニ遠慮セバ、向後米沢ヲ出玉《いでたま》フ事ハ成間敷《なるまじき》ト思召サル。此節、鮎貝ニ於テ是非ヲ極ラルベシ」ト仰ラレ、伊達碩斎《せきさい》、富塚近江、五十嵐蘆舟斎《ろしゆうさい》ヲ御城ノ留守居トシ、即時鮎貝城御出馬アリ。御人数急ニ町曲輪《くるわ》ニ押詰メ、五十余人討捕リ、所々ニ火ヲ放テ攻戦《せめたたか》(7)フ政宗は、自身の領土の中から敵の調略に乗るものが出ることの危険を知り尽くしていました。なぜなら、調略は政宗が敵と戦う時の必須の策略だからでした。最上義光が政宗の忠臣宗重と嫡男宗信との不和を察知し、宗信に調略を加えたことは、自領の北方の守りが侵されることにほかなりません。宗信は、最上義光の姉婿でもありましたので、義光の調略に乗りやすかったのでしょう。「皆の者の意見にも真理があるが、今悠長に状況を見ておれば、今後米沢城を出ることができなくなると思うぞ。すぐに鮎貝城に出撃し、謀反の企てに決着をつけるべきだ」と、政宗は自ら出馬したのでした。

さて、この時、政宗の居城である米沢城の留守居役は「伊達碩斎《せきさい》、富塚近江、五十嵐蘆舟斎《ろしゆうさい》」の三人でしたが、彼等は、先述の「新造ノ御数寄屋」の抜きに招かれた重臣たちであることにも注目されます。茶の湯による重臣との交流が、いかに家臣団を結束させていたかを推測させます。

政宗の決断は的確な判断でした。宗重の注進から時を移さず鮎貝城を攻めたことによって、宗信の謀反は未遂に終わったのでした。『貞山公治家記録』には、次のように記されています。

藤太郎（宗信）最上へ早馬ヲ以テ、頻《しきり》ニ加勢ヲ乞《こい》ケレドモ、一騎モ来ラズ。藤太郎、籠城

不叶《かなわず》シテ、此夜潜《ひそか》ニ城ヲ出テ、逃奔《とうほん》ス。鮎貝城ニ於テ、逆徒数百人ヲ撃殺《うちころ》ス。(8)

宗信は、政宗の急襲を受けて、最上義光に加勢を要請しましたが、義光は宗信を見放したようです。一騎の援軍も来ず、宗信は鮎貝城を捨て最上領へ逃亡したのでした。政宗の派遣軍は、宗信の配下を数百人殺害したということです。数百人というのは、少し誇張表現かもしれませんが、家臣団の結束を乱す行為に対する見せしめの意味もあったのでしょう。

政宗の家臣団には、大内定綱《さだつな》とこの鮎貝宗信以外には、謀反を起こした家臣はいないということです。とくに敵側に内通したのは、この鮎貝宗信のみなのです。例えば、小林清治氏は、『伊達政宗』で次のように述べています。

政宗の家臣で敵に内応したものはといえば、僅かに鮎貝宗信があるにすぎない。このような家臣統制の堅さが、政宗直属勢力の強さによってもたらされたことはいうまでもない。しかし、統制は力だけでよく保たれるものではない。戦がおわれば諸将士にその功にしたがって恩賞を与え、内応した敵の旧臣にも約束に従って恩賞を施すその仕方が、公平を失わず人心を安定させたことが、これをもたらした第一の原因であろう。(9)

嫡子の謀反を注進した鮎貝宗重には、その忠誠心をたたえて、政宗は、柴田郡堤邑の領地を下賜し、家督は次男・宗益が継承し、伊達家の重臣として位置づけ、鮎貝家を守ったのでした。前章でも紹介した政宗の鮎貝日傾斎宗重宛の「当世之茶湯稽古」の誘いは、右の事件の翌年ですので、いかに政宗が家臣の忠誠心を評価し、茶の湯でもって君臣の結束を深化させていたのかも理解できるでしょう。伊達氏の家臣団の結束力に、政宗の時代には、茶の湯という「文化力」が機能し始めていることを推測させられます。

## 3　天正十七年の正月行事は大茶会

前章でも述べましたが、伊達政宗の周辺には、北に最上氏・大崎氏の勢力が対峙していましたし、南には会津の蘆名氏が常陸の佐竹氏と連携して伊達領に侵攻しようとしていました。そして相馬氏もまた、政宗の妻の実家である田村領を侵そうとしていました。

いわば、天正十七年（一五八九）を迎える頃には、政宗の周囲は、伊達領を侵そうとする南北の勢力が迫る状況だったのです。伊達家の家臣団の結束がもっとも求められるのがこの時期だったのでした。

そこで、政宗は、父から自筆で指示されていた正月行事である「伊達輝宗正月行事[10]」を大きく改め、正月二日から七日まで、米沢城に集まった家臣団との大茶会を催したのでした。『貞山公治家記録』の天正十七年正月冒頭記事には、「この年の元日から二月二十五日までの日記が欠落していて、詳しいことは分からない」と記されていますが、正月元日の記事は、次のように記されています。

天正十七年己丑《つちのとうし》公　御年二十三
正月丙寅《ひのえとら》大元日己酉《つちのととり》、米沢城ニ於テ、御祝儀アリ　〇一家一族老臣以下、諸士諸組等、及ビ諸寺院、此月中毎日段々御礼献上物アリ（事繁シ略ス）[11]

元日の「米沢城ニ於テ、御祝儀アリ」というのは恒例のことですが、「一家一族老臣以下、諸士諸組等」というのは、上級家臣から下級家臣まで家臣団全体を指します。正月中、毎日献上物が米沢城に届けられていたのですが、この記事の末尾の割り注（丸括弧内）に、「事繁シ略ス」とあるのに注目されます。「あまりに煩雑になるので、ここでは略す」という意味です。この「事繁シ略ス」の内容の一部が、「伊達家文書」の中に収められている「茶湯客座亭座人数書」（第三九八号〜四〇三号文書）という文書です。

正月二日と思われる記事（第三九八号文書）をまず引用しておきましょう。紙幅の関係で、内容を読みやすくするために、書き上げられた「客座」と「亭座」を上下に記します。「客座・亭座」の組に、便宜上一組・二組等と記し、人数を付記しました。

**茶湯客座亭座人数書（第三九八号文書）正月二日　茶会人数　計四十二名**(12)

| きやくざ（一組八名） | ていざ（一組六名） |
| --- | --- |
| 中目与次郎殿 | 山崎玄番允殿 |
| 口（貫カ）高大炊助 | 本沢源七 |
| 朽木主膳正 | 藤田源七郎 |
| 草苅次郎左衛門尉 | 中津河次郎衛門尉 |
| 皆川下野守（行間傍書） | 五十嵐三郎衛門尉 |
| 黒川八郎左衛門尉 | 大沼喜衛門尉 |
| 須江六郎衛門尉 | |
| 大石平兵衛尉 | |

きゃくざ（二組七名）

ていざ（二組七名）

御代田太郎左衛門尉
大石彦四郎
遠藤将監
平渡土佐守
栗野勘解由助
宮崎上総丸
我妻内蔵助

きやくざ（三組六名）
大町勘解由助
大和田源六郎
松岡大和守
江六大膳亮
湯目居部少輔
大津有馬助

中村下野守
大窪美濃守
沼辺左衛門尉
小原木新衛門尉
片倉弥五郎
佐藤千さい丸
浜田新衛門尉

ていざ（三組八名）
七宮こゑけ丸
朽木彦六郎
内馬場能登守
松木こせう丸
只木ちやうミやう丸
徳江蔵人
堀内蔵人 主《（ママ）》

木村伝内　（亭座合計二十一名）

（客座合計二十一名）

天正十七年
正月二日

江戸時代になると、仙台藩は、家臣団を序列化するのに「一門、一家、準一家、一族、宿老、着座、太刀上《たちあげ》、召出《めしだし》、平士（番士）、組士」という家格に分け制度化されます。(13) この家格は、輝宗・政宗時代にはある程度制度化されていたようで、右の家臣の苗字を概観すると、江戸時代仙台藩の「一家・一族・太刀上・召出」と苗字が共通する人たちが多く含まれています。「一門」から「召出」までが上級家臣の家格の序列のようですので、正月の茶の湯に招かれたのは、家臣団の上級武士たちのようです。

それでは、「客座・亭座」とは何でしょうか。

おそらく、政宗は、その日招いた家臣団を、「客の役割をするグループ（客座）」と「亭主の役割をするグループ（亭座）」に分けたのでしょう。そして、客として座敷に座る「客座」のグループは、「客としての振る舞い」をし、勝手（水屋ないしは茶湯所《ちゃのゆどころ》）に入り亭主側の振る舞いをする者たちを「亭座」としたのでしょう。両者の人数が、ほぼ同数に近いことも、そのことを暗示しています。

このことは、大学などで茶道の授業を担当した筆者の経験と重なります。たとえば、十回ほどの授業で基礎的なこと（割り稽古や畳の歩き方、席入りの仕方など）を学んだ学生を、客側（客座）と亭主側（亭座）の二班に分け、それぞれの役割をさせますと、一挙に学生たちの交流・結束が生まれるのです。また、茶道クラブの指導においても、大学祭などの時に茶会を催し、クラブ員たちが客をもてなす側（亭座）の体験をしますと、一挙にクラブ員の結束が増大するのです。

おそらく、政宗は、四隣の敵の侵略を目の前にして、家臣団の結束のためにも、天正十七年の正月に、米沢城でこのような大茶会を六日間にわたって催し、合戦に臨む上級武士たちの結束を、茶の湯で生み出そうとしたのでしょう。

それは、天正十五年（一五八七）正月の九日に、「鷹屋ニ於テ御茶会[14]」に始まり、二月には、重臣たちが政宗を数寄（茶の湯）でもてなし、九月には、政宗が「新造ノ御数寄屋[15]」を建て、重臣たちを招いてきた彼の茶の湯体験の延長だったのです。

重臣たちとの結束を茶の湯で確信し、翌天正十六年（一五八八）には、京都の秀吉政権との交渉の中で知った「当世之茶湯」に深く興味を持った政宗の茶の湯への思いに、家臣団の結束の効果が期待されたのでしょう。上級家臣団全員に茶の湯の教養を身に付けさせ、互いにもてなし合う体験をさせることにより、困難な政治的・軍事的状況を克服するための政宗軍団の結束力を生み出そうとする試みが、この茶会の目的だったと思わせます。

かつて、織田信長が合戦と合戦との間に大茶会を催し、自らを頂点とする秩序を生み出し、拡大する軍団の結束を茶会で生み出したのと同じように、[16][17]政宗もまた、茶の湯に家臣団の結束を求めたのでした。

戦国大名たちは、かつて連歌会を催して、同様の結束を生み出していたようですが、茶の湯は、飲食を伴うこともあり、連歌に比べてもっと身近に集える行事でもあったのでした。

翌日の正月三日と推測できる「茶湯客座亭座人数書」（第四〇三号文書）には、組み分けは記されていませんが、重臣と思われる家臣たちが、「客座・亭座」に分かれて招かれました。

**茶湯客座亭座人数書**（第四〇三号文書）**正月三日　茶会人数　計二十九名**[18]

| きやくざ | ていざ |
| --- | --- |
| 村田殿 | 田村孫九郎殿 |
| 増田中務太輔殿 | 大枝越前守 |
| 浜田伊豆守 | 原田左馬助 |
| 富塚近江守 | 遠藤又七郎 |
| 成田右馬頭 | 富塚右近衛 |

塩森六郎左衛門尉
横尾源左衛門尉
福田備後守
小原左馬允
白石藤五郎
大塚卯松丸
鹿俣主殿助
上野彦十郎
五十嵐豊前
山路長門守

（客座合計十五名）

新田玄番允
屋代勘解由兵衛
鬼庭主膳正
浜田備前守
原田右兵衛
片倉紀伊守
高野壱岐守
小島右衛門
黒河越前守

（亭座合計十四名）

右には、白石・田村・大枝・原田・遠藤・鬼丹羽・片倉・高野などの、政宗重臣の名字を持つ家臣たちが含まれていますので、おそらくそれぞれ七～八人の二組に分かれたと思われますが、家格の高い家臣たちが招かれていたようです。

## 4　新造の数寄屋と推測される茶会

次に、正月四日と思われる「茶湯客座亭座人数書」（第四〇一号文書）を、引用してみましょう。

**茶湯客座亭座人数書**（第四〇一号文書）**正月四日　茶会人数　計六十名**[19]

客座（一組五名）
桑折幡摩守殿
国分源三殿
大波大膳亮
遠藤上総守
道有斎

亭座（一組五名）
飯田紀伊守
梅仙斎
即休斎
羽田因幡守
若狭守

客座（二組五名）
田村民部太輔殿
七宮伯嗜（ママ）守

亭座（二組四名）
打月斎
一伯軒

彦真斎
原弾正左衛門尉
草苅五郎衙門尉

客座（三組六名）

本宮殿
松雲軒
浄庵
休意斎
中村主馬助
七官

客座（四組七名）

舟生道好斎
牛越内膳正
宮（川）四郎左衛門尉

松本弾正忠
草苅掃部左衛門尉

亭座（三組四名）

伯蔵軒
休庵
かんてい
木幡四郎衛門尉

亭座（四組七名）

伊藤七郎
草苅源一郎
松木伊勢守

原田甚七郎
今村日向守
小簗河新三
武田左馬允

客座（五組六名）
藤田右兵衛殿
山戸田監物
小原松声
桜田木工助
皆河下野守
大石四郎兵衛

客座（六組二名）
飯田弥吉

石田左衛門尉
鎌田彦八郎
亀岡伊勢光
我妻備中守

亭座（五組六名）
高椧四郎殿
中島主弾正
大波玄番允
目々沢隼人佐
桜田彦七
矢内彦兵衛

亭座（六組三名）
元越斎

片平殿　（合計三十一名）

郡山善五郎
鮎田助八耶　（合計二十九名）

この正月四日の茶会は、合計六十名という大人数の家臣が招かれています。六席に分けての茶会です。招かれた家臣の苗字の中には、「桑折・国分・田村・草苅・本宮・原田・小簗河・元越斎・郡山」等、『治家記録』にも散見する政宗近臣の苗字を持つ家臣が含まれています。

多人数ですが、「客座・亭座」のそれぞれの人数は、ほぼ同数くらいに分けられています。しかも、二日の茶会から、この茶会までを見ても、最大が一組八名ですので、もしかしたら、天正十五年の九月に完成した「新造ノ数寄屋」で催されていたのかとも推測できます。

「新造ノ数寄屋」はおそらく四畳半で、四畳半茶室は、小間にも広間にも使える茶室ですので、政宗は、そこで多くの家臣にもその茶室を披露して見せたのかもしれません。

四畳半ですと、八名まではゆったりと座れますので、この「茶湯客座亭座人数書」から、米沢城での正月の結束茶会は、主人である政宗が、主な家臣すべてに「新造ノ数寄屋」を披露して、家臣たちをもてなしたのかとも推測できます。客の役割をする家臣（客座）とほぼ同数の亭主側の役割をする家臣（亭座）が勝手（水屋・茶点所）に入るのですから、水屋に相当する部屋は、台所機能もふまえた広い部屋であったのかもしれません。

正月五日の「茶湯客座亭座人数書」（第四〇二号文書）は、組み分けがやや不明な書き方ですので、便宜的に人数を推定し、上下に分けて記してみます。

**茶湯客座亭座人数書**（**第四〇二号文書**）　**茶会人数　約四十二名**[20]

きゃくざ（十名おそらく五名を二組に想定）

西大枝掃部
浜田下総守
小簗川左近
本沢平左衛門
富沢弥太郎
大窪源三
鬼庭左馬允
遠藤玄番
新田二郎左衛門尉
下郡山大がく

ていざ（八名）

塩森淡路守
山路藤兵衛
本内五郎左衛門尉
栗野玄番
小簗川左馬允
歌丸若狭守
石田佐渡守（ミセケチ　数に入れず）
塩沢五衛郎門尉
石田佐土守

きゃくざ（人数不明　五名と想定）
瀬上殿
同家風中

きゃくざ（八幡別当一行として十名想定）
やわた別当
（合計約二十名）

---

ていざ（原文「きやくざ」を線で訂正四人）
ちつけい
正意軒
中村八郎ゑもん
草かり助衛門尉

めし出（「ていざ」と推定　十名）
鹿俣ゑひ才
木村帯刀
佐藤わうし
ほし又兵
青木おりべ
佐藤甚十郎
遠藤平兵へ

佐藤八郎ゑもん
高はし孫兵へ
後藤四郎兵へ

（合計約二十二名）

最初の「客座」と「亭座」については、「きゃくざ」は五名の二組、「ていざ」は四名二組とすると、先述の四畳半茶室で茶席に入れます。最後の項目も、「めし（召）出」（上級家臣団の最も下の家格）が十名ですので、客の八幡別当も別当以下約十名と推定すれば、この組もまた五名ずつに分かれたものかと思われます。

あくまでも、「新造ノ数寄屋」で、四畳半茶室であったとする推定ですが、連日大人数をこなす政宗の茶人としての工夫が見て取れます。

## 5 軍団の結束力を強化する茶の湯

次に、正月六日の「茶湯客座亭座人数書」（第三九九号文書）を見てみましょう。

**茶湯客座亭座人数書（第三九九号文書）茶会人数　三十六名**[21]

きゃくざ（一組五名）

大窪平六郎殿

原田藤左衛門尉

鎌田備前守

小山田孫八郎

桜田左近衛

きゃくざ（二組十一名　五名と六名の二組に分けたか）

小簗河式部少輔

栗野修理亮

湯目藤八郎

あわの備中守（行間傍書）

平大学助

塩沢八郎左衛門尉

ていざ（一組四名）

中津河丹波守

内馬場源兵衛

成田孫五郎

横沢三郎左衛門尉

ていざ（二組八名　四名二組に分けたか）

鹿俣新左衛門尉

白石弥六郎

湯村図書助

同九郎左衛門尉

松木新左衛門尉

梅津彦七

三浦新九郎

宮崎弥六郎
松木掃部
落合信濃守
穴沢四郎兵衛
沼沢玄番頭

きやくざ（三組三名）
上郡山殿
忠清（ミセケチ　人数に入れず）
小国孫七耶
加地《ちうせい》右近

（合計十九名）

遠藤土佐守

ていざ（三組三名）
白岩小太郎殿
黒木与次郎
細谷中務輔

（合計　十五名）

最終日と思われる正月七日の「茶湯客座亭座人数書」（第四〇〇号文書）を最後に引用します。

**茶湯客座亭座人数書**（第四〇〇号文書）**茶会人数　五十名プラス寺社招待者**(22)

客座（一組七名）

大塚左衛門尉殿

畠中新十郎殿

横尾兵衛

石母田雅楽允

松木新三郎

平長門守

中川源三

（寺社の招待客人数は不明）

まんざういん

ほうこういん

ふくじゅいん

ミやうふく寺

まんざう院（ミセケチ　人数に入れず）

てい座（一組五名）

西太條するが殿

高成田満千代丸

浜田三河守

中村かがの守

小島治部少輔

めし出（十八名。召出は上級家臣団最も低い家格なので、寺社の招待客に対する亭座を務めたかと判断）

佐藤縫殿助

高梨雅楽允

小関かもん

すヽきかづさ

平源六郎

高梨金三

御一座
新福寺
藤木坊
大福寺
慶長坊
ミやのまえ（行間傍書）
別当

御一座
八幡殿
同家中
長岡
御一座
阿弥陀寺
御一座
仏眼寺

---

古山しゆり
ばん内彦ゑもん
古山新兵衛
遠藤せん黒丸
大内惣兵衛
後藤しゆり
かんのゑちぜん
後藤九郎ゑもん
遠藤源三
うんのしゆんたけ丸
斎藤九郎兵衛（ミセケチ　人数に入れず）
佐藤縫殿助（同右）
あしろはゝき
中川ゑちぜん

御一座
極楽寺
　客座（二組八名）
塩森兵庫頭殿
安久津しゆぜん殿
あらと又三郎殿
松木金三
下郡山蔵人
下郡山蔵人
しほの森殿家中
両人
（合計十五名プラス寺社招待客）

　てい座（九名）
大立目四郎殿
西大立目民部少輔殿
中津川はゝき
松木つしまの助
同五郎ゑもん
めし出（行間傍書）
安部もとん（もんどカ　行間傍書）
あしろはゝき
同かもん
（合計三十四名）

この日は、社寺が招待されているところに特徴があります。政宗の父輝宗が指示していた「伊達輝宗正月行事」[23]では、従来は六日・七日・八日・十一日・十八日・二十日・二十二日に社寺が米沢城の政宗に正月の挨拶に訪れていたようですが、この年は、大茶会を催して、多くの社寺を客に迎えたようです。亭座には、おそらく「召出」の家格の家来衆があたったのではないでしょうか。

興味深いことは、招かれた寺社の内、まんぞういん《万蔵院》・ほうこういん《宝光院》・ふくじゅいん《福聚院》・新福寺・八幡殿・阿弥陀寺・仏眼寺が現在も仙台市に同名の寺が存在していることです。米沢から岩出山城（天正十九／一五九一）、そして仙台城（慶長六／一六〇一）へと政宗は本拠地を移動しましたが、おそらく城下の家臣団や町衆のみならず、大切な社寺も移転させていたようです。このような社寺もまた結束する家臣団の周縁として政宗は大切にしていたことが、この記録からもうかがわれます。

父から受け継いだ正月行事を改め、大規模な茶の湯を催したところに、政宗の家臣団結束への並々ならぬ心意気も感じられます。また、この約二六〇名ほどと推定できる参加者の人数から推測すると、前年に贈られた徳川家康の極上の茶三斤が使われたと思われます。家康と政宗の心の交流も推定されます。

この結束を土台に、五月には相馬氏と戦い、六月には、猪苗代湖の北、摺上原《すりあげはら》で蘆名氏を倒し、政宗は会津を獲得するのでした。奥州の覇者になる背景に、「茶の湯文化」が大いに機能したことが推測されるのです。

# 第十章　東北制覇――摺上原合戦

## 1　豊臣政権の内部対立と政宗の外交

天正十七年（一五八九）、伊達政宗は、北に最上氏・大崎氏と敵対し、南には蘆名氏・相馬氏・佐竹氏といった諸勢力と対峙していました。四隣の敵との緊張状態が続く中で、政宗は伊達家臣団の結束を維持しなければならなかったのでしょう。前章で見たように、正月行事に異例の大規模な茶会を催したのは、家臣団の結束を促し、困難な年に立ち向かう政宗の決意を示したものと思われます。また、その背後に政宗を擁護せんとする秀吉政権の徳川家康の厚意も推測されます。

さて、こうした政治的状況の背後には、実は秀吉政権の東国政策をめぐる動きがありました。天正十三年（一五八五）、都では、関白になり豊臣姓を朝廷からいただいた秀吉は、翌十四年（一五八六）に徳川家康に妹旭姫を嫁がせ、豊臣政権に筆頭大名として家康を招きました。

秀吉政権においては、徳川家康は関東・東北担当の筆頭大名でした。家康は、関東の北条氏に娘を嫁がせていましたし、東北の伊達氏に対しても融和的でした。なぜなら、三河・駿河・甲斐・南信濃といった家康の領土の保全のためにも、越後の上杉氏・常陸の佐竹氏の脅威から領国を守るために、関東の北条氏と東北の伊達氏は家康の大切な味方勢力としてあったのでした。

ところが、この頃から秀吉政権で台頭してきた石田三成（永禄三 一五六〇～慶長五 一六〇〇）や増田《ました》長盛《ながもり》（天文四 一五四五～元和元 一六一五）たちの官僚的な奉行グループは、北条氏・伊達氏から脅威を受ける中小大名の取次《とりつぎ》をして、彼等を秀吉に早く臣従させ、秀吉の家臣としていきました。

当然、秀吉政権内部では、関東の北条氏・東北の伊達氏という大勢力を、融和的に秀吉政権に迎えようとする徳川家康のグループと、北条氏・伊達氏から圧迫を受ける諸大名を傘下に収めて、北条氏と伊達氏を滅ぼそうとする強硬派の石田三成・増田長盛たちのグループとの間で、政権内部での対立、いわゆる権力闘争が生じていきました(1)。

例えば、石田三成たちは、対北条氏・伊達氏の対策として、越後の上杉景勝（弘治元 一五五六～元和九 一六二三）を通じて、蘆名氏・佐竹氏を援助し始めます。天正十四年（一五八六）八月三日付の上杉景勝宛秀吉書簡には、次のとおり石田三成と増田長盛が取次の世話をすることが示されています。

羽柴秀吉直書（切紙）

今度上洛事、誠遠路之心指《こころざし》、不浅《あさからず》候、殊《ことに》重代竹俣兼光（上杉謙信の愛刀）進上之段、別而《べっして》祝着之至《いたりにそうろう》候、令抑留、心静《こころしずかに》上方名所以下、不相残《あいのこらず》見物有之様《これあるよう》ニ、雖可申付候《もうしつくべくそうろうといえども》、其国端々者共、景勝遅々候者《かげかつちちにそうらわば》、可待兼与思召《まちかぬべしとおぼしめし》、下国之儀、早々被仰出《おおせいでられ》候き、然而為礼儀《しかしてれいぎとして》、被差上吉田肥前守候事《よしだひぜんのかみをさしあげられそうろうこと》、悦思食《よろこびにおぼしめし》候、其許被明隙候者《そこもとひまあけそうらわば》、来年者《らいねんは》十騎二十騎之躰《てい》にても罷上《まかりのぼり》、遊山尤《もっともに》候、乍去《さりながら》、欠隙候《ひまかけそうらい》て上洛之儀無用候、委細《いさい》増田右衛門尉、石田治部少輔、可申候也《もうすべくそうろう》

八月三日（秀吉花押）

上杉少将（景勝）どのへ[2]

右の文書は、上杉景勝の上洛に対する秀吉の礼状で、早々に帰国を許すという内容の文面ですが、「委細《いさい》増田右衛門尉（増田長盛）、石田治部少輔（石田三成）、可申候也《もうすべくそうろう》」とあるように、増田長盛と石田三成が上杉景勝の取次として立ち働いていることが分かります。この年の前後、石田・増田たちの上杉景勝との遣り取りを示す手紙が「上杉家文書」には多く収められています。

天正十四年頃から、石田三成グループは、上杉景勝を通じて会津の蘆名氏・常陸の佐竹氏・

宇都宮氏・結城氏たち、北条・伊達勢力と対立する諸大名を政治的・軍事的に援助していたのでした。蘆名氏と佐竹氏戸に挟まれるように位置していた磐城氏・石川氏・白河氏たちは、情勢に応じて蘆名氏か伊達氏につかざるを得ない立場だったようです。

この動きに対して、徳川家康たちのグループも、北条氏に対して富田一白・津田盛月《もりつき》（天文三 一五三四～文禄二 一五九三）たちが上洛の説得をし、秀吉に臣従することを勧めていました。富田一白と津田盛月とは、共に武将茶人としても優れた人物でした。

さらに、このような政治状況を察知してか、伊達政宗も豊臣政権と交渉を持ち始めたのでした。第八章で述べたように、豊臣秀次・徳川家康・前田利家・富田一白・薬師院全宗（大永六 一五二六～慶長四 一六〇〇）たち、豊臣政権の徳川グループと政宗との交渉が天正十五年（一五八七）頃から頻繁になるのも、このような都の政治状況の反映でもあったのでした。翌天正十六年（一五八八）になると、家康グループの政宗上洛要請の書簡がさらに増えるのも、石田三成・増田長盛たち奉行グループの強硬な対北条氏・伊達氏への戦略に対抗するものでした。

たとえば、富田一白は、天正十六年九月十四日[3]、十月五日[4][5]、十二月十二日[6]、徳川家康は、十月二十六日[7]、施薬院全宗は、九月十三日[8]、十二月十一日[9]、十二月二十五日[10]というように、頻繁に政宗に対して、秀吉への臣従と上洛を勧めています。

この時、政宗側から使者として都を往還したのは、良学院栄真（修験の僧。伊達家累代の祈祷の司）・板東屋道有（商人・天正十七年正月四日の茶会に客座衆として見える）・元越（政宗の家臣。同前亭座衆として見える）たちだったことがそれらの手紙から分かります。

政宗は、豊臣政権の秀次・家康・前田利家等の重臣たちと交渉を持ち、石田・増田派の強硬路線に対して、外交政策も展開し始めていたのでした。

## 2 迫り来る佐竹氏・蘆名氏

秀吉政権の徳川家康派からの再々の上洛と臣従の催促があったといえ、天正十七年の状況は、政宗にとって国を留守にする余裕はありませんでした。北方には、大崎氏・最上氏という敵対勢力がありましたし、南には、会津の蘆名氏・常陸の佐竹氏、また、相馬氏も田村氏の領土に度々侵入するという状況だったのでした。

ところが、この四月、敵対していた大崎氏と伊達氏との和睦の斡旋を、最上義光《よしあき》が伊達政宗の母親の「御東」を通じて申し出てきたのでした。

『伊達家治家記録』（巻之八）天正十七年四月十六日の条には、次のように記されています。

当家ト大崎殿和睦ノ義、最上殿（最上義光）ヨリ　御東（政宗の母義姫、最上義光の妹）へ仰

通セラレ、種々御取扱ヒアリ、因《よっ》テ、三箇條ノ題目ヲ以《もっ》テ、今日和議調《ととの》フ、題目左ニ載ス

一　大崎向後《こうご》者《は》伊達馬打同前之事

一　山形江《へ》之《の》辺被相切《あいきられ》、当方へ縁約《えんやく》之事

一　氏一統ニ向後モ不可有違乱《いらんあるべからざる》之事(11)

大崎領に伊達家の軍勢を自由に動かせること、最上氏との今までの敵対的連合を解消すること、伊達家の人々に今後は敵対しないこと、というのが最上義光から「御東」、すなわち政宗の母である義姫《よしひめ》を通じての和睦の斡旋内容でした。この時点で、大崎氏は伊達政宗の軍門に降ることになったようです。

この和睦で、政宗にとっては、北方からの危険が解消しましたので、四月の後半に政宗は米沢城を出発し、五月には、現在の郡山市の蘆名領を攻め、田村領に侵攻した相馬義胤《よしたね》とも戦いました。

五月十九日、二十一日と相馬方の城を落とした政宗は、太平洋に面した亘理〔宮城県亘理町〕の海で、戦の疲れを癒やしたようです。『伊達家治家記録』天正十七年五月二十三日の条には、次のような記事が見られます。

公（政宗）亘理《わたり》表《おもて》海辺遊覧トシテ御出、亘理中ノ船共ヲ召集メラレ、御船ニ召サレ、沖マデ漕出《こぎい》ダサル、御供ノ輩《ともがら》海中遊泳シ、大ニ狂遊ス、且ツ、漁人ヲシテ魚捕ラセ、御覧、既ニシテ御船ヲ磯山《いそやま》〔福島県新地町〕へ着ケラル、此所ニ、亘理殿重宗《しげむね》（亘理重宗）、仮屋ヲ構テ御膳ヲ饗シ奉ラル、乱舞アリ、片倉以休斎（片倉小十郎の伯父、景親《かげちか》）ハ、融《とおる》ヲ舞フ、終日御遊興、入夜《よるにいりて》金山城へ御帰、(12)

政宗は、蘆名氏領を攻め、蘆名氏・二階堂氏〔福島県須賀川市辺りを領有〕を攻め、軍を転じて相馬義胤と戦い、合戦の疲れを重臣の亘理宗重の領地で船遊びなどをして癒やしたようです。「亘理中ノ船共ヲ召集メラレ、御船ニ召サレ、沖マデ漕出《こぎい》ダサル、御供ノ輩《ともがら》海中遊泳シ、大ニ狂遊ス」という描写には、海で船遊びを楽しむ政宗主従の姿がうかび上がります。「恐らくは、海を見た初めてであろう(13)」と小林氏も指摘するように、政宗が見た初めての海が亘理の海であったかもしれません。重宗が用意した仮屋で饗応された政宗は、重臣の片倉景親の謡曲「融」の舞を楽しんだとあります。ここにも、晴宗・輝宗・政宗に仕えた重臣たちも、謡曲などの教養を備えた武将たちであったことが分かり、伊達家の「文化力」の一端がうかがえるでしょう。

五月二十七日には、「葛西大崎、其外《そのほか》、奥筋ヨリ、御加勢トシテ鉄砲五百挺到着ス(14)」、「最上ヨリモ来月朔日《さくじつ》必定《ひつじょう》人数ヲ許多《あまた》差越《さしこ》サルベキ仕度ノ由ナリ(15)」と、葛西氏から鉄砲五百挺、大崎氏から加勢の軍勢が送られるという記事が記されています。

鉄砲五百、数多《あまた》の軍勢の加勢というのですから、先述の最上義光の斡旋による大崎氏との和睦が即座に功を奏した様子がうかがえます。おそらくこの援軍の到来は、政宗からの要請に応えてのものでしょう。和睦を申し出た証しとしても、大崎氏・最上氏は、政宗の蘆名氏との対決に加勢する必要があったと思われます。また、葛西氏は早くから伊達氏とは同盟関係にあったようです。奥州の勢力は、政宗と連合して、蘆名氏・佐竹氏の北進については、危機感を共有していたのかもしれません。

というのも、『伊達家治家記録』には、同二十七日の条に、政宗への加勢があった記事に続いて、「此日《このひ》、佐竹殿義重《よししげ》、蘆名殿義広《よしひろ》（佐竹義重の弟。蘆名氏に養子に入り家督を相続し、政宗の弟の蘆名氏相続の願いを絶った）、須賀川〔猪苗代湖の東南〕へ着陣セラル」(16)と、佐竹氏・蘆名氏の連合軍が近隣の須賀川で合流し、伊達領に北進する状況が目の前に迫っていたのでした。

政宗は、相馬氏を退けた後、即座に近くまで迫った佐竹氏・蘆名氏の連合軍と戦わねばならなくなっていたのでした。

## 3　摺上原の合戦へ

『伊達家治家記録』によると、翌二十八日、田村氏から「佐竹殿、磐瀬郡滑川〔福島県須賀川市滑川〕出陣セラルノ由注進アリ」[17]という飛脚が到来します。佐竹氏・蘆名氏連合軍が、須賀川から北上してきたという報告です。連合軍は、間近に迫りつつあったのです。そこで、政宗は、小梁川泥蟠斎（盛宗）・鮎貝日傾斎《あゆがいじつけいさい》（宗重《むねしげ》）の二人の重臣に対策を相談しました。

ちなみに、この二人は、政宗の祖父晴宗以来の重臣で、第八章で述べた「当世之茶湯稽古」[18]を政宗としていた家臣です。茶の湯が重臣たちとの人間関係を深め、主従の結束の力として機能していたことを示唆しているでしょう。

この相談の席に、伊達茂実が田村から戻ってきて、相馬氏の動きがないことを政宗に知らせます。そして、会津の武将、猪苗代盛国《いなわしろもりくに》（天文五一五三六〜天正十八一五九〇？）が蘆名氏を裏切り、政宗に加勢することを約束していることも報告されます。

成実《しげざね》は、片倉小十郎《かたくらこじゅうろう》とも相談し、小十郎の賛同を得て、政宗に状況を報告したところ、さっそく猪苗代盛国に政宗からの手紙を届け、伊達成実と片倉小十郎も猪苗代盛国のもとへ遣わされたのでした。

政宗は、猪苗代湖の南東方面から佐竹氏・蘆名氏の連合軍が北上する前に、政宗の周辺に出陣している麾下《きか》の武将たちを適宜配置して、蘆名義広の居城がある会津に攻め込むのが得策と判断して、会津攻略に向かうのでした。この政宗軍の動きを察知して、蘆名義広も会津黒川城に慌てて戻ったのでした。

伊達政宗と蘆名義広との合戦は、六月五日、磐梯山麓《ばんだいさんろく》の摺上原《すりあげはら》で火蓋が切られました。『伊達家治家記録』の六月五日の条には、合戦の模様が記録されていますので、まず、かいつまんで合戦の推移を記していきます。

五日辛巳《かのとみ》天気好、巳刻《みのこく》（午前十時前後）、成実《しげざね》并《ならび》ニ一家・一族・家老中召集《めしあつ》メラレ御談合アリ。時ニ「会津ヨリ、大勢働ニ来ル」ノ由披露ス。昨日モ、左様ニ申唱《もうしとなう》ル故ニ、日橋《にっぱし》（会津若松市河東町の東半辺り）マデ打出トイヘドモ、何事ナク罷帰ル。「今日モ虚説タルベキ歟《か》」ト成実申上ゲラル所ニ、最早「人相見ユル」ノ由重《かさね》テ言上ス。成実、書院ノ西方塀際《へいぎわ》へ出テ見ルニ、敵ノ備へ数多ク見ヘタリ。公（政宗）ハ、摺上方ノ見ユル櫓《やぐら》ニ登り給ヒテ御覧アリ。其所へ成実参ラレ、「敵弥《いよいよ》働クト相見ユル間、御人数ヲ出サレ可然《しかるべき》」由申上ゲラル。(19)

午前十時頃、政宗の陣営では、「会津から大勢の敵が迫っています」との報告が入りましたが、日橋まで軍勢を出しても、何事もなく軍勢は戻ってきたのでした。「今日も虚報か」と成実が語っていたところに、「敵の軍勢が見えます」との報告が入りました。成実が書院の西の塀際から眺めると、敵の陣営が数多く見えたのでした。政宗も、摺上原の方を見渡せる櫓から見下ろしているところに、成実が、「いよいよ敵軍が動き出しました。軍勢を出しましょう」と、出陣を勧めたのでした。

政宗の陣構えは、次のとおりと記されています。

即チ、御先手、猪苗代弾正《だんじょう》盛国、二番ハ片倉小十郎景綱、三番ハ伊達藤五郎殿成実、四番ハ白石《しろいし》右衛門宗実《むねざね》、五番ハ御旗本、六番浜田伊豆景隆《かげたか》、左手右手ニハ大内備前定綱《さだつな》・片平大和親綱ヲ仰付ラル。浜田伊豆ハ、最前《さいぜん》田村へ被遣《つかわさる》トイヘドモ、御勢不足因《より》テ、頃間《ころあいに》召還《めしかえ》サル(20)。

内通を約束した武将が先鋒を任されるのは、裏切りがないという誠意を証明するためで、戦国時代では常の事です。二番から六番が主力部隊となります。右備え・左備えの大内定綱・片平親綱兄弟は、兄弟ともに一時政宗に政宗に叛いていましたが、再度政宗に臣従して参陣しました。

## 4　合戦の勝利

戦端が開かれ、しばらくは一進一退の戦況が続きましたが、政宗の旗本たちの奮戦で、敵の陣営が崩れ始めます。

弾正（猪苗代盛国）・小十郎（片倉小十郎）両手ト出会テ戦ヲ始メ、互ニ励テ争戦《あらそい》ス。成実（伊達成実）、右衛門（白石宗実）両手ハ続テ、彼《かの》両勢ノ後ニ控ヘラル。然ルニ、弾正・小十郎、人数足並乱《あしなみみだれ》テ、既ニ崩《くず》ルヘキ歟《か》ト見ヘタリ。因《より》テ、右衛門・成実両手ノ人数行伍《こうご》（隊を組んで整列した列）ヲ揃テ、敵勢ノ眞中へ一文字ニ衝懸《つきかか》リ、手痛ク攻撃《こうげきし》ツ。敵崩レ立テ引退《ひきしりぞ》クヲ、摺上《すりあげ》ノ上マデ追付《おいつけ》ラル。

摺上ノ下ニ、蘆名平四郎殿義広、旗本ヲ備ヘラル。旗本ヨリ推太鼓《おしだいこ》打テ、人数ヲく繰リ出シ、右衛門・成実ノ人数ヲ追返ス。

公御覧アリ。御旗本ノ人数ヲ以テ、守返《もりかえ》シ給フ。大町清九郎高綱、馬場蔵人親成、一番ニ首ヲ討取ル。其外《そのほかの》士卒相励《あいはげみ》テ、又敵ヲ摺上ノ上マデ追着《おいつ》タリ。爰《ここ》マデハ敵モ相戦テ引退《ひきしりぞ》ク。其《それ》ヨリ既ニ摺上ヲ会津ノ方へ追下サルニ及テ、敵勢大ニ崩レ、北方〔喜多方〕ヲ指テ敗走ス(21)。

いったん崩れ始めた会津勢は、摺上原から会津の方に追い下され、喜多方方面に逃げようとしました。喜多方の南に日橋《にっぱし》という地があり、河には橋が架けられていたのですが、内通していた猪苗代盛国が橋桁を外していたのでした。

御人数追懸《おいかかり》ケ、首ヲ討取《うちと》ル事若干ナリ。日橋へ引懸《ひきかか》レル敵ハ、橋ヲバ弾正（猪苗代盛国）兼《かね》テ引タル故ニ、渡ルベキ様ナクシテ、大河ニ崩レ入テ溺死スル者、甚《はなは》ダ夥《おびただ》シ(22)。

「渡ルベキ様ナクシテ、大河ニ崩レ入テ溺死スル者、甚《はなは》ダ夥《おびただ》シ」とあるように、蘆名勢は、壊滅的な敗北を喫したのでした。

蘆名義広は、這々《ほうほう》の体で黒川城に逃げ戻ったのです。伊達軍は、崩れた敵勢を追撃して、敵勢の首を二千五百もとったということです。

扨又《さてまた》、蘆名殿（蘆名義広）ハ、敗軍兵《はいぐんのへい》ト共ニ、稍《よう》ク遁《のが》レテ黒川へ引入ラル。総《そう》テ当家ノ御人数、猪苗代麓《ふもと》ヨリ黒川近辺マデ、田舎道三十里程敵ヲ追撃《おいう》ツ。士卒一人トシ刃《やいば》ニ血ヌラザル者ナシ。即チ、討取ル首共実険シ玉フニ、二千五百級《くび》アリ。（成実記録ニ、首数千五百八十余トアリ。日記ニ従テ、二千五百トス。）（中略）此日、討取首共一堆ノ塚ニ築《きずか》シム。時人《ときのひと》号シテ三千塚ト云フ。(23)

この日討ち取った首を塚を築いて供養したということですが、人々はその塚を「三千塚」と呼んだということです。

蘆名義広は、『伊達家治家記録』の六月十日の条によると、「此夜、蘆名平四郎殿義広、居城奥州会津郡黒川ヲ棄《すて》、同国白川へ出奔セラル(24)」とあり、義広は黒川を去り、実家の佐竹家に逃げ戻ったのでした。こうして、政宗が会津を制圧し、黒川城に居城を移すことになったのでした。

## 5 後年の摺上原合戦の語り

この摺上原合戦を、後年政宗自身が振り返って、次のように語っています。興味深い言葉ですので、少し引用しておきましょう。大軍の会津勢を前にして、いざ出陣という時のことです。

「さてハ、今日の合戦勝利疑いなし。用意せよ、出《い》でん」とする所に、親類衆・家老の面々、我か乗りたる馬をとりまき、「敵ハ、何《いか》ほどあるともみきりなし。其上《そのうえ》、稲苗代《いなわしろ》か事ハ、本より会津代々の家臣、大敵へか丶り給ふ跡より、裏切りはかりがたし。御馬ハ此《この》城に立て給ふて、稲苗代が人数、案内者なれは、先駆けを仰つけられ候へかし」と、みな再三申さる[25]。

出陣しようと勇んでいる政宗の馬の周りに、一門・家老たちが取り巻き、「敵の数はまだ分かりません。その上、内通しているという猪苗代盛国のことは、会津代々の家臣です。大敵を前にして、後から裏切るかもしれません。まず、政宗様は馬をこの城に立てて、猪苗代盛国の手勢は地理に詳しい者たちですので、先鋒を命じてください」と、政宗の出陣を制したのでした。

しかし、政宗は、その諫言を退け、次のように語って出陣したのでした。

各々遠慮　理《ことわり》至極也。さりながら、昨日より、稲苗代が心根いろいろうかがいみるに、忠節に心もとなき事なし。会津勢とり寄する事、稲苗代が心がはり憎しとおもひ、又、小十郎か三四日此城にいたる事も知るべし。しかるところを、弾正に先駆けさするならば、いよいよ憎しみつよかるべし。

無二かかつて一戦をはじめ、我に忠ある稲苗代が中げん一人なり共、めのまへにて討たせてハ面目なし[26]。

「各々の思慮はそのとおりかもしれぬ。しかし、猪苗代盛国の心を察するに、その忠節心は心配ない。会津勢が攻め来るのは、彼の裏切りを憎く思っているからだ。彼等は、片倉小十郎が猪苗代の城にいることも知っているであろう。そんな状況で、盛国に先駆けを命じるならば、いよいよ敵の盛国への憎しみが強くなろう。勝手に合戦を始めて、私に忠節を誓った盛国の家来を、一人なりとも討たせては、私の面目が立たぬ」という政宗の言葉です。そして、家臣たちに次のような言葉をかけて、政宗は出馬したのでした。

その上、心もしらぬもの共に、さきをさせて、物驚き乱れなどすれば、旗本のあし絡みみ、我が矛先に錆つけたるに同じ。馬をのり出し、後より稲苗代が心がわりハ是非なし。出て二度跡へ帰るとおもふべからす。うら切あると見ば、人数を二ツにおし分け、先へ半分、後へ半分、最期所爰《ここ》なりと覚悟すべし。運ハ天にあり」とて、乗り出《い》たす[27]。

「その上、その心も知らぬ者たちに先駆けをさせて、彼等がものに驚き乱れたとすれば、私の旗本の足手まといになり、私の旗本に泥を塗るようなものだ。出馬して、猪苗代盛国が裏切ったならば仕方ないことだ。出馬して二度と戻れると思うな。裏切りがあると思えば、勢を二つに分け、前方に半分、後方に半分軍勢を配置し、ここが死に場所だと覚悟せよ。運は天にあるぞ」と檄《げき》を飛ばして、政宗は出馬したのです。

政宗に寝返ってくれた猪苗代盛国の忠誠心は、すでに彼のもとに派遣している片倉小十郎からも確認されていたのですから、その盛国の家来を犠牲には出来ないという心遣いが政宗の誠実さを感じさせます。

## 6 政宗の作戦

かくて摺上の原を見わたせば、茱萸《ぐみ》の木のあひ〳〵に、色々の旗指物みきりもなくつゞきたり。(28)

政宗が摺上原を見渡すと、茱萸の木々の間に敵勢のいろいろな旗指物が途切れることなく続いていたのでした。そこで、政宗は、家来たちに作戦を下知しました。

爰《ここ》ハ手立ある所とおもひ、惣鉄砲の中より百丁選《す》ぐり、摺上の原のおり口小坂のある沢に、我等自身に乗り回し、足軽一人ツヽ置《おき》付け、二ツ玉につかせ、向ふの高みより、一二間も人馬をおろし、「膝体にてよく試して放すべし。はなしあけたるものハ、鉄砲腰にさし刀ぬき、あとさき見あハせ、一度におめいてかヽり、坂口に敵の支ゆるやうにすべし。そつとも恐ろし事そつともなし」といひふくめ、(29)

政宗は、摺上原の地形を見て、ここは作戦の立て所と考え、鉄砲隊から百挺を選び抜いて、摺上原の降り口小坂のある沢の辺りに自身で馬を乗り付け、鉄砲隊にそれぞれ足軽兵を一人ずつつけて、二発目の準備をする役割を命じ、向かい側の高くなったところに、一～二間くらいの幅で人馬を隠し置いて、「膝をついた姿勢で、しっかり狙い撃て。玉を使い果たしたものは、鉄砲を腰に差して、刀を抜いて前後を見合わせて、一度におめいてかかり、坂口で敵を食い止めよ。まったく恐ろしいことはないぞ」と家来に言い含めました。主自らの自信にあふれた激励が、どれだけ家来たちに勇気を与えたかが想像できます。

そして、成実の手勢と、旗本をその場につけて、次のように命じました。

しげざね（伊達成実）の手勢旗本少々つけて、「鉄砲ふせたる所を、横すぢかいにみて、まんまるに纏いをたて、坂口にて支ゆるとひとしく、横かヽりに後をしきり給へ。我等ハ、よりあひ鉄砲のもの五六十、徒立《かちたち》のものばかりめしつれ、磐梯山のうしろをまわり、山よりおろし、敵の後をしきりうつべし。惣旗本ハ坂口をまもり、本道をすぐに馬をならべてかゝるべし(30)。

「鉄砲隊を隠し置いたところを斜めに見て、部隊を丸い陣形にして、坂口で支えている部隊と同じように、敵の横を衝け。私は、鉄砲隊を五～六十人、徒立の兵ばかりをつれ、磐梯山の後方に回り、山から敵の後方を攻撃するぞ。総じて旗本の隊は坂口を守れ。本道をまっすぐに馬を並べてかかれ」という指令です。斜面を上から攻めてくる敵を，鉄砲隊と成実隊で横から突き崩し、崩れて本道から逃げようとする敵を、旗本の騎馬隊が正面から攻撃する、という作戦でしょう。

其外まとゐをたつる衆は、一まといまといにさきを見合、精兵騎兵の二ツをめん〳〵心におもひ、先衆一戦い疲るゝと見候バヽ、面々鉄砲をはなしかけ、入かへ入かへ敵に息をつかせぬやうに、味方ハ休め休めかゝりてたかふべし。小十郎ハ、稲苗代（盛国）とひとつになつて、心をはなさず、見合《みあわせ》肝要なり」と申ふくめ、我が身ハ、磐梯山に上がり見わたせば、摺上の原ひろしといへ共、みきりも見えぬほど敵つゞきたり(31)。

政宗は、部隊を指揮する部下たちに、「部隊ごとの位置をそれぞれ確認して、徒《かち》部隊と騎馬部隊との配置を面々考えて、前方の部隊が戦うと思えば、後方の部隊が鉄砲で援護射撃をし、入れ替え入れ替え、敵に休ませることなく、味方は休み休み交互に戦うのだぞ。片倉小十郎は、猪苗代盛国と一つになり、お互いの位置を忘れずに戦うことが大切だぞ」と言い含めて、政宗自身は、磐梯山に上がって見下ろすと、摺上原いっぱいに敵が続いてきていたのでした。

政宗の作戦と部隊配置が功を奏して、みごとに会津勢は崩れて、落ちていきました。

しかる所に、坂口の鉄砲なるとおもへば、横かゝりにしげざね（伊達成実）の手かゝるをみて、崩れたちたるほどに、大勢の敗軍なれば、ともかふもいたすべきやうなく、逃ぐるもの馬にふみたをされ、諸道具をなげすて、命をかぎりに逃ぐる。山よりもおろしかけ、「首な取りそ、打ち捨てにせよ」と、下知して田舎道二十余里追打《おいうち》にして、(32)

「逃ぐるもの馬にふみたをされ、諸道具をなげすて、命をかぎりに逃ぐる」という有様ですから、会津勢の総崩れです。政宗は、「首な取りそ、打ち捨てにせよ」、つまり「いちいち首などは取るな。うち捨てて、逃げる敵を追撃せよ」と、敵勢にとどめを刺すように命じたのです。

敵勢を喜多方の南の日橋に追い詰めると、猪苗代盛国があらかじめ橋桁を落としていたので、敵勢は川に落ちて多くが流されたのでした。

日橋へおいつめければ、橋ハ焼け落ちさきへハゆかれず、後より敵にハ追わると、よりどころなければは、馬上も徒者《かちもの》のも、命をかぎりに川へのり入とび入、此川ハ、近国にかくれなき山川の水はやくして、大石おほく、瀬枕うつて、滝のおつる如くなれば、越すべき様なく、人馬ながれ行事数をしらず。(33)

## 7　政宗の感慨

前の記述から、政宗がいかに優れた戦術家であるかが分かります。

政宗は、その夜は、川の畔で明かし、敵が溺れた橋を調べさせると、「橋の板は焼けましたが、所々残っています。行桁は大丈夫です」との報告がありました。そこで、政宗は、その夜に在家の者たちに橋の修復を命じ、翌日、会津攻略を決定したのでした。

「さらば、在家に人遣ハし、夜すがら橋をこしらへさせ、翌日会津へ取かゝる。城ハかくれなき要害由《よし》、人数ハたてこもるべし、よほど手間取るべし」とおもひければ、案に相違して、城主落ちるゝによつて、侍ハ申に及ハず、町人までも、とる物もとりあへず逃げ散り、一人もなし。明城へ取移し、惣《すべて》人数おもひおもひ、心々の家やしきに取うつし、其比極月の末なれば、人に年取の用意をさせて、心やすく越年したり。(34)

政宗は、「会津は隠れない要害で、立て籠もる武将もいるだろう。落とすには手間取るであろう」と覚悟していたのですが、案に相違して、城主の蘆名義広が逃亡していたので、侍から町の人たちまでが取るものも取れずに町を去っていたのでした。

政宗は、からになった会津の黒川城に入り、家来たちも思い思いに屋敷に入り、年末にもなったので、年越しの用意をしたのでした。

この摺上原合戦の顚末を、政宗は、次のように述懐したということです。

「それより押して関東へ出《い》で、天下に旗を上ぐべし」と人々に諌め、「爰《ここ》にて心静かに、玉・薬・武具・兵具用意すべし」と申付る所に、おもひの外大閤秀吉公、関東へ御発向のよし聞ゆ。無下戦終ハり、残多き事限りなしとの給ふ。(35)

「『これから関東に進出し、天下に旗を揚げたい』と家来衆に伝えていて、『ここで、落ち着いて、弾薬・火薬・武器などの用意をしなさい』と、家臣に申しつけていた時に、思いのほか、太閤豊臣秀吉公が関東に発向されたことを聞いたのだ。仕方なく、戦が終わり、心残りが限りないことだ」と、政宗は、東北制圧を遂げた摺上原合戦を振り返っていたのでした。

「関東へ出で、天下に旗を上《い》ぐべし」という言葉は、けっして天下を奪うという意味ではなく、おそらく、蘆名義広が戻った佐竹氏との決戦を、政宗が考えていたことを意味していると思われます。もう少し戦い続けていたかった、というのが政宗の気持ちで、戦国武将としての心意気を感じる言葉です。

しかし、勝利に酔っているどころではなく、この戦いが秀吉政権が出している惣無事令（戦争禁止令）を確信的に破るものであり、北条氏と伊達氏とを滅ぼそうとする秀吉政権の石田三成・増田《ました》長盛《ながもり》派には、格好の征戦のきっかけになってしまったのでした。また、政宗に上洛して秀吉政権に臣従を勧めていた徳川派にとっては、きわめて困難な状況の出現だったのです。

秀吉政権にとっても、摺上原合戦は、政権内部の権力闘争が深刻になるという余波を招来していたのでした。

# 第十一章　参陣前夜と弟殺害

## 1　蘆名氏制圧の反響

天正十七年（一五八九）六月、伊達政宗は、磐梯山麓《ばんだいさんろく》の摺上原《すりあげはら》で蘆名義広の軍勢を破り、蘆名氏の居城であった会津黒川城〔会津若松城〕に入り、蘆名氏を滅ぼし、会津の領土を獲得したのでした。また、『伊達家治家記録』（巻十二）によれば、その年の冬には、石川氏・岩城氏も政宗に帰属することを申し出、和睦が成立しました。

翌年、天正十八年（一五九〇）正月七日の『伊達家治家記録』（巻之十二）記事には、連歌会の発句に、政宗は次のような句を詠んでいます。

御発句

七草ヲ一葉ニヨセテツム根芹《ねせり》
是ハ去年仙道七郡ヲ御手ニ入レ玉フヲ以テ、此御句ヲ詠ゼラルト云々　◯御懐紙御連衆等不伝《つたわらず》(1)

小林清治氏は右の発句を解説して、次のように述べています。

白河・石川・岩瀬・安積《あさか》・安達・信夫・田村のいわゆる仙道七郡を手に入れた得意を表わしたのである。このとき政宗の支配する領地は、宮城県の南半分、浜通りを除く福島県、山形県の南部をあわせ、新潟県蒲原郡の一部と栃木県の一部に及んでいた。伊達氏の勢力下にある葛西・大崎両氏の所領を加えれば、その勢力範囲は宮城県を越えて岩手県の南半分をおおっている。

日本国の半ばにおよぶ(『太平記』)といわれた陸奥国五十四郡と出羽国十二郡をあわせた六十六郡の、その半ばに及ぶ三十余郡が、二十四歳の政宗の手の中にあった。伊達家の領土はこのとき最大に達した。平安の後期に白河以北の地を席巻した平泉藤原氏の勢力と、それが滅んでのち四世紀を経て成立した政宗の勢力とは、奥羽の悠久の歴史にそびえ立つ二つの峰にも比べられるべきものであった。(2)

小林氏が述べているように、政宗は、二十四歳にして奥羽の覇者となったのでした。『伊達家治家記録』の右の発句の前日の六日の記事には、正月十六日に、政宗が出陣を予定していることが記されており、「十六日御出張（出陣のこと）ハ佐竹殿ヲ攻メ玉フベキ御為《ため》ナリ」(3)とあります。すなわち、政宗は、このとき会津の蘆名氏を滅ぼした後、続けて仇敵でもある佐竹氏との決戦を計画していたことが分かります。

前章の末尾に記した政宗の後年の述懐である、「それより押して関東へ出《い》で、天下に旗を上ぐべし」(4)という思いは、佐竹氏との決戦を意味していたことが分かります。

しかし、「おもひの外大閤秀吉公、関東へ御発向のよし聞ゆ。無下に戦終ハり、残多き事限りなしとの給ふ。」(5)と政宗が述懐するように、佐竹氏との合戦は、秀吉政権の小田原征伐の決定によって、自重せざる得なくなったのでした。

第八章や前章でも述べましたように、秀吉政権では、関東の北条氏と東北の伊達氏に対しては、その勢力を駆逐せんとする強行派の石田三成・増田《ました》長盛《ながもり》たち官僚的な奉行グループが、早くから越後の上杉景勝を通じて、蘆名氏・佐竹氏の連合を援助していました。(6)また、彼等は、石田三成を通じて秀吉政権に早く臣従していましたので、蘆名氏と戦ったことは、秀吉の家臣と戦ったことを意味していました。そのことは、国境紛争・戦争禁止令である惣無事令を犯すもので、北条氏の小田原合戦と同様、秀吉政権からの攻撃を覚悟せざるを得ない事態を招くことでもありました。

## 2　政宗擁護派との連絡

そこで、政宗は、黒川城入城の直後の六月十六日に、伊達家代々の祈祷僧である修験僧の良学院栄真を上洛させて、前田利家・富田一白・施薬院全宗を通じて、蘆名氏を滅ぼした経緯を秀吉に伝えたのでした。ところが、上杉景勝によって、はやくも政宗が蘆名氏を滅ぼしたことは、都の秀吉のもとに伝えられていたのでした(7)。

ある意味で、政宗の対蘆名氏・佐竹氏との戦いは、惣無事令違反の確信犯的な印象を秀吉に与えたでしょうし、蘆名氏は、既に秀吉に臣従していたのですから、秀吉の家臣の家を滅ぼすという行為に値していました。

政宗の蘆名氏を滅ぼすに至る遺恨の経緯などは、伊達氏擁護派の家康グループの大名には、政宗から急ぎ伝えられていましたが、上杉景勝からの蘆名氏滅亡の報告は、おそらく上杉景勝の取次《とりつぎ》であった石田三成を通じて、それよりも早く秀吉に伝えられており、秀吉の怒りを誘うものであったようです。

多くの周辺勢力との政略結婚を政宗の曾祖父の稙宗・祖父の晴宗が推し進めていましたから、政宗が戦い続けた多くの周辺勢力は、伊達家との姻戚関係にあったのです。一族が少なく、臣従した多くの家来たちに羽柴姓を与えることによって、疑似血族を形成していた秀吉にとっては、縁戚と合戦を繰り返す政宗の行為には、疑念を持たざるを得なかったのかも知れません。政宗の戦いは、秀吉にとって、当初は一族争いのように受け取られていたのかもしれないのです。

さて、六月十六日の富田一白への政宗の報告の返事（七月十三日付）が政宗のもとに届いていました。

「　　　　　　　富田左近将監
　　　　　　　　　一白（封）」
伊達左京大夫殿
去月十六日之御状、於京都《きようとにおいて》遂拝見《はいけんをとげ》候、抑《そもそも》之儀、被及一戦《いつせんにおよばれ》、悉《ことごとく》平均ニ被仰付之由《おおせつけらるるのよし》、先以尤存《まずもつてもつともにぞんじ》候、就《つきては》其会津之儀ニ、長尾方（上杉景勝）より被申上《もうしあげらるる》ニ付、先度被成御朱印《ごしゆいんなされ》候、則《すなわち》拙者も書状を相添《あいそえ》候、被加御分別《ごふんべつをくわえられ》、御返事肝要存《かんようにぞんじ》候、兎角《とかく》早々殿下（秀吉）様へ御入魂《じつこん》之御理《ことわり》可然存《しかるべしとぞんじ》候、拙子も関東境目之儀付、為御代官《ごだいかんとして》、来十五日ニ罷立《まかりたち》候、下着之刻《みぎり》、以書状可申達《しよじようをもつてもうしたつすべく》候、委曲《いきよく》之段ハ彼客僧《かのきやくそう》（良学院栄真）可被申上《もうしあげらるべく》候、恐惶謹言、
　　七月十三日　　　（花押）

伊達左京大夫殿[8]

文意は、「十六日付の手紙は、京都で拝見しました。会津の合戦に及ばれた次第はもっともですが、上杉景勝から早くも秀吉様に報告されてしまったので、先般、伊達征伐の朱印状が出されています。その写しを添えていますので、よく考えられて、お返事されることが大切です。とにかく、秀吉様に入念に合戦の経緯を説明されることが大切です。私も、関東の国境紛争について、秀吉様の代官として来る十五日に下ります。到着しましたら、お手紙を届けます。詳しいことは、あの客僧（良学院栄真）がお伝え致します」という意味です。

急ぎ秀吉に蘆名討伐に至る経緯を十分に説明しなければ大変なことになる、という富田一白のアドバイスです。

政宗から会津討伐のことを知らされた施薬院全宗も、富田と同日に政宗の側近である片倉小十郎《かたくらこじゅうろう》に同様の手紙を届けています。その手紙の中でも、「以私之儀《わたくしのぎをもつて》、被打果候段《うちはたされそうろうの》、御機色不可然候《ごきしょくしかるべからず》」[9]（私怨でもって蘆名氏を討ち果たされたことは、秀吉様のご機嫌を害しております）とあり、蘆名氏を滅ぼしたという惣無事令違反が、秀吉の機嫌を損ねていることを伝えています。

さらに、政宗から報告を受けていた秀吉政権の重鎮、前田利家も、二十一日付で政宗に手紙を届けています。

御飛札之趣　具《つまびらかに》披閲《ひえつ》、本懐之至《ほんかいのいたり》候、仍《よつて》今度於会津表、被及一戦《いつせんにおよばれ》、即刻被属一篇之由《いつぺんにぞくさるるのよし》、尤珍重《もつともちんちように》候、右通即達　上聞候之所、彼仁之事、最前　関白（秀吉）様江《へ》御礼申上、御存知之儀候、遠国付而、以私宿意不止欝憤之事、御不審被思召之旨、被　仰出候之條、此度之始末、様々御取成申上候、猶以《なおもつて》達而御理被仰上《おんことわりおおせあげられ》可然存候《しかるべしとぞんじそうろう》間、急与《きつと》被指上御使者候者《おんししやをさしあげられそうらわば》、弥施薬院（全宗）、富田左近将監（知信）令相談《そうだんせしめ》、可得御諚候、不可有御油断候、於様子者、良岳（良学院栄真）、板東屋（道カ）宗有申渡候《もうしわたしそうろう》之條、不能詳《くわしくはあたわず》候、恐々謹言、

羽筑

七月二十一日　利家（花押）

伊達左京大夫殿(10)御返報

興味深いことは、政宗の会津討伐に対しては、「本懐之至《ほんかいのいたり》候、仍《よつて》今度於会津表、被及一戦《いつせんにおよばれ》、即刻被属一篇之由《いつぺんにぞくさるるのよし》、尤珍重《もつともちんちように》候」（蘆名氏を滅ぼしたことは、本懐の至りです。そこで、この度、会津で合戦に及ばれ、すぐに会津を征服なさったとのこと、是は立派なことです）と、秀吉政権の中枢にいる前田利家が政宗の勝利を褒めている点です。

たとえ惣無事令違反であれ、見事に合戦に勝利したことを賞賛している筆致は、さすが戦国

下剋上を戦い抜いた武将である利家の心を感じさせるものです。

そして、関白秀吉に報告すると、「すでに知っておるぞ。遠国だといえ、私憤を止めることなく鬱憤を晴らすなどは、どうも合点がゆかぬ」と秀吉が疑念に及んでいる、と記しています。

そこで利家は、「この度のことを様々に取りなしたので、この度の合戦のことについては、経緯や背景を説明するのが第一である」とアドバイスしています。「急ぎ使者を遣わし、施薬院全宗・富田一白と相談して、秀吉からのお言葉をいただきなさい」と伝えています。「こちらの状況は、上洛中の良学院栄真と板東屋宗有（道有とも）に伝えた」と結んでいます。

前田利家から相談せよと名指しされた施薬院全宗は、片倉小十郎と政宗自身にも同様の手紙を出していますし、(11)(12)政宗の使者として上洛していた板東屋道有も、片倉小十郎に、次のような手紙を書いています。

「　　坂東屋より
片倉小十郎殿人々御中　　道有（切封）」
今度《このたび》於会津表《あいづおもてにおいて》一戦、被成悉一返之由《ことごとくいっぺんになさるるよし》、天下無其隠《そのかくれなく》候、就其従政宗様《それにつきてまさむねさまより》、御両三人へ之御書、具《つまびらかに》相届申《あいとどけもうし》候所、則《すなわち》御報被申候、猶《なお》拙子罷下《せつしまかりくだり》、爰許《ここもと》之様子、可得御意《ぎょいをうべく》候、委者《くわしくは》良覚（良岳院栄真）口状ニ可被申述《もうしのべらるべく》候、恐惶謹言、

七月二十二日　　道有（花押）

片倉小十郎殿(13) 参人々御中

「このたびの会津征服については、天下に隠れなき事態です。そのことについての富田様や前田様へのお手紙は、詳しく説明してお届けいたしました。すぐにお返事をいただいています。なお、私も急ぎ会津に下って、政宗様にお知らせいたします。詳しくは、良学院栄真が直接お伝えいたします」という文面です。

「伊達家文書」や『伊達家治家記録』によると、政宗家臣の上郡山仲為《かみこおりやまなかため》・良学院栄真・修験道元越・板東屋道有といった人たちが、政宗の使者として京都に派遣され、政宗擁護派の徳川家康・豊臣秀次・前田利家・浅野長政（長吉）（秀吉の妻ねねの義兄）（天文十六 一五四七〜慶長十六 一六一一）・富田一白・施薬院全宗・和久宗是《わくそうぜ》（秀吉側近、右筆で武勇の人、秀吉と政宗を小田原で取り持つ）（天文四 一五三五〜慶長二十 一六一五）・木村吉清《よしきよ》（小田原で利休の弟子となった政宗の束脩を利休に届けた秀吉側近）（生年不詳〜慶長三 一五九八）といった秀吉側近の人々と連絡を密に取り合っています。

政宗にとっては、四隣の敵対勢力からの侵略に対応せざるを得なかったといえ、秀吉政権の東国・東北対策への配慮・情報収集も、この時には重要な課題であったようです。

九月三日には、政宗家臣の上郡山仲為も浅野長政に、次のように伝えています。

一、上杉景勝のために、政宗の上洛が遅延していること
一、会津蘆名氏には父輝宗の時代から政宗の弟が跡継ぎに入る約束であったにもかかわらず、蘆名はその約束を違え、佐竹氏と組んで佐竹から跡取りを入れ、加えて、白河氏・石川氏・岩城氏・岩瀬氏・相馬氏・大崎氏・黒川氏・山形氏と連合し、佐竹氏も加わり領土を侵略してきたこと。
一、伊達家は、奥州探題の家であり、領土での彼等の所業については、召し出されて調べていただきたい。
一、会津の残党が越後の上杉方に逃げ、伊達家に対して様々な計略を企てていること。
一、これらのことを秀吉様にお伝えしていただきたい(14)。

会津征服の余波は、秀吉政権内部の対東国・東北強硬派に、北条氏・伊達氏を滅ぼすための絶好の口実を与えていましたので、伊達政宗もまた、擁護派の秀吉側近の人々に事情の説明をして、秀吉への取りなしを依頼していたのでした。

## 3　小田原参陣へ

天正十七年の後半は、右のように、伊達政宗と秀吉政権の政宗擁護派、つまり徳川家康たちのグループとの間で、頻繁に使者と手紙が交わされていました。十一月十日付の木村吉清の政宗宛書状には、郡山仲為・遠藤不入斎たちが届けた政宗の書状を、浅野長政・富田一白が秀吉に伝え、

殊《ことに》御一書之趣《おもむき》、即《すなわち》被達上聞《じょうぶんにたっせられ》、浅弾少（浅野長政）、富田左近（富田一白）御両人以御取合《おとりあわせをもって》、御機嫌少相甘《すこしあいあまんじ》候、先以《まずもって》珍重《ちんちょうに》候[15]

とあるように、秀吉の機嫌も少しよくなった、と伝えられています。

同月には、浅野長政と富田一白は、連著して政宗に、秀吉は会津と伊達との双方の言い分を聞いて処分する意向であること、会津征服についてはことわりもなく合戦に及んだ事への秀吉の憤りを十分に考慮すべき事などを告げています[16]。

そのほか、同月二十日には、木村吉清は、政宗に遠藤不入斎（基信）を上洛させて、蘆名氏

を滅ぼした弁解をすべきことを勧めています。[17]同日、浅野長政も、政宗に同様の手紙を届けています。[18]

この同日二十日には、秀吉側近の和久宗是と上洛中の上郡山仲為も、政宗側近の桑折《こおり》宗長・片倉小十郎・原田宗時に、次のように手紙を書いています。

一、秀吉の機嫌もよくなってきたので、浅野長政と相談して、秀吉の処分策に応じるべきこと。

一、北条氏は、年内に上洛の約束を違えたので、来年秀吉は出陣を決めている。よく事態を考えて上洛の使者は遅延しないこと。

一、会津制圧については、仕方ないことであったので、よく相談して弁解すべきこと。

一、重ねて政宗の使者を遅れずに上洛させること。[19]

更に十一月二十六日には、上郡山仲為と和久宗是は、連著して片倉小十郎に政宗の上洛と、秀吉の小田原出陣が迫っていること、秀吉から北条氏への宣戦布告状の写し[20]を送ること、が伝えられています。[21]

そして、年末の十二月五日、豊臣秀次も、北条氏が真田氏（石田三成を取次にして秀吉に臣従していた。この年の十月、真田氏の枝城である名胡桃城を北条氏が落としたことが惣無事令違反として討伐が決定した）との講和を守らなかったことで、小田原出陣が決定したことを告げています。そして、その時には、「被対殿下《てんがにたいせられ》（秀吉）可被励忠勤義事《ちゅうきんのぎをはげまるべきこと》 尤《もっともに》候」（秀吉様のために、小田原に参陣して、忠勤に努めなさい）と、小田原への参陣を勧めています。(22)

同日に、前田利家・浅野長政も連著して、政宗に小田原征伐のことを伝え、一刻も早い上洛を勧めています。(23)前田利家は、更に同日付で、政宗に対して、浅野長政と共に秀吉に取りなしをしていることを伝えて、政宗の上洛を促しています。(24)

十二月七日には、秀吉の側近の斯波《しば》義銀《よしかね》（津川義近とも）（天文九 一五四〇〜慶長五 一六〇〇）も、政宗に対して、秀吉等に取りなしていることを告げています。(25)

右のように、天正十七年の末頃には、秀吉政権の伊達政宗擁護派の武将たちは、必死になって政宗の上洛、ないしは小田原への参陣を勧めて、政宗が秀吉政権から討伐の憂き目に遭わぬよう、書簡を出していたのでした。それは、秀吉政権内部においては、小田原の北条氏を討伐することを画策していた強硬派の石田三成たちとの権力闘争をせざるを得ない徳川家康・豊臣秀次たち擁護派の必死の政宗擁護活動でもあったからです。

小田原北条氏対策については、北条氏の違約により征伐が決定したので、ある意味で石田グループの勝利でもありましたが、それだけに伊達を守ることは、徳川家康たちにとっては、差し迫った課題でもあったのでした。

## 4　交渉最中でも茶の湯の話題

このような京都の秀吉政権の状況は、政宗のもとにも上郡山仲為・良学院栄真・板東屋道有たちから伝えられていましたから、佐竹氏ほかの周辺の敵勢力との合戦を覚悟していた政宗も、対秀吉政権への態度を優先せざるを得なくなってきたのでした。

天正十八年（一五九〇）、正月二十日、秀吉側近の木村吉清は、政宗側近の原田宗時・片倉小十郎に宛てて、秀吉の機嫌がよくなっていること、政宗の使者を上洛させることを伝えています[26]。同日に、浅野幸長（長政の子息）（天正四〈一五七六〉～慶長十八〈一六一三〉）も政宗宛に、秀吉には政宗の言い分を伝えていること、父親の長政も政宗に心を寄せているので心配がないこと、小田原出陣が迫っていることを伝えています[27]。

右のように、秀吉の小田原出陣が間近に迫った状況を、政宗擁護派の武将たちは、政宗に上洛、ないしは小田原参陣を勧め続けています。

この二日後、正月二十二日付の政宗宛斯波義銀（義近）書簡にも、秀吉の出馬が三月一日に決定し、「一刻《いっこく》早速御出馬覚悟　尤候《もっともにそうろう》　事」（一刻も早く小田原に出陣の覚悟をされることが大切です）

と小田原参陣を急ぐように伝えて、「板東屋（道有）重々可令申入候《もうしいらしむべくそうろう》事」と、詳しいことは板東屋に言い含めていると伝えています。[28]

ところが、この手紙で興味深いことに、手紙の最後の条に、

一、茶進入《まいらせいり》候、いかゞ候事[29]

と、「茶を進呈しましたが、いかがでしたか」と、以前に茶を政宗に進呈していて、その感想を求めている文面があるのです。

一門の危機が迫り、北条と与《くみ》するか、秀吉に臣従するかの選択を迫られている政宗に、斯波義銀は、茶を進呈しており、その感想を聞いているのです。

ここには、早く政宗が都の侘び茶に興味を持ち、茶の湯へ傾倒していることを擁護派の義銀も理解していたことがうかがわれます。天正十六年（一五八八）十月二十六日にも、徳川家康が政宗に「無上茶三斤」を送っていたことは第八章でも述べましたが、擁護派の大名衆の間で、政宗の茶の湯への関心が深まっていることも知られていたようです。

正月二十六日には、前田利家の子息、利長（永禄五 一五六二～慶長十九 一六一四）も政宗に上洛を催促する手紙を出しています。[30]

二月二日には、利家も政宗に、「秀吉が政宗の上洛がないことを怒っているので、利家が取りなしていること、家康も五日には駿河に向かうこと、利家は二十日に上野に出馬するので、政宗は会津口から下野に出馬すべきこと、そこで連絡を取り合いたいこと」と、伝えています(31)。

二月の二十一日には、和久宗是と上郡山仲為が、片倉小十郎・原田宗時に政宗の小田原出陣を催促する手紙を出しています(32)(33)。同日に、木村吉清と浅野長政は、政宗に小田原出陣を促す手紙を書いています(34)(35)。

## 5　政宗、小田原参陣を決意

さて、天正十八年（一五九〇）に入っても、政宗の周辺は、相馬氏・佐竹氏への警戒が解けず、北方の大崎氏が講和に叛く動きを見せていました。政宗は、それらの勢力との合戦の準備も進めていたようです。

会津を滅ぼし、東北の覇者となった時には、それまで敵対していた周囲の勢力は、いったん政宗に下りましたが、都の秀吉政権が小田原に攻め込む状況と、苦境に陥るであろう政宗の立場を考えると、再び敵対的な姿勢に転じたのでしょう。

この背後には、おそらく伊達氏を滅ぼそうとする石田三成・増田長盛や上杉景勝たちの動きも推測できます。秀吉政権の擁護派大名たちからの頻繁な上洛催促や小田原出陣要請が繰り返されても、すぐにその催促に従えない政治的・軍事的な事情が政宗にあったのでした。

しかし、三月になると、秀吉の小田原への出陣の知らせと、京都の擁護派からの書状が到来して、政宗は、小田原出馬を決心し始めたようです。『伊達家治家記録』（巻之十二）によれば、三月十三日に、「斎藤九郎兵衛、京都ヨリ下着、上方様体悉ク言上ス」(36)とあり、前節に述べた書状の多くが政宗に届けられ、政宗は事態が緊迫していることを実感したようです。

『伊達家治家記録』三月十四日の記事には、「入夜《よるにいりて》、御談合アリ」(37)とあり、つづいて、十六日・二十五日にも「御談合アリ」(38)(39)と記されていますので、政宗は、重臣たちと秀吉の小田原出陣への態度を相談したようです。おそらく、なかなか結論が出なかったのでしょう。

ところが、二十六日の記事には、「入夜《よるにいりて》、小十郎（片倉小十郎）宅へ御出アリ」(40)とあり、その後に、政宗が「関白殿、小田原ニ向テ御動座ナリ、依テ後詰《ごづめ》ノ義、被相憑《あいたのまるる》ノ間、来月六日彼地表《かのちおもて》へ打出ラル」(41)との記事が続いています。

つまり、緊迫した京都の情勢を実感した政宗は、重臣との相談では結論が出ず、二十六日の晩の片倉小十郎宅での相談で、小田原出陣を決意したようです。

『片倉代々記』の天正十八年三月二十六日の条には、その晩の政宗と片倉小十郎との面談の模様が記録されています。引用してみます。

此月　関白殿下、北条氏政《うじまさ》父子を誅伐として、相州小田原表へ御進発あるべきよし　公聞召及《きこしめしおよ》ばれ、老臣等を召て、「如何《いかが》し給はん」と議せらる、景綱（小十郎）、奉諫《いさめたてまつり》、「速《すみやか》に登り給て、京軍を労問《ろうもん》し給へ」と申上る、老臣等此由を聞て、「既に数万の人数を左右し、今更人を畏《おそ》れ給ふべきにあらず」と議す、景綱云、「今　殿下日を遂《とげ》て、武威益《ますます》強し、其勢敵当すべからず、早く登り給はんずんバ、必《かならず》禍を招れん事近からん、大軍の勢に敵当すべからざる事ハ諺《ことわざ》に譬《たとえ》あり、公是を知召《しろしめ》さずして、其難に罹《かか》り給はん」と申す、老臣等是を聞といへども、猶未一決《なおいまだいつけつせず》と云々、(42)

三月に入り、秀吉が小田原に出陣すると政宗は知り、重臣たちを集めて、対策を相談したのでした。片倉小十郎は、「すぐに小田原に出向いて、秀吉軍に加わりなさい」と諫言しました。重臣たちは、その言葉を聞き、「すでに数万の軍勢を擁しているのですから、今更秀吉軍を恐れる必要はないでしょう」と述べたのでした。

小十郎は、再び、「今関白殿下は、日に日に強大になっています。その勢力にはかないません。早く小田原に参陣しなければ、必ず禍を招くことになります。大軍に敵対してはならぬということは、諺《ことわざ》や譬《たと》えにもあります。このことをご理解されなければ、難儀に遭うでしょう」と諫言したのでした。しかし、重臣たちは、小十郎の言葉を聞くといっても、なかなか結論が出なかったのでした。

そこで、二十六日の夜遅く、政宗は、一人小十郎の館を訪れ、再び小十郎の言葉に耳を傾けたのでした。

二十六日　夜に入、人定《しずまり》て後、公、景綱宅へ御微行《おんひそかにいき》、寝所まで入らせられ、「頃日の諫言、忠誠尤《もつとも》深し、其大軍の勢に敵当すべからざる譬《たとえ》はいかん」と仰らる、景綱、答奉るハ、「殿下の勢、其長すること莫大なり、これと敵対して防《ふせぎ》がたきハ、譬バ、夏生する蝿のごとし、一度に二、三百打潰し、二度、三度まで相防ても、又弥増《いやまし》に生じ来りて、其時至らざれバ、尽《つき》ざることの也、其ごとくにして、今大勢に敵対し給ハん事ハ、御運の末か、老臣等いまだ一決せずして、公ハ御家を失はせ給ふとも、長臣等ハ幸《さいわい》に便宜あらバ、御旗本にも罷成《まかりなる》べきなり、此機を察し給はざる事ハ如何《いかん》」と嗟嘆《さたん》して申上る、公、此諫《このいさめ》を感納し給ひ、小田原御参陣に決せられ、「猶御使を馳《はせ》て、密《ひそか》に上方の様子を覘《うかが》はるべし」と仰ありて、乃《よつて》、帯《たい》させらる所の真守《まもり》の御刀を脱せられ、「伊達の御家に立割・真守とて、両腰の御宝物あり、此真守ハ、其一也」と仰ありて、御手づから景綱に賜ふ、此時の景綱が忠諫、至今《いまにいたり》国人称嘆之《これをしょうたんす》、（真守刀、毎年元朝二月初卯祝儀に帯之《これをたいす》）(43)

政宗は「この前の諫言は、まさに忠節心にあふれていた。大軍の敵に向かってはならないという譬えは、どういうことか」と尋ねたのでした。

小十郎は答えました。「秀吉様の勢力は、増大することは大変な勢いです。これと敵対しても、防ぐことは出来ないというのは、例えば、夏に発生する蝿のようなものです。一度に二三百を打ち潰して、二度三度防いでも、どんどん増えてきて、蝿の季節が終わらなければ、尽きることがない、ということです。そのようにして、今大軍と戦われるのは、ご運の末でしょう。重臣たちの結論が出ずに、政宗様は伊達家を滅ぼされても、重臣たちは、幸いにいろいろなツテがあるので、ほかの主の旗本になれるでしょう。この機をお察しなさらないということは、いかがでしょう」と、涙ながらに訴えたのでした。

政宗は、小十郎の諫言に納得し、感激して、小田原参陣を決意したのでした。そして、伊達家に伝わる名刀を一振り小十郎に与えたということです。この時の忠節を尽くした諫言を、今でも伊達藩の人々は賞賛しているとのことです。

## 6　政宗毒殺未遂事件と弟殺害

さて、政宗が小田原出陣を決心した翌月の五日、『伊達家治家記録』（巻之十三）には、政宗の母義姫《よしひめ》（保春院）による政宗毒殺未遂事件と、政宗による弟小次郎（幼名、竺丸）殺害の記事が記されています。

『伊達家治家記録』は、仙台藩伊達家四代綱村《つなむら》（万治二〈一六五九〉〜享保四〈一七一九〉）の命によって編纂された伊達藩の正史ですので、記事の成立には様々な記録や伝承が素材として検討され編集されています。特に、藩祖政宗の母による政宗毒殺未遂事件や、政宗による弟小次郎殺害のことについては、いくつかの記録や伝承が検討され、この日時に収録されたもののようです。具体的な日時や内容については異説もあったようですが、一応その記事を見てみましょう。

五日丙子《ひのとね》（中略）御西館（母義姫の所）へ御饗応トシテ御出、御虫気（腹痛を伴う腹部の病気）ニ就《つき》テ御帰リ、即チ平復シ給フノ由仰セラル、是、御西館ニ於テ御膳調進ノ時、御供ノ御膳番、嘗《なめ》試ル所ニ、忽チ目眩《くるめ》キ血ヲ吐テ気息絶入ス、公毒殺ノ謀《はかりごと》ナリト知り給ヒ、俄《にわ》カニ御虫気ト称シテ帰セラル、(44)

正史の本文には、母義姫の所に招かれた政宗が、腹痛でお帰りになり、すぐに平癒した、という記事です。ただし、続けて、母親の館でお料理が出た時、御供の毒味係が料理を口にしたところ、たちまち目が回って吐血し死去した、と記されています。政宗は、自分を毒殺するための謀と察して、すぐに腹痛と称して帰宅した、とあります。

右の記事では、政宗は食事を口にしていないように描かれていますが、『伊達家治家記録』は、「或記ニ云ク」(45)として、政宗が毒を食して嘔吐し気絶しかけたところ、母の義姫が政宗の額を手で押さえようとしたのを、「その必要はありません」と政宗が言った時、家来の屋代景頼《やしろかげより》と片倉小十郎とが駆けつけ、政宗を抱えて帰った、とあります。そして、錦織即休斎が薬を調合したと記されています。

『伊達家治家記録』の編者は、右の「或記ニ云ク」の説に対して、

按ズルニ、此説ノ如ク毒ヲ食シ、御気力弱リ給フナラバ、御帰リソノマヽ平復シ玉フベカラズ、御帰リ即チ御平復トハ、其時ノ日記ノ文ナリ、然レバ毒害ノ巧アリト知リ給ヒ、御虫気ト称セラレ、御膳ヲ喫シ給ハズ御帰アリシニ疑ヒナシ(46)

と論じています。すなわち、「もし、毒を食して気絶するようならば、お帰りになってそのまま平復されるはずはない。お帰りになりすぐに平復された、というのは当時の日記の記事である。それならば、政宗様は、毒殺の謀と察せられ、腹痛と称してお帰りになられたに違いない」と注釈しているのです。

つまり、伊達藩の正史としてのこの事件については、政宗は、毒殺を察して食事をせずに、虫気と偽って帰宅したという説を採っています。

そして、その翌々日の七日、政宗は、弟の小次郎を殺害するのでした。『伊達家治家記録』には、次のように記されています。

七日戊寅《つちのえとら》　公、御弟小次郎殿ヲ殺シ給フ、一昨日、御西館ニ於テ、毒殺ヲ謀《はか》ル、何者ノ所為ナリト糺察《きゅうさつ》セラル　御母公ノ命ナル由白状ス、是《これ》小次郎殿御家督ニ立《たて》給フベキ御謀ナリト云云、

公御憤リ甚シ「御母公ノ事ハ兎角《とかく》ニ計《はから》ヒ給フベキ様ナシ」ト仰セラレ、小次郎殿ヲ御前ヘ呼ビ給ヒテ、御扇ヲ遣《つかわ》サレ、即チ御手撃《てうち》ニ為玉《したま》フト云フ(47)、

右の記事によると、即座に政宗は、毒殺を企てた背後を究明します。「御母公ノ命ナル由白

状ス」とありますから、おそらく御西館の者が取り調べられたのでしょう。弟の小次郎を家督に立てようとする企てであった、ということです。

この自白に対して、政宗は激怒して、「母上については、とにかく対処することはできぬ」と判断して、小次郎を前に呼び出し、扇を与えて、即座に手打ちにした、とあります。

つまり、母親が小次郎に伊達家の家督を継がせようとする事を推察して、家督争いの種をなくすために、小次郎を殺害した、と記されています。

しかし、『伊達家治家記録』は、「或記《あるき》ニ云ク」として、次のような殺害の場面を記録しています。

> 公、小次郎殿ヲ呼玉《よびたま》ヒ、御扇ヲ遣《つかわ》サレ、「別ノ扇ヲ所望歟《か》」ト仰セラル、兎角ノ御挨拶ナシ、時ニ屋代勘解由《かげゆ》兵衛・牛越内膳ナド伺候ス、　公　勘解由兵衛ヲ召シ、耳附ニ小次郎殿ヲ害スベキ旨仰付ラル、然レドモ勘解由兵衛、再三辞シ申ス、因《よつ》テ御自身立チ玉ヒ、御脇指ヲ以テ、小次郎殿ヲ二刀ニ撃倒《うちたお》サル、勘解由兵衛ニ「トヾメヲ」ト仰付ラル、即チトヾメヲサシ畢《おわ》ル、其時　公、「小次郎ニ科《とが》ハナケレドモ、母ヲ害スル事ハ不叶《かなわざる》故ニ、如此《かくのごとく》ス」トノ玉フ、(48)

右の「或記」の引用では、政宗は、母親が毒殺を計画したと判断したようです。弟を呼び出して、扇を渡し、「別の扇がほしいか」と聞いた時、小次郎は返事もしなかったのでした。その間に、家来の屋代勘解由《かげゆ》衛にそっと「小次郎を殺害せよ」と命じましたが、彼は再三固辞しました。そこで、政宗は自ら立ち上がり、脇指で二刀差し、勘解由兵衛にとどめを刺すよう仰せつけたのでした。

その時、政宗は、「小次郎に罪はないが、母親を害することはできないので、このようにしたのだ」と語った、とのことです。

## 7 政宗の述懐

政宗の家臣であった木村右衛門が書き残した政宗の言行録に、政宗の言葉としてその時の思い出が記されています。

それは、政宗が母のように慕っていた二人の尼になった女房に、酒宴の折、政宗が語った記録です。まず政宗は、母親についての複雑な思いを述べていました。

父母の御情け山よりも高し、海よりも深しとハ、人の常にいふ事也。然《しか》れども、天道の恐れ多き事なれども、御母儀御東様（母の義姫）へハ御恨みあり。我に疱瘡《もがさ》の煩《わずらい》の時、諸神諸仏へも輝宗公ハ御心を尽くされ候へども、次郎誕生このかた、御寵愛深く、煩《わずらい》のうちに一度見廻給ふて、かくとの給ハぬのみならず、疱瘡に悪《あし》き物などハ贈り給へども、時節到来なければ残命、本復の後、次郎の成人に従て、「伊達の家督ハ二男の継ぐ例なれば、弟の次郎へ代をつがせん」との事也(49)。

「親の情けは山より高く、海よりも深いというが、神仏には恐れ多いが、母親の御東様（義姫）には恨みがあるのだ」と、政宗は話し始めます。

「私が疱瘡《もがさ》で煩っていた（右目を失明した）頃、父輝宗公は、神仏に祈願してくれたが、母上は、次男小次郎が誕生してこの方、病中に一度も見舞いの言葉もくれず、痘瘡に悪いものを贈ってきた。快復の時期が来て、命が助かり本復した後、次郎が成人すると、『伊達家の家督は次男が継ぐのが恒例だから、弟の次郎に伊達家の家督を』とのお考えだった」と、政宗は回顧しています。

政宗の幼少時にも、政宗殺害を忠告するものもいましたが、政宗は、天命だと思いきっていました。家臣たちも、「何とかお考えを」と忠告したのですが、「親の心には背けない」と覚悟を決めていた、ということでした。その頃に、母親からの誘いがあったのでした。

そこで、政宗は、日頃のわだかまりも母親に聞いてもらえば心も和らぐかと、義姫の館に弟を連れて参上したのでした。そして、杯が出されると、母親のそばに、「口包みたる銚子《ちょうし》」（口を封じてある銚子）がありました。その銚子を、義姫は手に取り、「これは、心祝いのお酒です。杯を持ってここへ」と、政宗に勧めるのでした。その時、政宗は、「何とやらん怪しき心いでたり」と、義姫が注ごうとする酒に、怪しい感じがしたのでした。『伊達政宗言行録』は、次のように政宗の言葉を記しています。

不思議と思ひ見るほど、酒の常に変りたる心して、知れぬ匂ひ鼻に入。盃に御酒受けながら、御東の御顔つく〴〵と見て、「あつはれ《あっぱれ》他人ならば、押さへて此酒飲ませません物を」と、恨めしく思へとも、「疑いハ未練のもと、たとへ此酒毒薬にてもあれ、母儀の給はる酒は、天命より授ける事也。運強くは飲みたるとて当たるまじ。死すとも孝の道背くべきかハ」と、慎んでいたゞき、飲むやうにもてなし、御目間《めあい》を見て捨て、「此盃、次郎へさす」といへば、御東、「あれハ倅《せがれ》なり。盃こなたへ、御神酒いたゞき候ハん」とて、自身に注ぎ給ふて、定めて飲む真似めされたるへし。(50)

その酒は、普段と違った匂いがしていたのでした。母親の顔をのぞき込んで、「ああ、これが他人なら、押さえつけて飲ませるのだが」と恨めしく思われたのですが、「母親が注ぐ酒は、天命が授ける酒だ、運が良ければ、毒にあたるまい。死んでも、孝の道には背くことはない」と、謹んで少し飲み、残りをそっと捨て、「この杯を、弟へ」と言うと、義姫は、「いえいえ、あの子はせがれ（「まだ若い」の意）です。私がいただきましょう」と、自身で注いで、飲む真似をしたのでした。

儒教の忠孝の教えを、おそらく若い頃から身につけていた政宗は、この母の態度に疑問を感じたことでしょう。

母にいとまの挨拶の後、表に出ようとしたところ、政宗は、母から小袖をいただきました。この話を聞いている「めうゐい」という尼に、「めうゐいわかき時分にて覚へあるべし」と語っていますので、この現場には、この尼もいたようです。

政宗が表に出ると、政宗は、目がくらみ吐血したのでした。

　さてハ毒薬なりと思ひ、日頃名誉のおぼえある薬を用ると、しるし《効果》ありて、血を吐く事おびたゞし。やゝ久しくありて、心付き汗流るゝ。本心出てそろ〳〵よし。「親にてなくバ」と千度《ちたび》思へり。なるほどみつ〳〵《秘密にして》にして、八九日にやう〳〵起きあがる。[51]

これは毒薬に違いないと思い、妙薬を飲むと効果があり、吐血が続きましたが、気分も収まったのです。しかし、「これが親でなければ」と、何度も思い返したのでした。八、九日後、やっと政宗は快復したのです。このような家督相続をめぐる事態は、父の輝宗もかつて注意していたようでした。そこで、家の滅亡を防がねばならぬと決意した政宗は、弟の小次郎を呼び出したのでした。

朝の事なるに、髪つや〳〵と結いなして次郎来たり。見るより心も弱くなりけれども、「此虫籠とらせん」といひければ、喜び側へ寄りたるを、とつて引よせ、「汝不憫《ふびん》の事なれども、まったく我を恨むる事なかれ。御東（母の義姫）、汝に与へ給ふ罪なり、天罰逃れがたし」と、二脇差指けれは、「倅《せがれ》なれども仰逃れがたし、さりながら、さりとてハ」とて倒れけり。側近き者ども押さへてとゞめをさす[52]。

可愛い弟の姿を見て、政宗は、心弱くなったのですが、「この虫籠をあげよう」という兄の言葉に喜んで近付いた小次郎を、政宗は「御東（母の義姫）、汝に与へ給ふ罪なり、天罰逃れがたし」（お母様がお前に与えなさった罪だ。天罰から逃れることはできぬ）と言うやいなや、脇指で二刀小次郎を刺して殺したのでした。

「兄弟でも兄の仰せは逃れがたいものです。しかし、しかし」と最期の言葉を残して、小次郎は倒れたのでした。

母の義姫に対しては、

母儀の事なれば、さま〲いたわりまいらするに、岩出山の城に移しまいらするに、後の山を忍び、最上《もがみ》へ御出、源五郎殿（最上義光、母義姫の兄）を頼まれ候へども、国乱れこのかた、又此方《こちら》へ呼び取りたてまつれども、御底意残され、故なき御心だて也との給ふ。(53)

というように、様々に世話をして、岩出山城（宮城県大崎市。大崎氏の居城であった。政宗が米沢から葛西・大崎旧領に移封されたのは、天正十九年九月のこと）に義姫を移したのでしたが、義姫は、山越えをして、兄の最上義光《よしあき》のもとに去ったのでした。

『伊達家治家記録』『伊達政宗言行録　木村右衛門覚書』の両方を見ても、おそらく小次郎の年齢は、まだ元服を終えて間もない頃のように思われます。義姫が兄の最上義光のもとに走ったことから分かるように、おそらく、早くから最上氏が伊達家の跡継ぎ問題に介入し、伊達政宗を排除しようとしていたのでしょう。しかし、政宗は、家督問題が起きないように、弟を殺害したのです。その時期は、毒に犯されてから、「八九日にやう〱起きあがる」とあるように、

『伊達家治家記録』のように二日後では有り得ないので、もう少し以前であったと推測できます。母を「岩出山の城に移しまいらする」とありますから、弟殺害後、母とはぎくしゃくした関係が続いていて、旧葛西・大崎領に政宗が移封された後、しばらく居城にしていた岩出山城にいた時に、母は最上氏へ逃亡したようです。後年は、母子の関係は修復したようですが、「御母儀御東様へハ御恨みあり」と回顧しているように、政宗は複雑な気持ちを持ち続けていたのでしょう。

さて、『伊達家治家記録』は、諸説に目を配りつつも、家督継承問題を精算して、政宗が小田原に出陣したことを、出陣直前のこととして正史に位置づけたものと思われます。

# 第十二章　小田原参陣と秀吉との出会い

## 1　底倉押し込め説の誤解

秀吉政権は、北条氏・伊達氏を滅ぼそうとする強行派の石田三成・増田長盛《ましたながもり》たちの官僚的な奉行グループと、政宗擁護に動く武将たち、すなわち徳川家康・豊臣秀次・前田利家・浅野長政・富田一白・施薬院全宗・和久宗是《わくそうぜ》・上郡山仲為《かみこおりやまなかため》・木村吉清《よしきよ》など、秀吉政権の重臣や秀吉側近の武将とは、政権内部で対立を際立たせていました(1)。

徳川家康たち擁護派の厚意や説得を受けて、政宗は小田原参陣を決意し、天正十八年(一五九〇)五月九日、黒川城を出陣し小田原に向かいました。

『伊達家治家記録』(巻之十三)の同日条には、次のように記録されています。

九日己酉《つちのととり》　公（政宗）　関白殿（秀吉）御陣所、相州小田原表へ御参陣トシテ御出馬、片倉小十郎景綱、高野壱岐親兼、白石《しろいし》駿河安綱、片倉壱岐入道以休斎、其外御譜代及ビ会津・磐瀬《いわせ》降臣等、都合百騎許《ばか》リ御供ナリ、(2)

右の記事によれば、政宗は、片倉小十郎《かたくらこじゅうろう》・高野親兼・白石安綱・片倉以休斎（景親）（小十郎の伯父）たち側近、譜代の家臣、会津・磐瀬の降臣たち、わずか百騎ばかりの軍勢で小田原に向かったと記されています。

しかし、政宗が後年語った言行録によると、次のように政宗は振り返って語っています。

我等も秀吉公へ御見舞のため、本道ハ騒がしければ北道へかゝり、馬上わづか五十騎・鉄砲五十・弓五十、鑓《やり》ハ三間柄に油紙に鷹の羽かきたる鞘にて三十挺、二間半柄にして鞘に熊手つけたる二十挺、徒者百計にてのぼり、小田原の近所に休らひ参りたるよし、使をもつて申上る。(3)

右の記事では、騎馬武者五十騎、鉄砲衆五十人、弓衆五十人、鑓衆五十人、歩行衆百人という三百人の陣容で、小田原に向かったようです。

秀吉の小田原陣への後詰《ごづ》めとして参陣したのですから、もしも秀吉からすぐに後詰めの布陣を命じられたとすれば、右の語録の軍勢の数が現実的で、『伊達家治家記録』の記事は、側近衆の軍勢だけを記したのかも知れません。

『伊達家治家記録』では、政宗の小田原着陣は、六月五日のことと記されています。

六月 癸 未《みずのとひつじ》小五日乙亥《きのとい》 公小田原へ御着陣、此由 関白殿ノ上聞ニ達シ、底倉ト云フ山中ニ御宿所ヲ命ゼラル(4)

秀吉は、政宗の到着を聞いて、政宗一行を底倉〔神奈川県足柄下郡箱根町〕で待機するように命じたのでした。

この底倉での待機については、今まで秀吉によって政宗一行が謁見を許されずに、底倉に押し込められたように解釈されてきました。

たとえば、小松茂美氏は、『利休の死』において、次のように述べています。

政宗参着と聞いた秀吉は、一行を箱根の山中・底倉に押しこめさせた。いま、箱根登山鉄道の小涌谷の北、早川の谷底一帯の狭隘の地である。まさしく、天然自然の牢獄であったのだ。むろん、政宗主従に、不安の色が濃くただよったことはいうまでもない(5)。

あるいはまた、小林清治氏も『人物叢書　伊達政宗』で、

秀吉は政宗に謁見《えつけん》を許さず、小田原に近い底倉に押しこめた。底倉は文字どおり摺鉢状の山中である。片倉景綱以下は斬死《きりじに》の覚悟をかためた(6)。

と述べています。

つまり、政宗一行は、到着後、秀吉の謁見をすぐに許されず、底倉という逃げ場のない摺り鉢状の地に幽閉されるような扱いを受けた、という解釈です。

しかし、『伊達家治家記録』は、続けて六日の記事に次のように記しています。

六日丙子《ひのえね》、白石《しろいし》右衛門宗実へ御書ヲ賜フ、

「昨五日、当陣へ参着シ玉フ、各中途マデ迎トシテ打出ラル、先以《まずもつ》テ御仕合《しあわせ》能《よ》キ様子ナリ、扨々《さてさて》、彼一義（会津を滅ぼしたこと）関白殿ヨリモ仰出《おおせいだ》サレズ、尤《もつと》モ此方《このほう》ヨリモ仰出サレズ、如何《いかが》アラン哉《や》、兎角《とかく》　当家御族、大分二年来、上方ニ相聞へ、殊此口《ことにこのくち》（到着した小田原）ニ

テモ、下々（水面下で）其執沙汰《そのとりざた》ノ由ナリ、然レバ自然彼一義、相違《あいたがい》計《はか》リ難《がた》シ、併《しかしなが》ラ、加賀中将殿（前田利家）、浅野弾正少弼殿（浅野長政）、鉢形表ニ在陣アリシヲ　関白殿ヨリ昨日迎ヲ差遣《さしつかわ》サレ、此陣へ招カレ、指南ヲ仰付ラルベキナリ、然《しか》ル時ハ、万々御仕合共《しあわせども》宜《よろ》シカルベキト思召サル」(7)（以下略）

到着した翌六日、政宗は、白石宗実（天文二十二 一五五三～慶長四 一五九九）に手紙を送りました。

文意は、「昨日の五日、小田原の陣に着いた。迎えの方たちが出てこられ、まずもってありがたいことであった。さてさて、会津の一件については、関白様からも何も仰せがなく、勿論こちらからも何も申し上げていない。どうなろうか、まだ分からない。しかし、当家の者も、この二年以来京都には色々使者を差し上げて連絡を取っていて、とくに、この地でも水面下で連絡を取り合っているということだ。だから、会津との合戦のことについては、どう転ぶか分からぬ。しかし、前田利家様、浅野長政様が鉢形城に在陣になられていたのを、関白様が昨日迎えの使者を遣わされ、この底倉の陣にお招きになり、（秀吉との面会のための）指南を仰せ下さるということである。その時には、参陣もよい結果になるであろう」という内容です。

この手紙は、『仙台市史　資料編十　伊達政宗文書一』にも、同日付文書としてほぼ同文で収載されています。(8)ただし、右の『伊達家治家記録』の記事には、政宗への編纂者の敬意が混入していますので、政宗の行為にあたる言葉が敬語表現になっています。原本にあたる手紙は、いわゆる候文体になっています。

右の政宗の手紙からは、今までのような政宗一行が底倉に閉じ込められたような解釈は、明らかに間違いであることが分かります。

なかでも、「併《しかしなが》ラ、加賀中将殿〔前田利家〕、浅野弾正少弼殿〔浅野長政〕、鉢形表〔鉢形城。埼玉県大里郡寄居町大字鉢形。前田利家・浅野長政たちが開城させた〕ニ在陣アリシヲ　関白殿ヨリ昨日迎ヲ差遣サレ、此陣へ招カレ、指南ヲ仰付ラルベキナリ」という手紙の文面には、秀吉が政宗一行の着陣を受けて、政宗擁護派の重鎮・前田利家・浅野長政を鉢形城から呼び寄せ、底倉に派遣したことが分かります。そして、その目的は、「此陣へ招カレ、指南ヲ仰付ラルベキ」ということ、すなわち、底倉に利家と長政を派遣し、秀吉との面会の指南〔指導と打ち合わせ〕をさせることでした。けっして、政宗を底倉に幽閉するような扱いではなく、秀吉との面会のための準備に利家・長政を差し遣わしたということです。

## 2　秀吉の使者の底倉訪問詰問説の誤解

政宗の白石宗実宛の手紙の内容どおり、翌七日、秀吉の使者として前田利家・浅野長政・施薬院全宗たち五人の使者が底倉の政宗を訪問します[9]。

さて、この利家・長政・全宗たちの訪問を、今までは政宗に対する「詰問[10]」・「詰責《きつせき》[11]」と解釈するのが定説のようになっていました。

しかし、秀吉が遣わした前田利家・浅野長政・施薬院全宗たちは、すでに政宗が会津攻略をする前後から連絡を取り合い、会津との合戦の経緯や周囲の敵との合戦の事情を詳しく使者を介して政宗から伝えられていた人たちです。しかも、彼等は、政宗からの事情を受けて、秀吉に報告し、秀吉の怒りを和らげ、政宗に小田原参陣を必死になって勧めていた政宗擁護派の中心人物です。その人たちが、政宗を「詰問」「詰責」するために底倉を訪問するはずがありません。

明らかに彼等の訪問は、秀吉から「関白殿ヨリ昨日迎ヲ差遣《さしつかわ》サレ、此陣へ招カレ、指南ヲ仰付ラルベキ」こと、つまり秀吉から前日命令されて派遣され、底倉で秀吉との面会の指導と準備を伝える使者でした。けっして、今日まで言われている「詰問使」ではありえません。

『伊達家治家記録』によれば、利家たちは政宗に対して、①服属が遅れたこと、②会津の蘆名氏を滅し、黒川城に入ったこと、③親戚にあたる諸家と合戦におよんだこと　を説明するように伝えたのでした。

政宗は、それぞれの点について、事情を詳しく説明し、利家たちは、秀吉に政宗の弁解を伝えたのでした。

政宗の弁明を聞いた秀吉は、次のように受け取ったと『伊達家治家記録』には記されています。

関白殿聞召《きこしめ》シ分ケラレ、御意《ぎょい》ニハ、「政宗ヲ方々ヨリ憎ミタルト見エタリ、然レドモ、会津ヲ攻取《せめと》ル事、慮外被思召間《りょがいにおぼしめさるるあいだ》、会津、磐瀬、安積《あさか》ノ地ハ召上ゲラル、安達郡ノ内、二本松、塩松ハ、尤モノ義ニ思召サレ、下シ給フ」ノ旨、仰出サル、勿論、御本領奥州信夫《しのぶ》、伊達、刈田《かった》、柴田、伊具、亘理《わたり》、名取、宮城、黒川志田郡ノ内、松山分、桃生《ものう》郡ノ内深谷分、羽州置賜《おきたま》郡、以上相替《かわ》ラズ領知スベキノ旨仰出サル(12)

秀吉は、利家たちの報告を聞き、「政宗の事を、様々な勢力が憎んでいたと思われる。しかし、会津を攻め滅ぼし取ったということは、心外であるので、会津、磐瀬、安積の地は没収する。安達郡の内、二本松、塩松は、もっともの義と思えるので、安堵する」と考えました。「安達郡ノ内、二本松、塩松ハ、尤モノ義ニ思召サレ」というのは、大内定綱《さだつな》の謀反未遂事件と、父を殺害した畠山《はたけやま》氏への敵討ち合戦を意味していますので、秀吉は、その戦いを惣無事令違反とはとがめずに、「尤モノ義」と判断したのです。当然、本領の陸奥・出羽の政宗の領地も安堵されたのでした。

利家・長政・全宗たちの底倉訪問は、形式的な尋問であって、政宗の弁解を秀吉に公式に伝えるもので、むしろ秀吉との面会のための準備であったことが分かります。

右のように、秀吉への謁見の前に、政宗着陣が秀吉に伝えられ、鉢形城に在陣していた利家・長政が至急呼び出され、底倉に派遣された、というのが実情だったのです。

さて、利家・長政・全宗たちが政宗の正式な弁明を聞き、秀吉への報告がなされたというスムーズな流れが実現したのは、政宗擁護派の司令塔、徳川家康の背後の働きもあったようです。すなわち、小田原に着陣した伊達政宗は、まず最初に徳川家康のもとを訪れていたようです。

『天正日記』（家康家臣の内藤清成か、清成の家臣数田吉兵衛による記録かと推測される）によると、次のような記事が記されています。

天正十八年庚寅《かのえとら》
六月一日かのと《辛》ひつじ《未》 天気よし　きしゆく《寄宿》　だてどの《伊達殿》、内々にて、この方へ御こし、
ゆふき様《結城秀康》（秀康）より御たのみ也
二日さる《申》　ふる《降る》　「だてとの《伊達殿》、ゆふき《結城》様、御ちそう《馳走》、ふろ《風呂》たくべし」と仰出《おおせいだ》さる
四日大との《徳川家康》様、ゆふき《結城》様だてどの《伊達殿》の御一所に殿下へ御こし也(13)

『天正日記』の右の記事について、小林清治氏は、

家康の臣内藤清成の『天正日記』は、政宗がすでに六月一日と二日に結城秀康（家康の次男）にともなわれて、内々で家康を訪れ、四日には家康および秀康と共に秀吉のもとに出かけたことを記している。『天正日記』の記述内容は正しいとみられるがその日付にはずれがあり、政宗の五日小田原着陣、九日出仕のことは、かれの六月六日の書状や六月十四日の書状などから考えて確かな事実である。(14)

と、日記の日時に疑問を呈しつつ、「『天正日記』の記述内容は正しいとみられる」(15)と論じています。政宗に参陣を勧める政宗擁護派の司令塔、徳川家康のもとに、政宗がまず参上するのが自然で、小田原参陣での筋を通した行為であろうと思われます。「内々にて」という家康のもとへの訪問ですので、公式の記録との日時の違いは問題にならないと思います。

また、四日に、家康・秀康と共に、政宗も非公式に秀吉を訪れていたとすれば、七日の底倉への利家・長政・全宗の訪問は、内々に秀吉・家康の了解を得たものとなり、きわめて形式的な尋問の会であったことも容易に理解できるでしょう。

この『天正日記』については、かつて偽書として評価されることもあったようですが、蓮沼啓介氏の「校訂天正日記の資料価値」によれば、「天正日記の日付の一部を訂正すれば不審はすべて完全に吹き散らされる。天正日記偽書説は完全に崩れ去り雲散霧消する。偽書説は砂上の楼閣である」(16)という評価が提出されており、右の日記本文の内容は、小林氏も指摘するように、正しい内容であろうと思われます。

### 3　利休の弟子を切望した政宗

さて、六月七日に政宗を訪問した利家・長政・全宗は、秀吉に政宗の弁解を聞いた後、次のような政宗からの希望を伝えられます。その伝言が、利休の弟子になりたいという言葉でした。

関白殿ヨリ御使（利家・長政・全宗たち）ヲ以テ、御尋《おたずね》ノ事有リシ節　公（政宗）其事一々答へ了《おわら》セ玉ヒテ後、御使へ「今度《このたび》利休御供シ罷下《まかりくだ》ルト聞召サル、茶湯ノ事聞セラレタシ、各御取持《とりもち》ヲ以テ、参会シ給フ様ニ希《ねが》ハセラル」由仰セラル、此事　関白殿ノ御耳ニ達シ、「政宗、田舎ニ住居シ、奇特ノ事ナリ、殊《こと》ニ進退危《あやう》キ時節、箇様《かよう》ノ事申出《もうしいだ》ス、其器量推察シ玉フ、如此《かくのごとき》ノ者、逆心ハ有間敷《あるまじ》」ト御前伺候ノ輩ニ仰聞《おおせきこせ》ラルト云云(17)、

すなわち、秀吉から派遣された利家・長政・全宗たちとの面会の後、政宗は、「この度、利

休が小田原の陣にお供して下っていると聞いています。茶の湯の事を利休からお教えいただきたい。皆様のお取り次ぎでもって、利休にお目にかかれるようお願いしたく思います」と、利休の茶の湯の弟子になりたいと語ったのでした。

この言葉を耳にした秀吉は、「政宗は、田舎に住んでいるにも拘わらず、なかなか立派な男だ。特に、進退が危ういという時に、利休に茶の湯の事を聞きたいなどと言い出したのか。その器量を推測すると、このような男には、反逆の心はあろうはずがない」と感激したのでした。

すでに述べてきたように、政宗は、周囲の敵との戦いの中でも、徐々に茶の湯への興味を深めていました。

前章までに折に触れて述べてきたように、たとえば、『伊達家治家記録』によれば、天正十五年（一五八七）には、正月行事に「御鷹屋ニ於テ茶会[18]」が登場し、政宗の治世で初めての「茶会」が行われました。

また、その二月には、政宗の重臣が政宗に「御茶差上ゲ饗シ奉ル」「此外、折々所々へ御饗応、或ハ数寄ヲ催シテ饗シ奉ル。略シ不記《しるさず》。」と、重臣たちとの交流に「数寄」すなわち茶の湯が行われるようになったことが記されています。[19]

さらに、その年の九月には、政宗も茶室を建てたようで、同月二十日には、「新造ノ御数寄屋落成ス[20]」とあり、茶室披きの茶会が行われていました。

そして、天正十六年（一五八八）には、政宗は、重臣の鮎貝宗重《あゆがいむねしげ》を「当世之茶湯稽古」[21]に誘っています。

つまり、天正十五年頃から、政宗は、周囲の敵との厳しい戦いの日々に、家臣団の結束を喚起するためにも、茶室で主客が心を一つにするという茶の湯の働きに気づき、茶の湯に傾倒し始めていました。そして、秀吉政権との交渉の中で、利休の侘び茶にも興味を持ち始めたのでしょう。「当世之茶湯稽古」とは、京都で流行っている利休の侘び茶のことと思われます。

そして、天正十七年（一五八九）正月には、会津との決戦に備えるために家臣団を招いた大茶会を開いています。

このような茶の湯への政宗の傾倒は、利休の高弟であった富田一白たちとの上洛・参陣交渉の中で、秀吉政権の政宗擁護派の武将たちにも知れ渡ってきたのでしょう。

さらに天正十六年十月二十六日には、徳川家康が、政宗に「無上茶三斤進之候《これをまいらせそうろう》」[22]とあるように、無上の茶三斤を贈っていたことも述べました。三斤といえば、約一千八百グラムですので、濃茶に使っても、二百人くらいの茶会に用いることが充分出来ます。薄茶でもてなすなら、三百人以上でも大丈夫です。天正十七年正月の結束大茶会の人数が、三斤という家康の贈った茶の量とほぼ対応していることも興味深く思われます。

しかも、「無上茶」といえば、最高級の茶です。家康から贈られた最高級の茶を家臣たちに振る舞って、この大茶会が催されたとも推測できます。家康が贈った極上級の茶ですので、この茶は、当然利休がその年に詰めた宇治の茶であったと想像できるのです。

しかも、小田原参陣を要請する天正十八年（一五九〇）正月二十二日付の「政宗宛斯波《しば》義銀《よしかね》（義近《よしちか》）書簡」にも、「茶進《まいらせ》入候《いり》、いかゞ候事」[23]と、茶の話題が記されていたことは、すでに前章で指摘したところです。おそらく、当時東北地方では茶の栽培はまだ普及していなかったのではないでしょうか。京都から贈られた高級の茶は、貴重な嗜好品であったはずです。

このように、底倉を訪れた利家・長政・全宗たちに語られた「茶湯ノ事聞セラレタシ」という政宗の言葉は、茶の湯へ傾倒する彼の心の流れであったのでした。そしてまた、秀吉が絶大な信頼を寄せる利休の弟子になりたいという言葉は、言外に「今後の取次役（秀吉政権との窓口）を利休にお願いしたい」という政治的な意味も含んでいた言葉だと思われます。[24]

それ故に、秀吉は感激し、「殊《こと》ニ進退危《あやう》キ時節、箇様《かよう》ノ事申出《もうしいだ》ス、其器量推察シ玉フ、如此《かくのごとき》ノ者、逆心ハ有間敷《あるまじ》」と喜んだのでした。

秀吉の軍事戦略は、できるだけ味方の犠牲なく敵城を落とすという戦略です。小田原合戦も、小田原城周辺の支城を落としながら、小田原城は包囲して兵糧攻めにするという長期戦略でした。しかも、小田原の支城の多くは、北条氏方の開城・降伏がほとんどで、秀吉軍の犠牲は大変少なかったのでした。[25]

しかし、東北の伊達氏と合戦をするというのは、秀吉にとって大変リスクの大きな戦略となるのでした。

もしも、秀吉率いる軍勢が、会津を皮切りに伊達軍と戦い北上して米沢以北に進撃するとすれば、相当の自軍の犠牲も覚悟しなければなりません。ところが、政宗は参陣して謝罪の意向を表明し、占領した会津周辺も返還することを受け入れたので、秀吉にとってみれば、これほどありがたい申し出はなかったのでした。若き有能な武将が秀吉の麾下《きか》に属するのみならず、秀吉にすれば、東北で戦うことなく全国統一が叶うことになったのです。

参陣して秀吉に謝罪し、征服地の返還まで受け入れる政宗の度量の大きさに、秀吉は感激したことでしょう。それに加えて、殺し文句のような「今度《このたび》利休御供シ罷下《まかりくだ》ルト聞召サル、茶湯ノ事聞セラレタシ(26)」という政宗の言葉を聞いたのですから、秀吉の喜びは増幅されたことでしょう。今後、利休を取次《とりつぎ》にすれば、伊達氏は間違いなく秀吉の傘下に収まることは間違いない、と秀吉は政宗の力量・度量に感激したのでした。

政宗の小田原参陣は、秀吉・政宗双方にとって、共に犠牲を出すことなく事態を収拾する結果をもたらすものでした。政宗は、惣無事令違反の罪を会津とその周辺の領地を返還するということで赦免を得られました。一方、秀吉は、念願の東北を勢力下に納めることで、自軍の犠牲を出すことなく天下統一をほぼ成し遂げることができたのです。

## 4 『伊達家治家記録』の秀吉との対面

さて、『天正日記』の記事を参照すると、六月一日に小田原に到着した政宗は、家康の次男結城秀康（天正二〜慶長十二 一五七四〜一六〇七）に伴われて、「内々に」まず家康のもとを訪れ、翌二日には、家康から御馳走と風呂の歓待を受けました。(27) そして、四日に家康と結城秀康に伴われ、秀吉のもとを内々に訪れていたのでした。政宗の到着を秀吉に伝えていたのは、家康だったと推測できます。

この非公式な政宗の秀吉訪問は、かつて家康が秀吉の大坂城を訪れ、秀吉政権に加わる前に、一旦京都で家康と秀吉とが面会していたことを彷彿とさせます。つまり、大大名と秀吉との面会は、突然初対面の出会いを避け、一旦非公式に準備のための面会をし、公式の面会の準備をしていたのでしょう。

そこで、政宗の参陣を確認した秀吉は、すぐに鉢形城に在陣していた前田利家・浅野長政を呼び、七日に底倉に在陣していた政宗のもとを訪れさせ、政宗は、九日の秀吉との正式な面会のための「指南」を受けたのでした。

すでに引用した、六日に出された白石《しろいし》右衛門宗実への手紙で、「昨五日、当陣へ参着シ玉フ、御各中途マデ迎トシテ打出ラル、先以仕合能《まずもつてしあわせよ》キ様子ナリ」(28) という内容は、六月一日から五日までの家康訪問のことを述べたものでしょう。「御各中途マデ迎トシテ打出ラル、先以《まずもって》仕合《しあわせ》能《よ》キ様子ナリ」とは、前日までの家康・秀康の世話を意味していると思われます。

こうして、家康の配慮によって、九日の秀吉と政宗の面会が実現したのです。

小田原の北条氏は、家康グループの臣従工作が実らず、石田三成たちの強行派の戦略によって滅ぼされましたが、家康たち政宗擁護派の必死の説得によって、今回の政宗参陣は、政宗擁護派の戦略が強行派に勝利したともいえるのでした。政宗にとっては、この後厳しい強行派の石田三成たちからの様々な干渉がありますが、家康との信頼関係は、この後揺るぎなく続くのでした。

また、家康によって実現した秀吉との面会によって、秀吉もまた政宗を深く信頼することになっていくのでした。そして、秀吉と政宗を繋いだものは、まさに茶の湯であったのです。

さて、『伊達家治家記録』には、政宗と秀吉との面会の記事が記されています。

九日己卯《つちのとう》　関白殿御陣所普請場《ふしんば》ニ於《おい》テ　公御目見《おめみえ》アリ、（御献上物不知《しらず》）、時ニ　関白殿、曲彔《きょくろく》ニ御腰ヲ掛ラレ、　大神君（家康）モ御側ニ伺候シ玉ヒ、加賀中将利家朝臣、其外諸大名伺候セラル、(29)

九日、秀吉の陣所で、小田原城を見通すことのできる石垣山城の普請場で、政宗は広域に秀吉と対面をしました。秀吉は、曲彔（椅子）に腰掛け、家康・利家以下、諸大名が秀吉のそばに伺候していました。秀吉・家康・利家がここに並んで特記されていることは、この会見が家康・利家たち擁護派の連携によって実現したことを暗示しているでしょう。

公御目見畢《おわり》テ、退出シ玉ハントセラル所、関白殿、御杖ヲ以テ、地ヲ指図《さしず》シ玉ヒ、「是《これ》へ」ト仰セラレ、御側へ召サセラル、公、御脇指《わきざし》ヲ指シ玉フ儘《まま》ニテ進出《すすみい》デ給ヒ、御前近ク成テ、思召付《おぼしめしつけ》ラル折節、和久宗是伺候ス、兼テ御入魂《じつこん》ニ就《つき》テ、彼方へ御脇指ヲ投ゲ玉ヒ、御側《そば》へ参候セラル、(30)

政宗が秀吉に謁見した後、退出しようとすると、秀吉は、持った杖で地面をトントンと突いて、「ここへ来い」と、政宗に近く寄るように命じたのでした。政宗は、脇指を刺したまま前に進みましたが、秀吉のそばになって、かねてから昵懇《じつこん》の和久宗是《わくそうぜ》がいたので、彼に脇指を投げ、秀吉のそばに参じたのでした。

関白殿、御杖ヲ以テ、小田原城方ヲ指シ玉ヒテ、其構《そのかまえ》ノ様子、又御攻《せめ》アルベキ術等、悉ク仰聞《おおせきかせ》ラル、　公モ思召《おぼしめ》シノ通リ、憚リ玉ハズ仰上《おおせあ》ゲラル、御懇《ねんごろ》ノ事共ナリ、　公、水引ヲ以テ、御髪ヲ一束《ひとたばに》結バセラレ、異風ニ見エ玉フ、片倉小十郎景綱、高野壱岐親兼、白石駿河安綱、片倉壱岐入道以休斎、其外四五人（氏名不伝）、御目見仰付《おおせつけ》ラレ、太刀目録献上シ奉ル(31)

秀吉は、杖で包囲した小田原城を指して、小田原の包囲陣の説明や、小田原城を攻める場合の戦術について、政宗に詳しく話したのでした。政宗も思ったとおりの戦術を憚りなく秀吉に語ったのです。二人は、きわめて親しく語り合ったのでした。

その時の政宗の衣装は、「水引ヲ以テ、御髪ヲ一束《ひとたばに》結ハセラレ、異風ニ見エ玉フ」と、髪を一束に水引で結んだ異風の姿であったと記されています。これは、秀吉に首を差し出しているという恭順の意志の表現だったと思われます。水引で髪を一束に結ぶのは、斬首し易くするための作法だったのです。秀吉に首を差し出していることを、政宗は姿で表現していたのです。そして、片倉小十郎以下の重臣たちも秀吉にお目見えを許され、秀吉に太刀などの目録を献上したということです。

十日庚辰《かのえたつ》　関白殿御陣所御囲《かこい》（茶室）ニ於テ　公へ御茶ヲ賜ヒ、種々御懇ノ上意、奥州出

羽ノ御仕置《しおき》等ヲ命ゼラルト云云(32)

そして翌十日には、政宗は、秀吉の陣所に設けられた茶室で秀吉の点前で茶を賜り、歓待されたのでした。また、「奥州出羽ノ御仕置《しおき》等ヲ命ゼラル」とあるように、この段階では、政宗は奥州・出羽の統治を命じられたように記録されています。

## 5　政宗が述懐した対面

さて、『伊達家治家記録』の記述は、伊達藩の公式記録としての性格上、きわめて簡潔に書かれていましたが、『伊達政宗言行録　木村右衛門覚書』には、政宗自身の言葉で対面のことが記されています。

（前略）小田原の近所に休らひ参りたる由、使《つかい》をもって申上る。秀吉公より、すなはち、浅野弾正（長吉）承はりて、木下半助（吉隆）に薬院（施薬院全宗）、差し添へられ、「早々、是迠《これまで》の御出喜び入り候。一両日、休憩の上、対面申すべき」由、仰せらるゝを、又、翌日、薬院と今井宗薫、両人、見舞いのようにもてなし、「御見廻の申やう、万《よろず》、懇《ねんご》ろに教へよ」

との御内意なり。いかさま、蝦夷《えぞ》などのように、野山に起き臥し、人の交はりなどは、成るまじき躰《てい》に思召されたると見へたりと思へば、左様《さよう》に取沙汰したるも、尤《もつと》もなり。(33)（以下略）

前述したように、『天正日記』の記事を念頭に置くと、六月一日から四日まで、政宗は、家康に到着を告げ歓待を受けた後、四日に内々に秀吉にも家康に伴われ参陣を告げていたのでしょう。「秀吉公より浅野弾正（長吉）が承はりて、木下半助（吉隆。秀吉の馬廻頭）に薬院（施薬院全宗）が差し添へられ、「早々、是迄《これまで》の御出喜び入り候。一両日、休憩の上、対面申すべき由、仰せらるゝ」という浅野長政たちから伝えられた秀吉の意向は、「一両日、休憩の上、対面申すべき」とありますので、七日の秀吉の使者の底倉訪問に一致します。

そして、『伊達家治家記録』には書かれていないその翌日（八日）には、薬院と今井宗薫（今井宗久の息子）が底倉の政宗のもとに訪れ、「御見廻の中やう、万《よろず》、懇《ねんご》ろに教へよ」という秀吉の指示を伝えに来ました。既に述べたように、秀吉の使者たちの底倉訪問は、秀吉に謁見するための事前の打ち合わせであったことが分かります。

「いかさま、蝦夷《えぞ》などのように、野山に起き臥し、人の交はりなどは、成るまじき躰《てい》に思召されたると見へたりと思へば」とあるように、秀吉が政宗たちを「蝦夷《えぞ》人のように野山で生活し、人々との交流など出来ない者」と考えていたことも、面白い言葉でしょう。よほど田舎者と秀吉は想像していたのかも知れません。

そして、全宗と宗薫は、面会時に袴着用のことと、十徳（旅行服）を着用するように助言し、十徳を政宗と共の衆の分を届けてくれたのでした。

こうして、九日の秀吉との対面が実現したのでした。

秀吉の陣屋の周囲は、「諸軍勢綺羅星《きらぼし》の如く並み居たり(34)」という様子で、政宗の従者は、「供衆は御白洲に並み居(35)」控えたのでした。

秀吉は、堂々と「天下は秀吉が太刀風に惧《おそ》れ靡《なび》き従ひ候。御心易かるべし(36)」と、天下統一間近になった状況を誇らしげに政宗に語り、政宗も、本能寺の変以来の秀吉の活躍を褒め称えて、「せめて、一両年も遅く関東御発向に於ては、某《それがし》（政宗）此方より箱根を越し御対面申上ぐべき物を(37)」と、あと一、二年遅く秀吉が関東に出陣していれば、私も箱根を越えて都に参上し臣従したものを、と返答しました。この言葉には、秀吉政権に刃向かう意図はなく、会津攻略まで上洛できなかった事への弁解も意味していたと思われます。

秀吉は、政宗の言葉を聞いて、「いかにも、もっとも、もっとも、さぞ、思われけめ。いつとても、都近国にてなくば、思ふ様に、上方は望まれまじき様に身共は思はれ申す(38)」（成る程もっともなことだ。そう思われるのは当然だ。普段から東北にいるのだから、都の近国でないので、思うように上方に参上することは難しいと私も思っていたよ）と、返答しました。この言葉は、上洛せずに、小田原に遅参したことを許すぞ、ということを意味しているでしょう。
二人の対面は、公式には初対面ですが、お互いに腹を割った心の通った会話がなされたようです。おそらく、家康側からの政宗の人柄などの情報も秀吉には届いていたのかも知れません。

いろいろ、さまざまの御咄《おはなし》、初対面なれども、御底意（下心）なき様に語り給ひて、「此上は互ひに申し合わせ、此の表に心許なき事はなく候間、人馬、五、七日も休息めされ候はば、国許《くにもと》へ早く下り給ひ、奥州の仕置（取り締り）任せ入るにて御座候。尤も、検使は、此方取り鎮め遣すにて候。秀吉に背く輩、よき様に計らい給ふべし」とて、先づ、御盃出で、即ち、高盛りしたる御膳にて、御振舞出る。(39)

秀吉は、屈託ない態度で政宗と会話を交わし、「この陣営では心配することはないので、人馬を五日でも、七日でも休めて、国許に早く帰国しなさい。奥州の取り締まりはまかせよう。ただし、仕置の役人たちは、我々の方から派遣するので、秀吉に逆らう者は、貴方が成敗しなさい」と語り、政宗を食事でもてなすことになったのでした。

## 6　秀吉の政宗歓待

さて、秀吉の心を込めた政宗への振舞《ふるまい》が、政宗によって述懐されています。

箸を御取直《とりなお》し、秀吉公の給《たま》ふは、「陣屋にて斯様《かよう》の料理などは、定めて奢《おご》り物。天下は久しかるまじき、とは思はれ候はんづれども、是は初対面と申し、第一、上方模様（京都のありさま）見せ申さんため、又、何をがなど存じて馳走なり。逗留の内、近代上方にて流行る茶の湯に合せ申すべし。弾正（浅野長政）・薬院（全宗）」との給《たま》ふ間、「添けなき仰せ共にて、御座候。斯様《かよう》の体たらく、天然（自然と）上方牢人（上方から政宗を頼ってきた者。牢人は浪人の当て字）の躾方《しつけかた》存じたるものの咄《はなし》には承り及び候。見申す事は、始めにて候。食べ様も、さぞ御座あるべけれ共、旅宿、今朝、罷り出で、時分能く候間、連々《つらつら》、腹に不足なき時、箸使いは薬院を師匠に仕るべし。御茶の湯と哉らんも見申し度き物」と申候へば、「気味よき（気持ちよい）挨拶かな」と笑ひ給ふて、(40)

二人の前に置かれた本膳料理（武家が客をもてなす時の料理）の箸を、秀吉は取り直して、次のように政宗に語りました。

「陣屋でこのような立派な料理を出すのは、あなたはさぞ奢《おご》っていると思い、わしの天下も長くはあるまい、とお思いでしょう。しかし、今回は、初対面であるし、京都の文化を貴方に見せようと思い、何がよかろうかと考えての御馳走なのだ。逗留なさっている間に、近頃上方で流行っている茶の湯を見せてあげよう。おおい、長政・全宗よいか」と、秀吉は語ったのでした。

政宗は、それに応えて、「忝《かたじけな》い仰せです。我々田舎の者は、自然と上方から流れてきた人で、本膳料理の作法を知っている者から話では聞いておりましたが、見るのは初めてでございます。食べ方の作法もきっとあるでしょうが、旅をして今朝罷《まか》り出たところで、ちょうど食事時でもございます。食事をいただいてから、箸の使い方は、施薬院全宗殿を師匠にいたしましょう。茶の湯というのも、見たいものです」と述べたのでした。

この政宗の受け答えに対して、秀吉は、「なんと気の利いた返事じゃ」と笑ったのでした。

食事が終わり、薄茶を運んできた小姓に、秀吉は、「側に置いてある太刀を政宗殿にお見せなさい」と伝えました。小姓が、「この太刀でございますか」と言うと、秀吉は、二、三度頷いて、「これからは、この太刀をそばに置きなされ」と、小姓に太刀を政宗の所に持ってこさせました。

政宗は、遠慮気味にそれを拝領し、「もったいない」と、その太刀を受け取り、そばの腰掛けに立てかけ、自身の太刀を小姓に渡したのでした。

政宗が秀吉に渡した太刀は、「備前大一文字、骨不知《ほねしらず》とて、二尺九寸二分、大平物。抜けば玉の散る如くなるを、樫の木柄《きつか》の角目《かくめ》なるを、柿の糸縄にて巻たる長柄《ながつか》、鞘《さや》は朱塗、金の筋金通し、胴金二所じめ、丸茶碗の如くなる鍔《つば》を打ち、紅の腕貫《うでぬき》（刀の柄から手が離れぬように鍔などに取り付けた革の緒）付け[41]」てある勇壮な太刀でした。

秀吉氏は、政宗の太刀を見て、次のように感嘆します。

「扨も〳〵、手の内の良き事、此の鍔にては水の底を走る共、鞘に水入るまじきなり」とて、差し給ひて、「身共も若き時分、徒奉公《かちほうこう》する時は、長刀の如く好きたる」とて、すらりと抜き、「扨もさても、見事なる刀かな。壊疽《えそ》・瘧《おこり》は三年と雖《いえど》も、五年の瘧も落ちぬべし。上方拵《こしらえ》さこそ温《ぬ》る目に、おかしくや思はれけめ[42]」

「なんと扱いやすい太刀だ。この鍔では、水の底を走っても、鞘に水は入らないだろう」と、秀吉は語り、腰に差してみて、「わしも、若い頃、足軽風情の頃は、このような長めの刀が好きだった」と述べて、すらりと太刀を抜いて見せました。そして、「まったく、見事な太刀じゃ。これは護《まも》りとしても、重病を寄せ付けぬものじゃ。上方の太刀は、さぞ弱々しくおかしく思われるのではないか」と、政宗の太刀を褒めたのでした。

さて、秀吉は、「さあ、小田原の様子を見せてあげよう」と、陣所の屋方の障子を開け、庭の坂を上った一段高くなったところに上ったのでした。

「いざ小田原の様子見せ申すべし」とて、御開きの障子を開け給ひ、御庭の小坂のありて、一段高き所へ上り給ふ。其時、御白洲《しらす》に居たる我等の供の侍共、四、五十人、秀吉公を見申さんとて、諸軍勢の中を押分けおしわけ、出候へ共、憚かって誰人《たれびと》、下知する事もなし。其時、秀吉公、床几《しょうぎ》に腰掛け給ひながら、御後を帰り見（顧み）給ひ、両の御手にて帯元を押し下げ、肘を怒《いか》らし、伸び上り、「是こそ秀吉といふ似非者《えせもの》（ばか者）なり、政宗の供の者共、よく見て奥州に下り物語にせよ」とて笑ひ給ふ(43)

この時、白州で待機していた政宗の家来衆四、五十人が、秀吉を見ようと思い、諸大名の軍勢の中を押し分けて近づいてきたのでした。秀吉の前なので、誰一人として政宗の家来が人々を押し分けて近づくのを止める者もいなかったのでした。

その時、秀吉は、政宗の家来衆を前にして、床几に腰掛けながら、後ろを振り返り、両手で帯元を押し下げて、肘を怒らして立ち上がり、「これこそ秀吉という大馬鹿者よ。よく見て、皆の者、奥州に下って語り伝えよ」と笑ったのでした。

その後、政宗の家来が持つ鑓を秀吉は見て、「先ず以って熊手鞘《くまでさや》、聞へたり。何れへも打ちかけ、打ちかけ抜くためか、油紙の鞘、もっともなり。雨には濡《ぬら》さで、そのまま突くべし。柄の長さはよし。万《よろず》、巧者ばかりにもなく、利口なる人かな」(44)（まずもって、政宗軍の熊手の鑓の鞘、噂では良く聞いている。どの方角にも戦うことが出来るものだ。また、油紙の鞘の方は、もっともなことだ。雨の時も鑓の先を濡らさずに、そのまま突くことが出来る。柄の長さもよい。あらゆる事について、優れた才の持ち主であるだけでなく、利口な人よ）と、政宗を褒めたのでした。

そして、政宗を近くに呼び寄せ、「我等の右の肩に御手をかけ給ふて、御指を差し、彼方此方、いちいち語り給ふ」(45)（私の肩にお手をかけなさって、指を指して、あちらこちらと小田原の陣営の様子を説明された）というように、政宗には心を開いて陣所から見下ろせる小田原の陣営の様子を説明したのでした。

さて、秀吉は、在陣する石垣山城を案内し、「昨晩まで見ない間に、今宵一晩の内に、白壁を張り巡らせた。小田原城から見れば、のんびり籠城している間に、一夜でできた不思議な城と見えるぞ」と誇らしげに語ったのでした。すると、政宗は、即座に、

「げに」と見申せば、「一夜にはおびたゞしく、塗りたる塀にて御座候。あれは、皆、紙に

て張り付けたるにて、御座候はんか」と申上げれば、秀吉公をはじめ、同公（伺候）の諸大名、「もっともの事なり」と感ぜられけり。後日に聞けば、皆もって、紙なりと聞ゆ。(46)

と、「たしかに、一夜でおびただしく塗り込めた壁でございますな。しかし、あれは紙で貼り付けたものではございませんか」と見抜いたのでした。秀吉に付き従っている諸大名も、政宗の鋭い観察眼に驚いたのでした。

政宗が、「城（小田原城）の模様（様子）、十日は堪え申すまじきと見え待りぬ(47)」と小田原城の落城を予想しますと、秀吉も、「何れもその蔑《さげす》みなり(48)」（わしもそのように予想しておる）と述べました。おそらく、秀吉は、政宗の武将としての力量に感心したことと思われます。

御暇申し立ち候へば、送り給ふて、「明日は奥州に珍しき利休所（利休の建てた茶室）にて、茶の湯に会い候へ。相客は指図申すべし。明後日は、此の陣屋にて、茶の湯申すべし」、浅野弾正、指南にて仰せ渡さる。其の日は、浅野弾正陣所へ見廻方々、首尾能く帰国す、との給《う》ふ(49)。宣

政宗が挨拶をして立ち去ろうとすると、秀吉は、見送りに出てきて、「明日は、奥州では珍

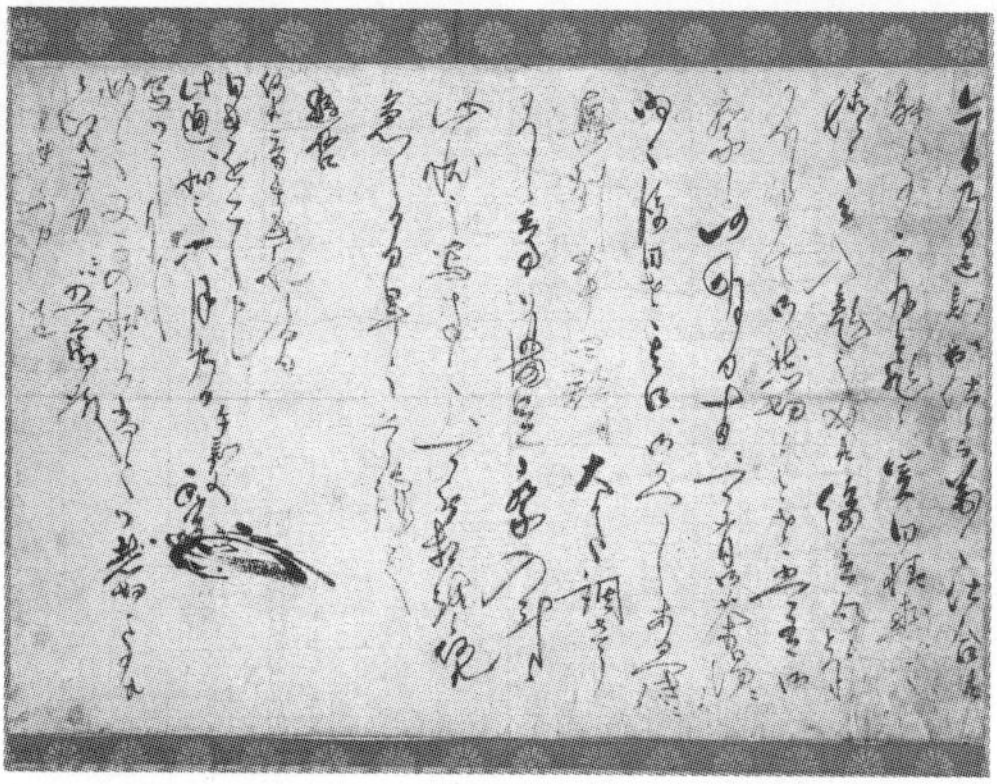

図21　伊達政宗書状（伊達五郎成実宛）（宮城県図書館蔵）

しい利休の茶室で茶の湯に来なさい。明後日は、この陣屋で茶会をしよう」と述べ、浅野長政に茶の湯の指導をするように命じたのでした。「奥州に珍しき利休所」というのは、この秀吉の陣所に利休が侘びた茶室を建てていたのでしょう。次章に述べますが、このとき利休は体調を崩していて、政宗の参陣には立ち会えなかったのでした。このように、政宗は、浅野長政の所へ御礼かたがた挨拶に参上して、戻ったのでした。

この面会の直後、政宗は、会津で留守番をしていた伊達成実に報告の手紙を書いています（図21）。

今日九日巳刻出仕《みのこくしゅつし》候て、万々仕合はせとも能《よ》く候こと、是非に及ばず候。関白様直々、種々御入懇《ごじっこん》の義とも、言句《げんく》を絶し候。とてもかほどまで御懇切《ごこんせつ》候とは、御察《おさつ》し有るべからず候。仍《よ》つて明日十日に御茶湯《ちゃのゆ》有るべきに候。明々後日は、その口《くち》へ御かへしあるべきに候。奥州五十四郡も、大かた調ひさうにて候。旁《かたがた》御満足察し入るばかりに候。此状《このじょう》の写し、方々へ相越《あいこ》さるべく候。何とも急ぎ候間、早々、恐々謹言。

六月九日　午刻《うまのこく》　政宗（花押）

五郎殿

追啓、

何とも取り紛れ候間、日きをこし申し候。此通りへ状の写し御こし候べく候。必々、又この状より尚々御懇切の事ども候得ども、書中には□□れ申さず候。以上。(50)

（記）（越）

「関白様直々、種々御入懇《ごじっこん》の義とも、言句《げんく》を絶し候。とてもかほどまで御懇切《ごこんせつ》候とは、御察《おさっ》し有るべからず候」という文面には、秀吉との面会で歓待された感激が収まらない政宗の興奮まで伝わってきます。そして、明日の茶会への期待と、奥州五十四郡の領地についても、希望的な見通しを持ったことが記されています。秀吉もまた、この青年武将に感激したことは間違いありません。

# 第十三章　政宗上洛

## 1　政宗、利休に束脩を届ける

天正十八年（一五九〇）六月九日、政宗は、小田原陣中の豊臣秀吉と対面し、翌十日には、秀吉の招待で茶の湯でもてなされました。

帰国を許された政宗は、その時の感激を十四日付の家臣某宛書状に記しています。そこには、「（前略）同十日朝ニ茶之湯ニ而被召出《めしいだされ》、名物共御為見、就中《なかんずく》天下ニ三ツ共無之御刀・脇指《わきざし》直談被下《くだされ》候、其外御入魂《じっこん》之儀共、不及是非《ぜひにおよばず》候(1)」と、十日の朝の茶会に招かれ、名物道具を拝見し、天下に三つとない太刀と脇指を直接下賜されたことが記されています。さらに、秀吉の心こもったもてなしを「不及是非《ぜひにおよばず》候」（言葉では表せないほどだ）と述べています。いかに秀吉が心を込めて政宗をもてなし、政宗もその心遣いに感激したかが分かります。『伊達家治家記録』（巻之十三）同日の条にも、「十日庚辰《かのえたつ》　関白殿御陣所御囲《かこい》ニ於テ　公へ御茶ヲ賜ヒ種々御懇《ねんごろ》ノ上意、奥州出羽ノ御仕置等ヲ命ゼラルト云云」(2)と記録されています。

さて、右に「関白殿御陣所御囲《かこい》」とあるのが、前章で秀吉が語っていた「奥州に珍しき利休所」と思われます。「御囲」というのは、小間の茶室ですから、おそらく利休が秀吉の陣所に茶室を建てていたと思われます。

政宗は、十日に念願の利休との対面を期待したに違いありません。しかし、この時、利休は病気で政宗との対面は叶わなかったのでした。そこで、政宗は茶会が終わった後、早速利休に束脩《そくしゅう》（弟子になる挨拶）を届けました。

その時の利休の礼状が残っていますので紹介しましょう。

政宗公唯今御尋《おたずね》之事、外聞忝《かたじけなき》次第候。抑《そもそも》、御太刀一腰、馬代金拾両拝悦、是又過分。尤《もっとも》唯今為二御礼一《おんれいとして》可レ令二伺候一《しこうせしむべき》処に、養生刻《のみぎり》、関白様御成之《おなりの》時も、不レ可二罷出一《まかりいずべからざる》御法度、蒙レ仰之条《おおせをこうむる》、乍レ恐《おそれながら》、御礼令二不参一《まいらざらしめ》候。御存旨、貴所（木村吉清）政宗様へ被二仰上一《おおせあげられそうらわば》候者、可レ為二本望一《ほんもうたるべく》候。拙者相似自由《じゆうにあいにて》、令二迷惑一《めいわくせしめ》候。恐々謹言。

六月十日　利休

易

木村弥一右衛門尉殿　御陣所(3)

「政宗様がただ今私のことをお尋ねになったと聞きまして、忝い次第です。太刀一腰と馬代として金十両いただきました。これはまた過分なことです。もっとも、すぐにでも御礼に参上しなければならないところですが、病気養生中で、関白様がお成りの時でも出てきてはならぬと仰せを蒙っていますので、恐れながら御礼に参ることが出来ません。こちらの思いを、貴方（木村吉清）から政宗様にお伝えいただければありがたく思います。私、身勝手ではございますが、直接御礼に出向くことが出来ず申し訳なく思っています」という文面です。

ところで、政宗の束脩を利休に届けた木村弥一右衛門尉は、木村吉清《よしきよ》という武将で、かつて荒木村重や明智光秀に仕えていた武将ですが、見出されて秀吉の家来となりました。官吏としても武将としても優れた器量の持ち主で、秀吉の側近の一人でした。

さて、天正十三年（一五八五）の末から十四年にかけて、石田三成・増田《ました》長盛《ながもり》たち対北条氏・伊達氏への強行派は、越後の上杉景勝を通じて東国・東北政策を進めました。この時、木村吉清は景勝の取次役として、三成・長盛と共に行動を共にしていました。(4)〜(7)しかし、この年の十月、徳川家康が秀吉政権の筆頭大名として、そして対東国・東北政策担当大名として政権に加わると、木村吉清は、徳川派に属したようです。信長時代からの武将は、家康の人間性やカリスマ性に惹かれるところが大いにあったのでしょう。ちなみに、政宗の師となった利休もまた家康と親しい立場でした。

そのような背景があったからか、三成・長盛たち強行派からすると、対北条氏・伊達氏への融和派である家康に接近した吉清は、裏切り者として見られたに違いありません。

後述しますが、東北の大名再配置（奥羽仕置）において、改易された葛西氏・大崎氏の広大な三十万石ともいわれる領地に、たとえ武功があったといえ、たった五千石の吉清が新領主として移封されたのは、統治不可能な状況に吉清を陥れ、その領地に一揆を誘発させ、一揆鎮圧に向かう政宗や、会津に移封された蒲生氏郷に、一揆鎮圧での責任を取らせようとする石田・長盛たち奉行グループの策動であったと思われます。

いずれにせよ、木村吉清は、小田原で政宗と利休との仲介をした武将で、対面は叶わなかったにせよ、政宗は、利休の生涯最後の弟子となったのでした。

## 2　奥州仕置の側面

秀吉から歓待を受けた政宗は、六月十八日頃、秀吉から許されて小田原を後にしました。

小田原の北条氏は、七月五日に秀吉軍に投降し、十三日には、秀吉は小田原城に入城します。

ここで、徳川家康は、関東に移封されました。秀吉政権では、家康は関東・東北の政策担当をになっていましたから、関東に家康を配置するというのは、家康を京都から遠ざける意味もあるといえ、筋の通った移封でもありましたので、家康も移封を受けざるを得なかったのでしょう。ただ、家康にとっては、北方に佐竹氏・上杉氏という石田三成と通じた敵対的な勢力が控えていますので、伊達政宗の存在はより重要になったと思われます。

七月二十六日、宇都宮に到着した秀吉は、北関東と奥羽の諸大名に出頭を命じたようです。「伊達家文書」には「伊達政宗宛　木下吉隆書状(8)」が収められています。そこには、宇都宮で奥羽仕置の方針を示すこと・そのために五、六騎でよいから使者を遣わすこと・最上義光《よしあき》にも出頭を命じたこと・奥羽仕置には政宗の意思を参考にすること・不行き届きの者には秀吉の上使を遣わすこと・妻子（御足弱衆）の上洛を命じること、などが示されています。

この宇都宮出頭命令以前に、政宗は、すでに宇都宮に向けて出発していたので、道中でその書状を読み、宇都宮では秀吉の歓待を再度受けたようです。

右御朱印等到来セザル以前ニ、公御迎ヒトシテ米沢ヲ打出玉フ、中途ニ於テ御朱印（木下吉隆書状）御拝見有テ、宇都宮へ参上セラル。然ル所ニ、関白殿御囲《かこい》ニテ、御手前《点前》ニテ御茶ヲ賜フ。片倉小十郎景綱相伴ニ召加ヘラル。其上　公へ御意ニハ、「今度奥州御仕置ノタメ、浅野弾正少弼《だんじょうしょうひつ》（長政）、木村弥一右衛門尉（吉清）、御人数相副へ差遣サル、政宗ハ先へ罷下り、同道可仕《つかまつるべき》」旨仰出サレ、卯花威《うのはなおどし》ノ御冑《かぶと》御錣《しころ》（毛色御具足ニ同ジ）、御団扇相副《あいそ》ヘラレ、「此御具足ハ、西国・東国マデ召セラレ、天下思召ノ儘《まま》ナル」ノ由、御意有テ拝領シ玉フ、御仕合《しあわせ》残所ナク米沢へ御帰城ナリ(9)

宇都宮に参向した政宗を、秀吉は再び歓待しています。「関白殿御囲《かこい》ニテ、御手前《点前》ニテ御茶ヲ賜フ」と、秀吉自らが茶を点ててもてなし、側近の片倉小十郎《かたくらこじゅうろう》までが相伴を許されています。その時、秀吉は、「浅野弾正少弼、木村弥一右衛門尉」に軍勢を添えて差し遣わすので、政宗はその先導をするように命じました。そして、秀吉のお気に入りの甲冑を下賜されたのでした。ところが、八月九日に秀吉が黒川城に入り、城下の御座所、興徳寺で奥羽の仕置案が示されました。その結果は、政宗にとってはきわめて厳しいものだったのでした。

この背景には、対伊達氏強行派の石田三成・増田長盛たちの奉行グループの意向があったように思われます。彼等強行派は、対小田原対策においては、融和派の家康たちのグループに対して、小田原北条氏を滅ぼすということで勝利しました。しかし、家康たち擁護派の説得が功を奏して、伊達政宗は小田原に参陣して赦免を獲得しました。この点では、家康たちのグループが三成たちに勝利したことになります。

ところが、伊達政宗という大勢力を野放しにすることは、三成たちにとっては許しがたい事だったのです。なんとか政宗の勢力を削ぎ、あわよくば滅ぼそうとすることに三成たちは動き始めたのでしょう。東北地方の検地・刀狩りなどを推し進め、秀吉政権の一極支配を願う三成たちは、秀吉政権の財政・人事政策などを握っていますから、秀吉の仕置案に対して、大きな影響力があったことと思われます。

会津で決定した奥州仕置では、政宗は会津・岩瀬郡・安積《あさか》郡を没収され、約百十万石から、約七十万石に減封されます。それどころか、政宗の傘下に入っていた葛西氏・大崎氏・田村氏・石川氏・白河氏が軒並み改易となりました。しかも、政宗にとっては敵対勢力でもあった相馬氏・最上氏・佐竹氏などは本領安堵されています。これらの勢力は、早くから三成を通して秀吉政権に臣従していたからです。

会津で示された奥州仕置案は、明らかに政宗包囲網の形成ともいえる一面が認められ、この背景には、秀吉政権内部の三成派と家康派との確執が垣間見られます。東北において、政宗を滅ぼせなかった三成派の逆襲的な大名配置を思わせます。

加えて、政宗から没収した会津・岩瀬郡・安積郡に加え、石川郡・白河郡の領地に、蒲生氏郷が移封されました。秀吉軍団の最強部隊を率いていた氏郷は(10)、織田信長の娘婿にも当たりますので、これも奥羽の押さえという名目の下に、会津に移封された一面があるようです。さらに、改易された葛西氏・大崎氏の広大な領地に、たった五千石の木村吉清・清久（生年不詳〜慶長二十〈一六一五〉）父子が移封されました。木村吉清のような大名経験もない武将が広大な葛西・大崎地方を支配・統治することはもともと不可能で、改易された葛西・大崎氏の旧臣たちが上方から移封された新領主に従うわけがありません。この木村吉清の移封は、一揆が起きることを想定した人事で、三成・長盛からの裏切り者としての吉清への報復人事のようにも考えられます。

### 3　葛西・大崎一揆の勃発と氏郷への讒言

さて、予想に違わず、天正十八年（一五九〇）の十月上旬、伝馬役《てんまやく》（馬の背で荷物を運ぶ義務）の賦課をめぐって、大崎氏の旧臣や在郷の年寄百姓が反攻したために、磔《はりつけ》にされるという事件が起き、ここから葛西・大崎一揆が一挙に広がりました。先述のように、木村吉清という大名経験もなく、五千石程度の武将が広大な葛西・大崎氏の旧領を統治するのは不可能だったのです。伊達成実《しげざね》の日記『伊達日記』には、そのことが明瞭に記されています。

伊勢守（木村吉清）ハ登米《とよま》ニ在城。子息弥市右衛門（木村清久）ハ古川に在城ニテ候。大崎・葛西ノ本大名ドモヲ押除《おしのけ》、小者五人十人召ツレ候者ヲ城主ニ仕ラレ候故、其モノ共、家中無之《これなき》マヽ、中間・小者・アラシウ《荒衆》ノヤウナル者ヲ侍ニツクリ立《タテ》、本侍百姓ノ所へ押コミ〳〵、八木（米）ヲ取、百姓ノ下女・下人ヲウバイ、歴々ノヨメ《嫁》ムスメ《娘》ヲ我女房ニウバイ取、沙汰ノカギリノ仕様ニヨッテ、侍大将トモニ末ノ事ハ不レ存《ぞんぜず》、当座無念ヲオコシ、柏木山ニテ最前ニ一揆起シテ、其近辺ニ居候上人（上方から来た者たち）討コロシ候由承。[11]

図 22　佐沼城趾（撮影筆者）

吉清は登米城〔寺池城とも〕、子息の清久は古川城に入りました。領内の各城から大崎・葛西氏の旧臣を追い出し、そこに部下を五人十人くらいしか持たない家来を城主として入れたものですから、彼等は家来がいないので、身分の低い者たちを侍として雇いました。すると、彼等は、領内の家々に押し込んで、米や女性たちを強奪するという悪行の限りを尽くしたのでした。そこで、大崎・葛西の旧臣たちは、我慢しきれずに一揆を起こし、近辺に配備された上方衆を殺したということです。

この一揆が一挙に広がりを見せたので、木村吉清・清久父子は、佐沼城（図22）で対策を相談することになりましたが、一揆勢に周囲を囲まれ、佐沼城に籠城せざるを得なくなったのでした（図23）。

このことを知った浅野長政は、二本松城に戻り、政宗と氏郷に一揆鎮圧を命じたのでした。十月二十六日、政宗は、一揆鎮圧のため米沢城を出陣します。十一月五日には、会津黒川城から蒲生氏郷が出陣します。そして、十一月十四日には、政宗と蒲生氏郷は合流して、「来ル十六日、大崎表へ出陣セラルベキ由仰合《おおせあわせ》ラレ」[12]、翌十五日には、氏郷から政宗に一揆鎮圧についての覚書が届けられました[13]。

図23　奥羽地方一揆関連図（筆者作成）

こうして、二人が共同して大崎地方の一揆鎮圧にかからんとした十六日の夜、かねがね政宗を恨んでいた政宗の家臣、須田伯耆《ほうき》と言う者が、氏郷の陣に駆け込み、「この一揆に政宗が同心していて、氏郷様を討ち果たそうとしています」と告げたのでした[14][15]。この讒言《ざんげん》を聞いた氏郷は驚き、「敵地ノ内、一箇所攻取リ引籠ラルベシ[16]」「氏郷、大崎敵地ノ内一ヶ所取、其地へ引コモリ度《たく》思召サレ、政宗御相談ニテ、名生《みよう》ト中小城ヲ御攻取《せめとり》。則、御引籠普請ヲナサレ御座候(17)」とあるように、名生城を落として、その城に籠もったのでした。『伊達家治家記録』『伊達日記』共に、この讒言を氏郷に伝えた須田伯耆という人物は、かねがね政宗を恨んでいたと伝えています。その事情は、次のようなことでした。

政宗の父、輝宗が死去した時、須田伯耆の父は殉死を遂げたのでした。殉死は、主君に親しく常に仕えた忠臣がするものですが、須田伯耆の父は、譜代でもなく、身分も低く、輝宗の側近でもなかったのです。しかも、輝宗の死去の時、百里あまりも離れた地での殉死で、政宗も、その殉死を不審に思ったのですが不憫に思い、葬儀をしっかりとしてやったのでした。

当時、殉死をした忠臣の子息は、禄を加増されるのでしたが、須田伯耆の父は、殉死をするには値しなかったので、政宗は、加増まではしなかったのでした。輝宗の死去には、遠藤山城基信と内馬場右衛門が殉死しましたが、「此両人ノ嫡子ニハ御加恩ヲモ充行《あてが》ハル、伯耆ニハ然《しか》ラズ(18)」と、須田伯耆には加増がなかったのでした。そのことを、「兼テ鬱憤《うつぷん》ヲ含メリ(19)」と、須田伯耆は恨み続けていたのでした。『伊達日記』にも、「遠藤山城子共・内馬場右衛門子共ニハ乍レ少《すこしながら》御加増下サレ候へドモ。彼伯耆ニハ、左様ノ儀モ無候。カネテ親御供仕《おともつかまつり》候ニ、少々御心付モ無レ之由申廻リ候由承候(20)」とあるように、親の殉死に加増がなかったことを周囲にも語り、恨み続けていた様子がうかがえます。

しかし、政宗に対しての恨みが続いていたにせよ、氏郷と政宗とが、共に一揆鎮圧のための相談をした直後に、一揆に政宗が同心して、氏郷の命を奪わんとしているなどという讒言は、氏郷と政宗を切り離す謀略としては、一介の家臣が偶然計画したこととは考えられません。須田伯耆が禄の加増を望み、政宗を恨んでいることを調べ上げて画策した者の企みであったと思われます。

そのことは、『伊達家治家記録』・『伊達日記』の讒言記事の末文に明確に読み取れます。

今度氏郷朝臣へ忠節ヲ申出《いださ》バ、公（政宗）ハ公義（儀）トシテ（秀吉政権からの命令で）御切腹ヲモ仰付ラレ、其身ハ公義ヨリ忠賞ノ地デモ充行《あてが》ハルベシト思ヒ、一円ニ無キ事ヲ巧《たくら》ミ出シ、如此《かくのごとく》ニ偽リシナリ(21)

ケ様ノ御忠節ヲ申候ハヾ、政宗切腹ヲモ被レ成《なされ》、我等ハ天下ヨリ（秀吉から）御知行ヲモ下サルベクト存《ぞんじ》、少モ無レ之事申出候ト存候(22)

両書共に、須田伯耆は、氏郷に政宗を讒言したならば、政宗は「公義（儀）トシテ」切腹させられ、自分はお褒めにあずかり、知行をいただけるだろうと思い、「少モ無レ之事」を申し出たとあります。このことは、政宗が秀吉政権側から正式に切腹を命じられ、須田伯耆は、「公義ヨリ・天下ヨリ」(公権力・秀吉)恩賞がいただけるということですから、明らかに政宗を滅ぼそうとして須田伯耆に讒言を勧めた者がいることを示唆しています。須田伯耆に「公義ヨリ・天下ヨリ」の恩賞を保証できるのは、東北の仕置を執行しに来ていた石田三成たちと思われます。政宗の身辺を調べ上げて、氏郷と政宗とを切り離し、一揆の背後に政宗がいるという嫌疑を生み出そうとする者たちの策謀がこの背景にあったと思われます。一揆が起きている東北の地で、須田伯耆に、「公儀・天下」からの褒美を保証できるのは、その地にいた石田三成しか考えられないのです。

## 4 氏郷サボタージュ説の誤り

ところで、蒲生氏郷が須田伯耆の讒言を一時的にせよ信じてしまったのには、もう一つ原因がありました。政宗の右筆《ゆうひつ》をしていた曽根四郎という者が、罪を犯して逐電し、氏郷の陣に駆け込み、偽造した政宗の手紙を氏郷に届けたということがあったのでした。『伊達家治家記録』には、須田の記事に続けて次のように記録されています。

公ノ御若キ時ヨリノ御祐筆《ゆうひつ》ニ、曽根四郎助ト云者アリ、罪アリ逐電《ちくでん》シ、蒲生氏郷朝臣へ駆入り会テ、能《よ》ク　公（政宗）ノ御手跡（筆跡）ヲ学ビ得タレバ、公一揆ニ与フルノ御書ヲ贋書《にせがき》シテ、氏郷朝臣ヲ誑《たばか》り、且《か》ツ伯耆（須田伯耆）松森（氏郷の陣所）へ参ラザル以前ニ、雑説申唱フル事アリシニ、又、伯耆、潜《ひそか》ニ行テ、言ヲ巧《たくみ》ニシ陳説ス、此ニ於テ、氏郷朝臣、疑心イヨイヨ甚《はなはだ》シ(23)

曽根四郎という者は、政宗の若いときからの右筆（書記）でしたので、政宗の「御手跡（筆跡）ヲ学ビ得」ていたのでした。彼が政宗の一揆衆に与えた手紙を偽造して、「伯耆松森へ参ラザル以前」に氏郷に届けたということです。彼も、「罪アリ逐電シ」た者、つまり政宗のもとから罪を犯して逃亡した者でした。曽根四郎・須田伯耆が続けて松森城（仙台市泉区）に入城した氏郷に讒言したのは、偶然ではあり得ないでしょう。政宗を一揆に同心する反逆者として陥れ、氏郷・政宗を離反させる為の策謀が背後に存在していたのです。

そこで、蒲生氏郷は、十一月十九日、名生城に籠もり、政宗からの飛脚も「城内へモ入レズシテ押返サル(24)」、「内へモイレズ押返候(25)」という状態になったのでした。そして、同二十四日には、氏郷は政宗別心（謀反心）ありと聚楽第に報告してしまったのでした。しかし、その日には、政宗は、単身佐沼城の吉清父子を救出したのでした。

翌々日の二十六日には、氏郷は救出された吉清父子から事情を聞き、政宗に対する誤解を解きました(26)。二十八日には、氏郷・政宗は、今後一揆鎮圧において、互いに別心ないという誓詞を交わしています(27)。

さて、右の氏郷が名生城に籠もった十一月十九日から、政宗への誤解を晴らした二十六日までに、通説では、氏郷が籠城を決め込んで、政宗の佐沼城での吉清父子救出作戦をサボタージュしたと解釈されています。しかし、その時の氏郷の手紙を見ると、政宗を警戒して佐沼城参戦をサボタージュしたとは考えられません。氏郷は、身動きできないような病気に冒されていたようです。

政宗が単身木村吉清父子を救出した前日の二十三日、佐沼城へ参陣が遅れたことを、浅野正勝（浅野長政の家臣、長政から軍監として派遣されていたか）に「今日之陣替《じんがえ》、相煩《あいわずらい》候故、延引仕候、気色も好成《よくなり》候間、明日者其表陣替可仕候(28)」（今日の出陣は、病気のため延引いたしました。病状もよくなりつつありますので、明日にはそちらに出陣いたします）と告げています。しかし、翌二十四日も病状の快復がなく、出陣できなかったのです。

返々、腹中気ニ成候て、散々の躰ニ候、此通《このとおり》政宗公へ被仰入可給《おおせいられたまうべく》候、以上、
昨夕者《は》気色少好候つる間、今日可参《まいるべし》と申入候へ共、又夜中散々ニ煩申候て、おきあがり

申儀不成《ならず》候間、何共〳〵《なにともなにとも》迷惑仕候、政宗公へ可然様《しかるべきよう》ニ、御心得頼《こころえたのみぞんじ》存候、猶自是以《これよりしやをもつて》使者、可申入候《もうしいるべく》、恐々謹言

羽忠三

十一月二十四日　　　　氏郷（花押）

浅六右（浅野正勝）殿　御陣所(29)

「昨日は気分も少しよくなりましたので、本日参陣と思いましたが、また夜中にさんざん患いまして、起き上がることも出来ません。何とも困ったことです。政宗様に、そのような状態だとお知らせ下さい。なお、使者を遣わして申し上げます。返す返すも、腹を痛めまして、散々でございます。このとおり、政宗様にお伝えください」という文面です。

一方で、曽根四郎・須田伯耆の讒言に驚いたにせよ、「夜中散々ニ煩申候て、おきあかり申儀不成《ならず》候」「腹中気ニ成候て、散々の躰ニ候」という氏郷の文面の筆致には、政宗を警戒して仮病を演じているとは思えないリアリティーがあります。また、戦場を前にして、そのような仮病を演じて参陣を恐れるようでは、秀吉軍団の最強部隊を率いる武将にはふさわしくありません。猛将の氏郷は、仮病を演じて一揆鎮圧をサボタージュするような人物ではあり得ません。このとき氏郷は、不運にも偶然起き上がることも出来ないほどの腹痛を伴う病気に襲われてい

たのでした。

右の氏郷の発病は、彼の五年後の死去に直結する病であったことが充分推測できます。また、後述しますが、氏郷が正月明けまで名生城に留まった理由も説明が付きます。

たとえば、氏郷は、三年後の文禄二年（一五九三）唐津の名護屋城でまた病状が重くなり、会津に戻ります。翌三年、療養のため京都に上りましたが、病状は悪化。秀吉から派遣された名医、曲直瀬玄朔《まなせげんさく》（秀吉の侍医曲直瀬道三の甥で娘婿）（天文十八 一五四九〜寛永八 一六三一）の看病を受けますが、翌文禄四年（一五九五）京都で死去します。医学的な見地からは、肝硬変から肝臓癌を発症した可能性が高いとの事ですが、[30] 天正十八年（一五九〇）十一月の一揆鎮圧直前に癌の病状が顕在化したと推測できます。

重病のため木村吉清父子の救出に参加できなかった氏郷は、二十四日の政宗による単独吉清父子救出を知り、政宗への疑いを晴らしたようです。二十四日付の氏郷の浅野正勝宛書簡には、「政宗御沙汰在之度事《これありたきこと》候ハバ、御前儀者、何様《いかさま》ニも我等請取馳走《うけとりちそう》可仕《つかまつるべく》候間、其通能々《よくよく》政宗え可被仰入《おおせいらるべく》候」[31]（政宗殿のご希望があれば、秀吉様へどのようなことでも取り次ぎいたしますので、そのとおりよくよく政宗にお伝えください）と、政宗の忠勤を評価しています。

二十五日には、氏郷は政宗に書簡で、病気故に佐沼城に参陣できなかったことを詫び、秀吉に政宗の忠勤を報告することを告げています。[32] 翌二十六日には、政宗に「従昨日《さくじつより》勢州（木村吉清)、六右(浅野正勝)相談申候而、少気色取なをし申候、我等存分一書ニ申入候(33)」と、木村吉清・浅野正勝から政宗の忠勤の説明を受け、疑いの念を晴らした旨を伝えています。その追而書にも、「返々、昨日上(秀吉)へも具《つまびらか》ニ申上候、又浅六右(浅野正勝)へ口上申候キ、御おんミつく(34)」(返す返すも、昨日秀吉様にも詳しく政宗殿の忠勤を申し上げました。また、浅野正勝にも口上で伝えております。どうぞ、私の病については内密にお願いします)と、二十四日に慌てて聚楽第に伝えた政宗別心ありという報告を打ち消して、政宗忠勤を秀吉に連絡すると述べています。

こうして、十一月二十八日には、氏郷と政宗は、誓詞を交わして、今後共に一揆鎮圧に臨むことを誓い合ったのでした。しかし、氏郷の病状は一進一退で、二十九日付の政宗宛書状には、「我等今日者《は》又差返《さしかえし》、散々煩《わずらい》申候(35)」と病状がぶり返していることを告げています。

## 5　聚楽第の騒動

右のように、氏郷は、「政宗別心」という報告と、それを打ち消す「政宗忠勤」というまったく反対の報告を、十一月二十四日から二十八日までのわずか五日間の間に聚楽第に告げてしまったのです。一揆鎮圧の現場では、政宗と氏郷は誤解も解消していたにもかかわらず、この二つの相反する報告をめぐって、天正十八年の十二月中旬以降は、聚楽第では対政宗強行派(石田派）と擁護派（徳川派）とが激しい対立を演じることになってしまったのでした。

十二月十五日付で、政宗と昵懇《じっこん》でもあった和久宗是《わくそうぜ》が政宗に書状を届けました。宗是は、室町幕府・織田信長・豊臣秀吉に仕え、秀吉の右筆も務めた能書家でもあり、武勇の人でもありました。小田原に参陣した政宗と秀吉との間も取り持った一人です。

和久宗是の書状では、まず氏郷からの第一報である「政宗別心」の知らせについて、秀吉は、次のように述べたと記されています。


政宗ニ限《かぎり》敵心ハ仕《つかまつる》まじく候、其故者《は》、小田原之城相拘《あいかかり》候時、御敵不申、還而令参陣《かえってさんじんせしめ》、其上会津を始而、城々相渡《あいわたし》、忠節之処ニ、小田原相果《あいはつ》、抑《そもそも》一揆と一味候て、逆心など可仕《つかまつるべき》うつけたるものにて無之由《これなきよし》、一段御ほめなされ候事、非大形《おおかたにあらず》候、殊《ことに》妻子上置《あげおき》候之間、中〱表裏（裏切り）ハあるまじき由、御諚候事、誠《まことに》政宗親と申候ても、かやうニ被仰《おおせられ》候事あるまじく候、とかくかやうの雑説も、会津牢人《浪人》いたすかと存事候[36]

「『政宗に限って謀反心を持つわけがない。なぜなら小田原城攻めに取りかかった時、敵対せず、反対に小田原に参陣し、その上、会津を始めとして、領内の城を返上し、忠節を尽くしてくれて、小田原も落とすことが出来た。そもそも、一揆と一緒になって、謀反をおこすような馬鹿者ではない』と大変お褒めでした。『特に妻子を京都に人質に出すのだから、政宗が裏切ることなどあるはずがない』と仰いました。誠に政宗の親でも、このように仰ることはないでしょう。『とかくこのような雑説は、政宗に滅ぼされた会津の浪人たちが言い出したかと思うぞ』と仰っています」という秀吉の政宗への信頼をまず記しています。

そこで、宗是は、慥《たし》かな人物を早急に上洛させるように求めています。また、京都に来ていた政宗の使者、修験僧の良学院栄真が下向する時に、宗是が手紙を託しており、栄真からも都の状況を伝えるであろうと述べています。そして、手紙の末文には、「返々《かえすがえす》色々さ、へ（非難攻撃）申候へ共、殿下様（秀吉）少も無御同心《ごどうしんなく》候、別心無御座候者《べっしんござなくそうらわば》、くれ〴〵早々慥なる人、昼夜の堺無之《これなき》やうニきふ〳〵《急々》被仰付《おおせつけられ》、可有御上《おのぼせあるべく》候(37)」（色々政宗様を非難する者がいますが、秀吉様は、まったくそれらの讒言に同心されておりません。くれぐれも慥かな人物を使者として、昼夜兼行で上洛させてください）と結んでいます。

同日の十五日に、富田一白も「良学院栄真に御礼の返事をしました。政宗殿が一揆を許しているとの沙汰が言われていますが、秀吉様は、「誠ではない」と仰っています。急ぎ京都に連絡されることが大切です。とかく連絡が遅れると、こうした事態が起こります。油断なくご報告すべき時です」と、政宗に手紙を出しています(38)。

十二月二十二日には、前田利家も、葛西・大崎の一揆の状況を心配して、政宗に上洛を勧めています(39)。二十四日には徳川家康も、一揆を早く鎮圧するようにと手紙を出しています(40)。

二十六日には、北政所ねねに仕えた筆頭女官の孝蔵主《こうぞうす》（生年不詳〜寛永三〈一六二六〉）も政宗に手紙を送っています。その手紙には、秀吉・北政所共に、政宗の夫人と親しくしていることを述べ、「政宗別心」の雑説については、「それさま《其様》御心がはりと申《もうす》御ぢうしん《重臣》ども御入候へども、うへさま《上様》（秀吉）は『いかなりともまさむねべつしん《政宗別心》、ぞうせつ《雑説》にて御入候はん』とかたく〱仰られ候」と、和久宗是・富田一白の手紙と同様に、秀吉が政宗を固く信じていることを述べています。また、手紙の末文には、「御上洛候て、御申わけ候てよく御入候ハんと、みなく申され御入候(41)」と、上洛して秀吉に弁解すべき事を勧めています。ちなみに「御入候《おいりそうろう》」とは、「御座候《ござそうろう》」の女性表現です。政宗の妻も小田原参陣以降、京都に人質として上っていましたが、秀吉・北政所とも親しくしていたので、聚楽第の女性の世界でも「政宗別心」への嫌疑が起きていることに懸念が広がっていたことを示しています。

同日の二十六日、和久宗是は、再度政宗に手紙を認《したた》めました。その内容は、

一、氏郷から先月二十六日付で、政宗に反逆の心はなく、木村吉清を救出した報告が入り、秀次様が出馬したが、その軍勢は呼び返されたこと。秀吉様は、蒲生の正反対の報告を「曲事沙汰之限《くせごとさたのかぎり》」と腹を立てておられること。

一、政宗が上洛して、大崎の一揆について弁解されなければ、強行派と家康・宗是たち擁護派との対立が激しくなる。幸いに浅野長政がそちらに逗留しているので、相談の上、早々に上洛されたいこと。

一、政宗様への秀吉様のお気持ちは、今一段よくなっているので、今上洛なさると、すべて解決するであろう事。

一、政宗様の奥様に、秀吉が米五百石をくだされたこと。その時、前田玄以と増田長盛の両奉行には、秀吉様は厳しくされていたこと。

一、上洛される前に、人を先に上洛させていただきたいこと。油断禁物のこと。(42)

というもので、秀吉は、氏郷の二通の反対の内容の報告に腹を立てているといえ、政宗には好意的な立場であるので、急ぎ政宗の上洛を求めるものでした。

ところが、政宗逆心説は、きわめて深刻な事態を招くようなので、右の手紙の同日、再度宗是は政宗に手紙を書きました。一日に二通出すのですから、事態が急変して、強行派が反撃に出たのかもしれません。この手紙の冒頭には、宗是の命がけの政宗への情報提供であることが示されています。

一大崎表より御注進状写進之《ちゅうしんじょうのうつしこれをまいらせ》候、為御分別《ごふんべつのため》如此《かくのごとく》候、乍去《さりながら》かやうニ写進之候事、万一人もしり《知り》知り、こゝもとへ洩聞《もれきこえ》候へば、我々身上相果事候《あいはつることにそうろう》、於其元《そこもとにおいて》も、浅弾少（浅野長政）へ構而ゝゝ《かまえてかまえて》被仰《おおせられ》候まじく候、いかにも御隠密肝要候〳〵(43)、

宗是は、「大崎表より御注進状写」（氏郷の政宗別心・政宗別心なしの注進状の写し）を、政宗がよく理解しておくようにと、政宗に届けたのでした。しかし、この写しを届けたことが人に知られ、京都に漏れ聞こえたならば、宗是の命はないであろうとさえ記しています。たとえ政宗擁護派の浅野長政にも知られないようにと、「いかにも御隠密肝要」と述べています。宗是の命がけの手紙です。

宗是の手紙によれば、先月二十四日付に政宗別心ありとの氏郷の報告があった時、聚楽第では、秀吉の御前会議が開かれたようです。その時の強行派の発言を宗是はまず記しています。宗是は、秀吉の右筆でもありましたから、御前会議には書記官として現場にいたのでしょう。おそらく、政宗の取次として、秀吉側近の利休もいたことでしょう。

強行派の政宗に対する讒言の概要は、次のようなものでした。

一、小田原で人質として都に出した政宗の妻は、偽物であること。

一、政宗は財政困難で、上洛すれば過分な負担となるので、内々敵愾心《てきがいしん》で家中も一致しているとのこと。
一、氏郷からの使者が口上で、須田伯耆の讒言があったことを伝えてきたこと。
一、一揆の勢が立て籠もっている城には、政宗の旗が立っているとのこと。
一、いずれの敵城からも、政宗の鉄砲が放たれていること。
一、政宗の一揆鎮圧の出陣以降、秀吉への注進がなく、秀吉様は、讒言に対して同心されていないが、このままでは讒言を誠に思われてしまうので、急ぎ注進すべきこと。
一、「政宗にかぎり別心ハあるまじき」と秀吉様は仰ったが、二十四日の氏郷の注進で、秀次・家康の軍勢が出発した。しかし、二十六日の氏郷の注進で、秀次・家康軍は、途中から帰還したこと。(44)

人質の妻が偽者だとか、敵城に政宗の旗が揚がっているとか、政宗の鉄砲が放たれているとか、到底信じられないような讒言が、最初の氏郷の注進を受けて、強行派から呼応するように主張されたようです。まさに、東北の一揆を誘発させ、政宗を陥れようとする者と、京都の強行派とは連動していることが分かります。秀吉は、まったく讒言をまともに聞かなかったようですが、なにしろ政宗からの連絡がないので、擁護派は困って、政宗の上洛を求めていたのでした。宗是は、「たとひ金銀山ほど御つ《積》ミ《み》て御進上《しんじよう》候共《そうらえども》、御上洛遅々申、御前悪《あしく》なり候てハ、万事不入事《いらざることに》候、かやうにくハしく申入候事、とかく政宗おそく御上洛候ハヾ、また雑説出来可申《いできもうすべし》と存知」[45]と、強行派の讒言が続くことを憂慮して、一日も早い上洛を政宗に懇願したのでした。

## 6　政宗と石田三成の上洛

右の手紙の二日後の十二月二十八日、一日に二度も家康から「榊原康政から政宗様の様子がまったく分からない」と連絡が入り、再び秀吉が秀次と家康に出陣命令を出したと、和久宗是は政宗に書状を認めました。その手紙には、秀吉が次のように語ったと記されています。

其被仰出《そのおおせいでられ》やうハ、「前後之注進状（氏郷の政宗別心あり・別心無しの書状）、酒ニ酔たるやう候之間、いづれを正《ただしき》ニさせらるべきやうも無之候之條、羽忠三（蒲生氏郷）会津へ不打入間《うちいれざるあいだ》ハ、家康、中納言殿（秀次）御両人ながら、御自身可有御出陣之旨《ごしゆつじんあるのむね》」、昨日二十七日ニ　御朱印被遣之《これをつかわされ》候、但《ただし》、「羽忠三会津へ打入申との注進候者《そうらわば》、いづれの所からなり共、可罷帰《まかりかえるべき》」之由　御諚候、「春ニなり候者《そうらわば》、今度《このたびの》雑説之次第、被成御糾明《ごきゆうめいなされ》、不屈仁候者《そうらわば》可被加御誅罰之旨候《ごちゆうばつをくわえらるべきのむね》(46)」

秀吉は、相反する氏郷からの二通の注進状について、「酒ニ酔たるやう候」と述べたとあります。秀吉の肉声が感じられる言葉です。秀吉は、別心の有無について、「いづれを正《ただしき》ニさせらるべきやうも無之候」と、半信半疑に傾いたようです。

というのも、蒲生氏郷がいまだに名生城から出て、会津に戻っていないという事実があったからです。そこで、家康と秀次に出陣を命じ、秀吉自身も出陣するという朱印状を出したのでした。ただし、氏郷が会津に戻ったという連絡があれば、どこからでも帰還せよという命令でした。

政宗に対する嫌疑がなかなか晴れないのは、一揆鎮圧の現場では、氏郷・政宗の間で和解も出来、誓詞まで交わされていたにもかかわらず、十二月末に入っても、氏郷が名生城を出ていないという事実です。政宗を警戒して会津に戻れないのだと、強行派から主張されていたからです。

しかし、誓詞が交わされた翌日の十一月二十八日付政宗宛の蒲生氏郷書状にも、「我等今日者《は》又差返、散々煩候(47)」（私めは、今日もまたぶり返して、散々な病状です）とあり、氏郷は、十二月に入っても、会津に戻ることができる健康状態にはなかったようです。戦場の司令官の重病は、一揆鎮圧にとっては極秘にすべき事柄ですので、浅野長政・伊達政宗・木村吉清父子などの限られた人々しか知らない事実だったのでしょう。ところが、この氏郷の会津帰還が遅れていることを、政宗が道中を妨害していると強行派から攻撃されていたのでした。宗是たち擁護派の武将たちが、躍起になって政宗の上洛を勧めるのは、このような聚楽第での二派の対立からでした。

たとえば、翌天正十九年（一五九一）正月十二日、擁護派のトップである徳川家康は、次のような政宗の上洛要請の手紙を出しています。

急度《きっと》申入候、仍《よって》御朱印参候間《まいりそうろうあいだ》、則《すなわち》持進候《まいらせ》、然者《しかれば》今度御上洛之儀、浅野弾正（長政）、我等（家康）両人被相任《あいまかせられ》、一刻も早々御上《おのぼり》肝要至極候、猶期後音之時候《こういんのときをごしそうろう》、恐々謹言、

正月十二日　　家康（花押）

伊達左京大夫殿　御報(48)

「急ぎ手紙をお届けします。秀吉様の出陣命令の朱印状をお届けします。このような状況ですので、この度の御上洛については、浅野長政と私両人にすべてを任せられ、一刻も早く上洛されることが大切です。なお、お目にかかる時を待っています」という文面です。いかに政宗

の上洛が差し迫った課題かを物語っています。しかも、家康は、同日に片倉小十郎にも、至急政宗の上洛を要請する手紙を書き、翌三日にも再度片倉小十郎に政宗上洛を要請しています[49]。

一月二十一日には、浅野長政も、「貴殿御上洛之事、一日片時も御急尤ニ候[50]」と政宗の急ぎの上洛を促す手紙を二本松から出しています。そして、長政は、二十六日付の手紙で、氏郷も二十六日に二本松に着き、二十七日に上洛することを政宗に告げています。この手紙によると、政宗は、三十日に上洛することが記されています[51]。

こうして、政宗は、正月三十日に山形を出発し、氏郷は、二十七日に二本松を出発して、二人は上洛の途についたようです。ただし、病状がすぐれない氏郷は、利休のひ孫の江岑《こうしん》宗左による『江岑夏書《げがき》』によると、「かもふ（蒲生）飛騨殿、利休身体はて申候時、国ニ御入候、上方ニ飛州御入候ハゞ、不苦よし申事ニ候[52]」と伝えられており、二月末の利休切腹事件に間に合わなかったのでした。氏郷が発病していたことはこの伝承にも明白です。

政宗と氏郷が上洛すれば、当事者の証言によって、強行派の画策や讒言が明らかになるのです。

しかし、その前年末に、秀吉は、右に述べた二十八日付の手紙に引用したように、「春ニなり候者《そうらわば》、今度《このたびの》雑説之次第、被成御糾明《ごきゅうめいなされ》、不屈仁候者《そうらわば》可被加御誅罰之旨《ごちゅうばつをくわえらるべきのむね》候[53]」（来春（天正十九年）になれば、この雑説の背景を糾明して、不届き者がいれば誅伐を加える）と述べていました。このことは、おそらく東北にいた強行派の石田三成にも彼等のルートで伝わっていたのに違いありません。年が明けて、今回の氏郷の注進をめぐっての聚楽第の混乱と対立が糾明されれば、三成派が誅伐を加えられるのです。

そこで三成は、急遽上洛を試みます。石田三成と浅野長政は、強行派と擁護派でもありましたが、共に東北仕置の両トップで、前年十二月二十六日の和久宗是の政宗宛書状には、「浅弾（長政）と石田治部少輔（三成）にハ、春ニなり御人数可被遣候《つかわされそうろうべき》間、一揆をもよく相静《あいしずめ》上洛可仕候《つかまつるべく》、若《も》しづめ候ハで上洛いたし候ハヾ、可有御成敗旨《ごせいばいあるべき》、被仰出候《おおせいでられ》」[54]（長政と三成とは春になり軍勢を派遣するので、一揆を鎮圧して上洛すること。もし、鎮圧しないで上洛するなら、成敗するぞと秀吉様は仰っている）と、秀吉が鎮圧完了まで上洛を禁じていました。

それにも拘わらず、三成は急遽上洛を試みたのです。それは、来春（天正十九年）の真相解明を阻止し、三成たち強行派への糾明と誅伐を阻止するためであったことは明らかです。

三成が大慌てで上洛したことは、政宗の長政宛書状で明らかになります。

正月三十日に出発した政宗は、閏《うるう》正月十二日に岩付《いわつき》（岩槻）〔埼玉県さいたま市岩槻区〕に到着し、長政に手紙を出していますが、その追而書に、次のようにあります。

路次〳〵宿々へ左京大夫殿（浅野幸長。紀伊和歌山藩初代藩主となる）種々被入御念候、不及申候、仍而、石田小輔（石田三成）も上洛之由申候、今日当岩付へ被相着之由《あいつかるるのよし》申候、

如何様之始末《いかさまのしまつ》ニ候哉《そうろうや》、為御心得《おこころえのため》申候、我等不図《ふと》罷登《まかりのぼり》ニ付而、治小輔も御登ときこえ申候、
但《ただ》いかゞいかゞ(55)

「道中宿々において幸長殿のいろいろなご厚意には感謝の言葉もありません。さて、石田三成も上洛だと聞きました。今日、この岩付に三成殿が着かれたと聞きました。どうして上洛するのでしょう。お心得のためにお知らせします。私が急に上洛すると、三成も上洛と聞きました。いったいどうしてでしょう」と三成が岩付で政宗一行に追いつき、追い越そうとしている様子を長政への手紙に記しているのです。

三成の大慌ての上洛は、右のような強行派への糾明と誅伐を阻止するための上洛であったこと、そして政宗自身に嫌疑が及んだのが三成の策謀であったことを、この時点で政宗は明確に知ったのでした。

# 終章　政宗と伊達家の「文化力」

## 1　清洲での秀吉との再会

『伊達家治家記録』（巻之十六）によると、天正十九年（一五九一）正月晦日《みそか》に米沢城を出発した政宗は、閏《うるう》正月四日に二本松城で浅野長政と対面し、十五日には小田原に到着。翌十六日には「北條ノ遺城等御一覧アリ」(1)と小田原城を訪れています。参陣し、秀吉に茶之湯でもてなされ、会えなかったといえ利休の弟子になった思い出や、その後の一揆に対する嫌疑が降りかかった自身の運命を、複雑な気持ちで振り返ったことでしょう。

閏正月十九日、政宗は、駿府（静岡県葵区）に到着し、家臣の中嶋宗求《むねもと》（天文二十一 一五五二～元和八 一六二二）に書状を書いています。

其後、此口之義、無心元可有之候《こころもとなくこれあるべく》、今日十九日、当地駿河府中へ着馬候、従京都《きょうとより》鬼石（鬼庭綱元）
音信《いんしん》之分者《は》、万仕合可能《よろずしあわせよかるべき》やうニ申越候、関白様者《は》、去十一日京ヲ御立、尾州へ御鷹野ニ
御下向候、珍敷事候者《めずらしきことにそうらえば》、追日可相理候《あいことわるべく》、恐々謹言、

閏正月十九日　　　政宗（花押）

中伊(2)（中嶋宗求）

手紙の文面は、「その後、こちらは不安であったが、今日十九日、駿府に到着した。京都からの鬼庭綱元の手紙では、すべてうまくいっていると伝えてきた。関白様は、去る十一日に京都を発たれ、尾張（清洲）に鷹狩りに下向されたということだ。珍しいことなので、後日また伝えよう」というもので、秀吉が十一日に鷹狩りを名目に、尾張清洲に政宗を迎えに出発したというものです。

鬼庭綱元《おににわつなもと》（茂庭《もにわ》とも）は、人取橋《ひととりばし》合戦で討死した鬼庭左月斎の子息で、政宗に嫌疑がかかった前年の十一月、京都に派遣され、その後京都に留まり秀吉政権との折衝役をしていたのです(3)。その綱元から「万仕合可能《よろずしあわせよかるべき》やうニ申越候、関白様者《は》、去十一日京ヲ御立、尾州へ御鷹野ニ御下向候」と連絡が入ったのですから、政宗は、それまでの不安を払拭でき、秀吉がわざわざ尾張国の清洲まで鷹狩りの名目で、政宗を迎えに来てくれることを喜んでいます。

秀吉もまた信じ続けていた政宗の上洛を待ちきれなかったのでしょうか、京都で正式の対面の前に、事前に政宗に会っておこうとしたのでしょう。かつて、家康の上洛や、政宗の小田原参陣の前に、事前の面会をしておいたのと同様の秀吉の判断でしょう。

『伊達家治家記録』によると、政宗は、閏正月二十六日に清洲に到着しました。

徳川家康も、二十六日付で政宗に書状を書いています。

度々預《しょじょうにあずかり》書状候、祝着候、仍左京大夫殿（浅野幸長）有同道《どうどうありて》、清須迄参着之由承届、先以《まずもって》肝要候、上様（秀吉）御前之儀、少も無御別義《おんべちぎなく》候、可御心安《おこころやすんずべく》候、万期面談之時候間、省略候、恐々謹言、

壬正月二十六日　　　　家康（花押）

伊達左京大夫殿(4)

「度々書状をいただき、ありがたく思います。さて、浅野幸長殿を同行され、清洲に到着と承りました。まずもって大切なことです。上様のお気持ちは、少しも変わっておられません。ご安心ください。すべて面談の時がございますので、筆を置きます」という文面です。政宗擁護派のトップである家康は、様々な人たちの勧めで、政宗が一揆に同心しているという嫌疑を

晴らすために上洛することを大変喜んでいるようです。しかも、清洲到着の日に家康が政宗に出している手紙ですから、家康も秀吉と共に清洲に来ていたと思われます。政宗は、小田原参陣の時と同様に、まずは家康に連絡して、秀吉に面会する形を取っていたようです。『伊達家治家記録』の閏正月二十六日の条には、次のように記されています。

公（政宗）ヨリ　大神君（家康）へ御書ヲ以テ、今日清洲マデ御着ノ由、仰上ゲラル、此節大神君ハ、清洲近所御座《おわしま》ス、即チ御返書到来ス(5)

家康は、「清洲近所御座《おわしま》ス」とあるように、清洲城の近くに陣取っていたのでした。まさに、小田原参陣の折、秀吉と対面の前に家康に面談したのと同じ政宗の行動です。いかに家康が政宗の庇護者であったかが分かります。

## 2　秀吉もかつては讒言の被害者

政宗の清洲到着記事は、『伊達家治家記録』には、まず次のように記されています。

二十六日癸巳《みずのとみ》　公（政宗）、尾州清洲御着、　関白殿（秀吉）ヨリ上使トシテ、木下半助殿（吉隆）（秀吉の馬廻組頭）（生年不詳～一五九八《慶長三》）・福原右馬助殿（長堯《ながたか》）（秀吉の馬廻）（生年不詳～一六〇〇《慶長五》）ヲ　公ノ御旅宿へ差遣サル、「遠路早速上洛大義ニ思召サル」ノ旨仰出サル(6)

このときも、小田原参陣の時と同様に、まず秀吉の使者が政宗の旅宿を訪れました。二人の使者は、木下吉隆と福原長堯の馬廻衆です。秀吉の伝言は、「遠路早速上洛大義ニ思召サル」（遠路はるばる早速に上洛の途についてくれたこと、大義に思う）という言葉でした。この時点で、家康の政宗宛の手紙と同様、秀吉の政宗への信頼が揺るいでいなかったことが分かります。

政宗が讒言《ざんげん》によって窮地に陥っても、秀吉の命を受けて弁解のため上洛したことを、秀吉は、政宗の無実の証しのように喜んでいたのです。「遠路早速上洛大義」という秀吉の言葉は、小田原で自身の目で確かめた若き武将政宗への信頼が再確認された事への安堵の気持ちでもあったのです。

そのことは、右の記事に続く『伊達家治家記録』の秀吉と富田一白との会話にうかがわれます。

此節　関白殿、富田左近将監殿一白へ御意ニハ、「政宗別心由、氏郷方ヨリ色々申上グルニ就《つき》テ、実ニ別心有ルニ於テハ、上洛致スベカラズト思召サレ、御朱印ヲ成シ賜フ所ニ、御意ニ任セ、早速罷《まかり》登リタル」ノ旨仰セラル、左近将監殿、「此度、政宗罷登リタル事、先年　殿下播州ニ御座《おわしま》セシ時、謀叛ノ由信長公へ讒言アルニ就《つき》テ、呼《よば》セラルノ所ニ、早速安土へ御出アリシト同事ニ存ジ奉ル」ト申上ゲラル、「政宗、別心ナキ事必定ナル」由、御意アリト云云(7)

この時、秀吉が富田一白に、「政宗が謀反心を持っていると、蒲生氏郷から色々と伝えてきたが、本当に謀反心を持っているなら、上洛するはずがないと思うぞ。上洛の命令を出したところ、わしの心を信じて、早速上洛の途についた」と語りました。すると、富田一白は、「この度、政宗が上洛したことは、昔秀吉様がまだ信長様の家臣で、播磨国におられた頃、秀吉が謀反心を起こしたと信長様に讒言があった時、信長様が秀吉様をお呼びになられて、早速秀吉様が安土に出頭されたのと同じ事でございますね」と述べたのでした。秀吉は、その言葉を聞いて、「政宗に謀反心などないことは明白だ」と語ったのでした。

なんと、秀吉も若き日、播磨国を拠点にして転戦していた頃、つまり信長の家臣時代に、謀反の疑いを讒言され、安土城の信長の詰問に応えるため、即座に安土城に出向いた経験があったのでした。

これがいつの頃の出来事かは不明ですが、秀吉が播磨国で転戦していたのは、天正五年

（一五七七）以降です。天正五年には、柴田勝家（生年不詳〜天正十一 一五八三）の加勢として加賀に派遣されましたが、秀吉は勝家と意見が合わず、勝手に引き返し、信長に厳しく叱責されています。また、天正七年（一五七九）には、宇喜多直家（享禄二 一五二九〜天正九 一五八一）の投降について安土城で信長の朱印状を求めた時、信長の怒りに触れ、播磨に追い返された事がありました。こうした信長の怒りに触れた時に、秀吉も周囲からその出世を嫉まれ、讒言を受けていたのかも知れません。しかし、すぐに安土城に出向いて、正直に弁解したことで許された経験があったのです。

歴史の資料からは、知られなかった秀吉の生涯の一コマでしょうが、讒言された後、「呼《よば》セラルノ所ニ、早速安土へ御出アリシ」という経験が、「政宗、別心ナキ事必定ナル」という思いに通じていたようです。

前年末から、つねに「政宗ニ限《かぎり》敵心ハ仕《つかまつる》まじく候・逆心など可仕《つかまつるべき》うつけたるものにて無之由《これなきよし》」[8]と政宗を信じ続けていたのは、秀吉自身の経験からしても、上洛するという政宗の態度は信頼すべきものであったのでした。

そして、翌二十七日、政宗は、秀吉に面会して、再び歓待を受けたのでした。『伊達家治家記録』には、次のように記されています。

二十七日甲午《きのえうま》朝　公（政宗）、関白殿（秀吉）御前へ召出サレ、御料理ヲ賜フ、其上、「今度、雑説毛頭実事ニ思召サレザル」ノ旨、御直《じき》ニ種々御懇《おねんごろ》ノ上意アリ、「早々上洛セラルベキ」ノ旨、仰出サレ、中納言殿秀次卿ヲ以テ、京都マデノ御伝馬等ヲ下サル　○米沢へ飛脚ヲ立ラレ、伊達藤五郎殿（成実）へ御書ヲ以テ、清洲御着、上使アリ、御目見《おめみえ》仰付ラレ御料理ヲ賜フ、御懇《おねんごろ》ノ上意有テ、御首尾宜シキ旨、仰遣サル(9)

政宗は、二十七日朝、清洲で秀吉から料理を賜い、その上「この度は、謀反の雑説については、毛頭事実とは思っていなかったぞ」という言葉をいただいたのでした。そして、「早々に上洛しなさい」と命じられ、豊臣秀次に京都までの伝馬（宿駅での乗り継ぎの馬）の手配を命じたのでした。喜んだ政宗は、米沢で留守居をしている成実に、「清洲に着いた。秀吉様から使者が来て、お目見えを仰せつかり、お料理をいただいた。ご親切なお言葉もいただき、首尾よくいったぞ」と飛脚を送ったのでした。

清洲での秀吉との面会で、彼の無実は実質的に確定しました。京都での正式の秀吉との面談は、きわめて形式的なものとなったのでした。

この後は上洛を遂げて、小田原で会うことが出来なかった利休から、茶の湯の指導を受けることが政宗の楽しみであったと思われます。

秀吉は二月三日に上洛、政宗は、秀吉に続くように二月四日に上洛しましたが、一日違いの

上洛の日取りも、二人が申し合わせたものと思われます。(10)(11)

## 3　三成上洛と大徳寺問題の発生

さて、小田原で師弟関係を結びながらも、対面できなかった利休も、その後政宗の取次として立ち働いていました。宛先が削り消されていますが、内容からして、政宗の使者として都で折衝にあたった良学院栄真宛と推定される手紙があります。日時は、葛西・大崎一揆が起きた直後の天正十八年（一五九〇）十一月一日です。

先度者《は》政宗様御札御持参、恐悦《きようえつ》候、又為貴老御土産隔子《きろうのおみやげとしてこうし》之紬《つむぎ》壱端、祝着ニ候、尤《もつとも》参候て雖御礼可申候《おれいもうすべくそうろうといえども》、老足乍自由可有御免《じゆうながらごめんあるべく》候、就中《なかんずく》政宗様御報、近日的便候者可進之《てきびんそうらわばこれをまいらすべく》候、又其中、なかでも、於御上洛者《ごじようらくにおいては》不及是非候、御逗留中、貴坊相当之御用可蒙仰《おおせをこうむるべく》候　恐惶
謹言

十一月朔日　　宗易（花押）

　　　　　　　　利休

〈封〉□　几下　　宗易(12)

手紙の文意は、「先般は政宗様のお手紙を御持参いただき恐縮です。また、貴方のお土産として格子の紬一反を頂戴し、ありがたく存じます。そちらにおうかがいし、御礼申し上げねばなりませんが、老齢のため勝手ながら不参をお許しください。なかでも、政宗様へのお返事は、近日中に都合のよい便があれば、お届けいたします。なかでも、政宗様の御上洛があれば誠に結構なことです。御逗留中、あなた様の御用は、仰せをこうむるつもりです」という意味です。政宗と利休との交渉も、小田原での師弟関係が出来て以来、政宗の取次として、利休が担当していたことが分かります。

また、天正十九年正月二日には、利休は、二本松に駐留している細川家の家老松井康之《やすゆき》に、和《わ》久《く》宗是《そうぜ》と同様、聚楽第での政宗への讒言についての様子を伝えています。この手紙は、おそらく松井康之を通じて、二本松にいる浅野長政に伝えられたものでしょう。

その手紙は、年末の康之から送られた品々への御礼の言葉に続いて、政宗に関する状況を伝えています。必要な箇所を引用してみます。

一、奥州一揆蜂起之事、偏に政宗謀反之段無レ紛《まぎれなき》様ニ、上様御耳へも入申《いりもうし》候。

一、羽忠（蒲生氏郷）を政宗武略之覚悟、羽忠油断之様ニ被二思召一候。就レ其《それにつきて》、去二十八

日以二両使一、中様（豊臣秀次）・家康様御両所へ折紙《おりがみ》（朱印状）被レ進《まいらされ》候。定而《さだめて》弾様へ
も可レ為二同前《どうぜんたるべく》一候。

一、雪中、彼是先へ御働成不レ申《なしもうさざる》由、尤ニ存候。上様も其分に被二思召一候事。

一、「政宗去四日ニ黒川へ陣替候て、会津・二本松無二通路一様に候段、無レ紛《まぎれなき》謀叛、兎角羽忠会津へ無二帰城《きじょうなく》一候へば、政宗何事を被レ申《もうされ》候ても、皆表裏」と被二仰出一候。（中略）

一、政宗に従二霜台（長政）一御返事之趣承候。上様之思召と呉々同前に候。何事を被レ中候ても、会津通路取切之上は、不レ入儀候事。(13)

右の文面は、氏郷を批判しているように誤読されてきましたが、利休が家康と親しく、擁護派の重鎮であり、政宗の取次であるという立場をふまえて読まなければなりません。

まず、政宗謀反という讒言が秀吉の耳に達していること（第一項）、政宗が氏郷を攻めようとしているなら、氏郷は油断なきようにと秀吉は思っていること、そこで、秀次と家康に出陣の朱印状が出たこと（第二項）、氏郷が動かないのは、大雪のためと秀吉は思っていること（第三項）、秀吉は、「政宗が去る四日に黒川城に陣替えしたと言われている。そして、会津と二本松との通路を塞いでいるように主張されているが、それが事実ならば紛れもない謀反である。と

かく氏郷が会津に戻らなければ、政宗が何を言おうと、皆謀反とされてしまう。」と言っていること（第四項）、政宗に届けられた長政からの返事については承った。秀吉の考えと同じであるが、もしも政宗が通路を塞いでいたなら、擁護のしようがないこと（第五項）といった内容です。第五項の「政宗に従㆓霜台（長政）㆒御返事」というのは、氏郷が名生《みょう》城から出る時に、政宗に人質を要請したのですが、人違いによって帰陣が遅延した事を政宗に伝える手紙のことのようです[14]。

秀吉が氏郷の会津帰陣が遅れていることを大変気にしている現状を、二本松にいる松井康之に伝え、その情報を浅野長政に伝えてもらおうとする手紙です。利休もまた、政宗のために奔走していたことが推測できます。

しかし、前章で述べましたように、天正十九年春の雑説糾明を阻止しようとして、石田三成が上洛した直後から、利休の周りにただならぬ事態が起きます。

岩付で政宗を追い越した三成は、おそらく閏一月二十日には上洛したことでしょう。その直後、二年前に千利休が修復し寄進した大徳寺山門「金毛閣」に利休像を置いたことが問題視されたのです。

禅宗寺院では、寺の大旦那の像を感謝の印として山門にあげることは珍しくありません。たまたま利休の像が、雪駄を履いていて、その下を勅賜も通るので、不遜きわまりないとして問題視されたのです。
閏一月二十二日には、利休は、細川三斎に困り果てている心情を吐露する手紙を二通出しています。次に引用してみます。

従大徳寺《だいとくじより》、即今帰宅申候、困《こまり》申候て先々ふせり申候、されども、をそなわり申候間、引木のさや持進上候、皆々期面謝申候、かしく
壬二十二日　　休
〈封〉羽与様
人々御中(15)

「大徳寺からただ今戻りました。困り果てまして、先ほどからずっと伏せっておりました。しかし、遅くなりましたので、茶碗の引木鞘をお持ちします。すべてお目にかかってお話ししましょう」という意味で、この頃、大徳寺問題が起きて、大徳寺の古渓宗陳和尚と相談したのでしょうが、困り果てて、しばらく床に伏せったのでした。そして、同日、再び三斎に手紙を記しています。

「〆　羽与様　　　　易」
回答
中々に住れずばまた住てわたらん浮世の事はとてもかくても
御床しく存処に尊札、過当々々。仍、雨故、御普請相延御祝着たるべきと奉レ察候。昨日は大徳寺へ少用御ざ候て参候。けふは内々さびしく、もちや《餅屋》道喜など放《はなしもうし》申候。夜に入候て、御入逢の時分伺申候。ちと放申度候。恐惶かしく。
二十二日　　　　易(16)

添えられている狂歌は、「住むことが出来ないならば、かえって何も関心なく住んでしまおうか、世間のゴタゴタは何もかも忘れてしまって」といった意味です。

本文は、「お会いしたく思っているところに、お礼状をいただき恐縮です。さて、雨でお屋敷の普請も延びたので、かえってお喜びかと思います。昨日は大徳寺へ用が少しあり行って参りました。今日は、心の内も寂しく、餅屋道喜《もちやどうき》と話などしておりました。夜に入って、夕暮れの頃にうかがいましょう。ちょっと相談したいことがございます」という文面です。

二十日過ぎから、大徳寺問題が起きて、困り果てた利休の心情が二通の手紙からあふれています。おそらく、三成は、政宗讒言を目論んだ強行派への糾明を避けるために、政宗の取次となった利休の身辺を調べ上げ、二年前の大徳寺山門修復での利休像の件を採り上げたのでしょう。

こうして、閏一月は大徳寺問題が密かに進行しつつ、二月上旬の政宗上洛となったのでした。

## 4　橋立の壺をめぐる誤解

政宗は、閏正月二十八日、清洲を出発し、上洛の途につきました。『伊達家治家記録』には、次のように記されています。

○二月辛卯《かのとう》大上旬、京都御着　関白殿ヨリ妙覚寺ヲ御旅宿ニ仰付ラル（日不知）
○公（政宗）妙覚寺御座《おわしま》ス中、御座敷ヲ構《かまえ》ラレ、御数奇（茶之湯）ヲ成シ給ヒ、御懇《おねんごろ》ノ衆中ヲ饗セラル、此由　関白殿聞召サレ、御数奇道具（茶道具）ヲ賜フ(17)（月日不知）

『伊達家治家記録』では、二月の上旬「日不知」と記されていますが、上洛の日は二月四日でした。政宗一行を京都白河で迎えたのは利休でした。秀吉は、四日の政宗上洛を利休に知らせて、妙覚寺に案内するように命じていたのでしょう。取次の利休が迎えに行くのはきわめて自然なことです。利休の織部宛書状で、政宗の上洛が二月四日であることが明確に分かるのです。

〈封〉古織公まいる　　利
人々御中
伊達政宗公上洛間、白河迄《まで》、今参候。頓《やが》帰《てかえる》参《まいる》可《べく》候。皆々御隙入候へバ、夜ニ入尤《もつとも》ニ候。
かしく。
四日[18]

「伊達政宗様が上洛されますので、白河まで今からお迎えに出かけます。すぐに戻ります。皆様、お忙しいでしょうから、夜に入って会うのがよいでしょう」という文面で、身辺に大徳寺問題という不穏な動きを感じつつも、利休は、政宗の取次として、政宗を迎えに白河に出発しました。そして、政宗を妙覚寺に案内したのでした。

この日、織部に連絡をした後のことと思われますが、利休は、大徳寺の聚光院に名物茶入の橋立の壺を預けました。この手紙は、従来、橋立の壺をめぐって、利休と秀吉とが対立し、利休の自刃事件と結びつけて読まれてきたものです。引用してみます。

〈封〉聚光院様　　休

玉床下

此はし《橋》立の壺、貴院へあづけ申候、御上さま（秀吉）御諚にて当ばん《番》の参候共、御わたしあるまじく候

わたさじな　おもかげうつる人あらば

われにハつげよあま《天》のはし《橋》立

此外のこる《残る》つぼ《壺》、別の事ニて候　以上

二月四日　　宗易（花押）(19)

手紙の文意は、「この橋立の壺を聚光院にお預けします。秀吉様のご命令で当番のものが取りに参りましても、お渡しのなきように願います。〔戯歌：渡さないでください、面影が映る人がいれば、私に告げてください、天橋立の壺よ、このほかの残りの壺は別の事です〕」という内容です。

この手紙の、「御上さま御諚にて」の部分を、小松茂美氏は、「御上さま御諚にて候(20)（秀吉様のご命令です）」と読まれたため、聚光院に橋立の壺を預けたのは秀吉の命令によってだと解釈されてきました。しかし、原文の写真を見ると、「候」の有無は判読できません。掲出文のように、「御諚にて」と判読されます。そうすると、「この壺を秀吉様の御命で当番のものが取りに来ても」と読めて、誰にも渡さないようにという意味を、もっとも厳しく強調する表現とな

ります。勿論、「候」を「当ばん《番》」にかかる連体形として読めば、右と同様の解釈にもなります。

さて、右のように読む時、初めて手紙に添えられた戯歌の意味がはっきりとします。すなわち、戯歌に詠われた「おもかげうつる人」とは、今から白河に迎えに行く伊達政宗のこととして意味を持ってくるのです。

つまり、『伊達家治家記録』にあるように、「公（政宗）妙覚寺御座《おわしま》ス中、御座敷ヲ構《かまえ》ラレ、御数奇（茶之湯）ヲ成シ給ヒ、御懇《おねんごろ》ノ衆中ヲ饗セラル(21)」ために、床飾りとして是非とも橋立の壺を用いたいという、弟子の政宗への師匠の真心を表したのが、橋立の壺を聚光院に預けた行為と思われます。

後述しますが、妙覚寺で政宗は、日々歴々の客人を茶の湯でもてなしました。その時、政宗が歴々の大名衆をもてなすために、格の高い壺飾りで接待できるように、橋立の壺を聚光院に預けていたのでしょう。利休は、「おもかげうつる人」政宗のために大切な名物茶壺を確保しておきたかったのです。

この時点まで、秀吉と利休との人間的な対立は、まったく認められません(22)。突如橋立の壺をめぐって、秀吉と利休が対立をしたという説は、あまりにも歴史的背景を無視した唐突な説と思われます。

翌五日にも、利休は念を押すように、聚光院に手紙を書いています。次に引用します。

此つぼ《壺》あづけ申候、われ〳〵がはん《判》にて御ざなく候ハバ、しぜん《自然》取ニ参候共、御わたしなさるまじく候、一日のつぼ三つ、その分にて御ざ候　以上

二月五日　　利休（花押）

よこ雲の霞かすミわたれるむらさきの《むらさきの》　ふミ《文・踏み》とゞろかすあまのはしだて《天橋立》

＜封＞聚光院様　　　利

玉床下[23]

「この壺（橋立の壺）をお預けしますが、私の判がなければ、万が一誰かが取りに来ても、お渡しなさらないように。昨日の壺三つも同様です。〔戯歌：横雲が霞み渡っている紫野大徳寺に、お手紙を届けます、名物の名が轟いている橋立の壺について〕」という意味です。「しぜん《自然》取ニ参候共」の「自然」は、「万が一」という意味です。秀吉の使者が壺を取りに来る可能性は、利休は考えていないと思われます。

おそらく、妙覚寺においてこの日から政宗が茶の湯接待をする時には、是非とも橋立の壺を床に飾って、名物とはどういうものかを、本物の名物で教えたいという利休の茶の湯の師としての気持ちを、手紙は伝えていると解釈できます。秀吉と利休とが橋立の壺をめぐって争奪戦

を演じたような解釈は、[24]誤解といえるのではないかと考えられます。

## 5　一期一会の精神を学んでいた政宗

右の二通の手紙から推測すると、政宗は、二月四日に妙覚寺に入り、五日から十二日の従四位・侍従叙任のための禁中参内の日まで、妙覚寺で挨拶に訪れる大名衆を茶の湯で接待したのでしょう。その時、利休が後見として政宗の茶席に詰めていたと思われます。そのことは、前節の『伊達家治家記録』における「公（政宗）妙覚寺御座《おわしま》ス中、御座敷ヲ構《かまえ》ラレ、御数奇（茶之湯）ヲ成シ給ヒ、御懇《おねんごろ》ノ衆中ヲ饗セラル、此由　関白殿聞召サレ、御数奇道具（茶道具）ヲ賜フ[25]（月日不知）」という記事から推測できます。妙覚寺に急に茶室を構えるのは無理ですから、事前に利休に秀吉が命じて茶室を作らせていたと思われます。その茶室で、挨拶に訪れる諸大名を政宗は茶の湯でもてなしたのでした。秀吉も喜び、茶道具を政宗に下賜したと記されています。

このことは、政宗も二本松にいた浅野長政にも報告していて、その返事の手紙が「伊達家文書」に収載されています。その手紙には、上洛して讒言の疑いも晴れ、名誉回復した政宗の報告を心から喜ぶ長政の心情があふれていますが、その中に次のような文面が記されています。

一、妙覚寺に座敷をさせられ（茶室をお作りになられて）、各《おのおの》へ御茶、参らせられ候処、上様（秀吉）聞こし召され、数寄道具（茶道具）拝領為《せ》らるるの由、目出度く存じ候事。

一、二本松ニ我等も座敷を作申候、於御下者《おくだりにおいては》一服可申《もうすべく》候、猶面上之時可　申　承《もうしうけたまわるべく》候(26)、

右の長政の言葉にも、政宗が妙覚寺で茶の湯をもって訪問客をもてなしたこと、秀吉が喜んで茶道具を下賜したことが述べられています。「二本松城で私も茶室を作りました。お下りなさった時には、一服差し上げましょう」という長政の言葉も、武将茶人らしい一面を表しています。

さらに、政宗の重臣であった鈴木新兵衛（元信）（弘治元 一五五五～元和六 一六二〇）の石母田景頼（政宗の重臣）（永禄二 一五五九～寛永二 一六二五）宛書状にも、「一、諸侍京中より進上捧物《しんじょうのささげもの》、日々夜々不知其数《そのかずをしらず》候、于今無止事《やむことなく》候(27)」と、連日妙覚寺の政宗のもとに諸大名の挨拶がひっきりなしにあったことが記されています。

ちなみに、この手紙は、利休の処刑の翌日（二月二十九日）のもので、利休像の磔《はりつけ》の様子が記された資料としても有名な手紙です(28)。

そこには、利休の罪状を元信が写しており、大徳寺の山門問題が取り上げられていますが、「右八付《磔》之脇ニ色々ノ科共《とがども》被遊《あそばされ》、御札ヲ被相立《あいたてられ》候、おもしろき御文言、不可勝計《しょうけいすべからず》候(29)」（右の磔の脇に、

いろいろな罪状が書かれて、立札が立てられていたが、面白い文言が書かれていたが一つ一つ書いていられない）と、利休を知るものにとっては、ほとんど雑説同様の内容であったようです。政宗は、十二日までそばで茶の湯の後見をしてくれていた利休が突然姿を消し、二十九日の朝に処刑されたことを知り、急いで側近の元信に見に行かせたのでしょう。

ところで、秀吉が喜んで政宗に茶道具を下賜したのは、政宗が亭主として見事に茶の湯を身につけていたこと、すなわち政宗の「文化力」に感激したからでしょう。その背景には、短い日々であっても、利休の指導があったからでした。

妙覚寺の茶室で、利休から親しく茶の湯を学んだのは、二月五日頃から、政宗が名誉回復して参内した二月十二日までの短い間でした。なぜなら、政宗の名誉回復の翌日、利休は、堺に追放となっていたからです。政宗の名誉回復と利休の堺追放とは、連動した政治的事件だったのです。

短期間といえ、政宗は、利休から大切な茶の湯の心を学んでいたようです。身に降りかかる悲劇をまったく感じさせずに、政宗の後見をし続けた利休の姿に、政宗は学ぶものがあったと思われます。利休の死後は、政宗は古田織部（天文十二一五四三〜慶長二十一六一五）に茶の湯を学んだようです。

さて、政宗は、後年、利休・織部という茶人に学んだ茶の湯の心を語っています。必要な箇所を次に引用します。

細川三斎よりこのかた、越中二代（三斎・忠利父子）の物数寄ずきハ、人もこのみ上手也。茶の湯の心を、物事にはなされぬ《離されぬ》人也。此頃、茶の湯随分とする人の模様をみるに、いにしへ利休、古田織部、ちかき頃、桑山左近などの教えをしへ、心根とハれん〳〵違い、物事とりうしなふと見へたり。古風なりといひて、物事新敷《あたらしく》なる[30]。

政宗は、利休の直弟子であった細川三斎（忠興）（永禄六 一五六三～正保二 一六四六）から二代目の忠利時代の茶人は茶の湯の工夫が上手であった、と振り返っています。利休の弟子衆の時代の茶人は、常に茶の湯の心を日常から離すことはなかった、と述べています。しかし、近年の茶の湯を見ると、昔の利休や織部、近年では桑山宗仙（利休の長男道安に学ぶ。片桐石州の師）（永禄三 一五六〇～寛永九 一六三二）などの茶の湯の教えや精神からは、どんどんと離れてしまい、茶の湯の本質を失ってしまったようだ、と嘆いています。

そこで政宗は、利休・織部から学んだ茶の湯について語っています。

されども、利休、織部などの教えハ、茶の湯といふハ、普段うち寛ぎたる中をも、きっと改め、物事慎み敬い、作法たゞ敷《正しく》、亭主ハ掃除きらびやかに、それぞれ道具に心をつけ、客相伴のとり合《取り合わせ》、むかふ《先方》の嫌い物をよくきゝ《聞き》合、料理に念を入、「御茶進上申度《しんじょうもうしたし》」と申より、客立《たち》、一礼までの事、客ハ「いつ参上申べき」と申より、衣装に心をつけ、身を改め、朝茶湯にハ、夜のうちに人宿りに入、それぞれにきをつけ、帰りて後、一礼まで、親しき中もきっと改めんため也(31)。

茶の湯とは、日頃親しくしている仲でも、人間関係を一旦リセットし、慎みと敬いの心で、作法も正しくしなければならない、と述べています。亭主は、客を迎えるために邸内を美しく掃除を済ませ、相伴客の組み合わせを考え、客の嫌いなものを聞いてから懐石料理に念を入れなければならない、と論じています。そして、客に「一服差し上げます」と案内を出してから、茶事が終わって客が一礼して帰るまで、心を込めてもてなすことを語っています。又、客は、「いつ参上しましょうか」と返事をしてから、衣装にも心がけ、清浄に身を改め、朝茶の場合は、前夜の内に近くの宿に入り、様々に心遣いをして、茶事から帰って後礼を済ますまで、親しい仲でも人間関係をすきっと改めるのが茶の湯である、と主張しています。日頃どのような親しい仲でも、茶の湯の場においては、主客が共に純粋な人間同士の付き合いに戻るのが茶の湯である、ということです。

この政宗の茶の湯への真剣な心構えは、驚くべき事に、利休の弟子の山上宗二が『山上宗二記』の中で述べた利休の教えと同じです。

第一、朝夕寄合いの間なりとも、道具の開き《抜き》、または口切《くちきり》の儀は申すに及ばず、常の茶湯なりとも、路地へはいるから立つまで、一期《ご》に一度の参会の様に、亭主をしっして威《お》づべきとなり。(32)

「朝夕親しくしている仲でも、道具の披露や口切の茶会は当然として、常の茶の湯でも、招かれた客は、露地に入ってから茶事が終わり帰宅するまで、一生に一度の茶会だと心がけて、亭主に敬意を払うべきである」という、後に井伊直弼が述べた「一期一会」の茶の湯の精神を政宗は利休から学んでいたのでした。

たった八日間程度の妙覚寺での連日の茶会で、利休の指導は政宗を合戦に明け暮れた戦国大名から数寄大名に変貌させていたのです。また、政宗も、利休の教えを受け止めることの出来る「文化力」をその心に備えていたのでした。

## 6　政宗の「文化力」

政宗への嫌疑が晴れ、名誉回復がなったといえ、政宗の困難は更に続きました。

二月十二日には、政宗は、すでに述べたように、従四位・侍従に任じられ、秀吉のかつての姓であった羽柴姓を許されます。また、聚楽第のそばに広大な屋敷を建てることも許されました。先述した鈴木元信の石母田景頼宛の書状には、その屋敷の建築について、

> 一、御屋敷被遣《つかわされ》、剰《あまつさえ》、浅野左京大夫様（浅野長政の長男・幸長）ニ被仰付《おおせつけられ》、若狭之衆三千人計《ばかり》にて、唯今御普請専《もっぱらに》候、屋形様御屋敷之次、山形殿（最上義光）御屋敷にて候、是ハ纔《わずかに》二三百人之分にて普請にて候、物之哀成体《もののあわれなるてい》ニ候、(33)

と、伊達家の屋敷の壮大さを誇らしげに記されています。隣の最上義光《よしあき》の屋敷の十倍のに人数が普請をしており、最上の屋敷が「物之哀成体《もののあわれなるてい》」とも述べられています。

こうして帰国を許された政宗は、早速六月二十一日に大崎の境、黒川に片倉小十郎《かたくらこじゅうろう》・伊達成実などの重臣を率いて着陣しました。家康・秀次の軍勢も一揆鎮圧のため下向しました。七月には、政宗たちは一揆鎮圧を成し遂げました。

ところが、八月ないしは九月には、政宗の所領は、再度移封と減封という形に決定されます。政宗は、本拠地としていた山形と、伊達郡・信夫郡・田村郡・刈田郡を没収され、一揆で疲弊

した大崎・葛西の十二郡と現在の岩手県南部から福島県の一部の二十郡を新たな領地として与えられたのでした。おそらく、対伊達氏の強行派、三成たち奉行グループの逆襲人事のように思われます。家康は、この時も政宗に同情し、岩手沢城の築城を助けて、政宗に与えています。政宗は、岩出沢を岩出山と改めました。この時から慶長五年（一六〇〇）の関ヶ原合戦後、仙台城を築城するまで、この岩出山城が政宗の新たな領土統治の拠点となります。

また、文禄元年（一五九二）、政宗は、九州唐津の名護屋城に出陣し、翌文禄二年四月には朝鮮に出陣を命じられ、八月に名護屋城に帰還しています。

こうした政宗の困難な戦いの日々にも、政宗は風雅の心を持ち続けていました。

例えば、現在、政宗の霊廟のある瑞鳳殿や若林屋敷、そして松島の瑞巌寺には、朝鮮から政宗が持ち帰った臥龍梅が植えられていますが、これもまた戦場においても風雅の心を失わない政宗の「文化力」がうかがわれます。

茶の湯に関しては、政宗の好みと伝えられた小棚《こだな》があります。著者は、以前に高麗の家具を見立てて、茶会で棚として使った経験がありましたので、仙台で政宗が好んだと伝えられるその棚を見た時、政宗もまた朝鮮に攻め込んだ時、高麗の家具を茶の湯の棚に見立てていたのだと驚いた経験があります。「茶の湯の心を、物事にはなされぬ《離されぬ》」心で、これもまた、戦場でも茶の湯の心を忘れない政宗の「文化力」として感心しました（図24、25）。

図 24、25　見立て高麗家具棚（左）と伝政宗好の茶の湯棚（右）（ともに個人蔵）

このような文化人としての資質が京都でも認められ、文禄三年（一五九四）二月二十五日には、政宗は、秀吉の吉野の花見に同行を許され、歌会にも出席しています。

その時の和歌が五首『伊達家治家記録』（巻之十九）に収められています。

詠五首和歌

願花　おなじくはあかぬ心にまかせつつ
　　ちらさで花を見るよしもがな

不散花風　遠く見し花の梢もにほふなり
　　えだにしられぬ風やふくらん

瀧上花　吉野山瀧津ながれに花ちれば
　　いぜきにかゝるなみぞたちそふ

神前花　昔たがふかき心のねざしにて
　　このかみがきの花をうえけん

花祝　　君がため吉野の山の槇の葉の　ときはに花のいろやそわまし(34)

それぞれが題詠歌（先に題を与えられて詠む歌）ですが、素朴・素直に吉野の桜への気持ちが表現されています。上の句と下の句とが技巧を用いず素直に続いており、分かり易い心情が伝わります。政宗の歌人としての資質の高さを示しているでしょう。

また、政宗の書も流麗・闊達な筆致で、都においても飛び抜けてその「文化力」は高く評価されたようです。

しかし、文禄四年（一五九五）には、秀次事件で再び政宗に嫌疑がかかり、政宗は大坂に出向いて許されます。この事件も、秀吉政権内部の三成派の意思が働いていたようです。慶長三年（一五九八）、秀吉の死去により、政局が大きく動き出します。家康は、政宗の長女の五郎八《いろは》姫と子息忠照の婚約をむすび、家康と政宗との結束は高まります。

秀次事件は、おそらく秀吉の後継者は直系の秀頼のみとするという後嗣相続における原則を生み出そうとした三成派の策動でしょうが、実力のあるものが後継者となるという戦国の論理がまだ生きており、政宗は、それまで恩義のある実力者家康とさらに結びつきを強めたのです。これは、風見鶏的な判断ではなく、戦国武将としての政治的判断だったのでしょう。

## 7　窮地を救った政宗の審美眼

関ヶ原合戦（一六〇〇）で、家康が実権を握ると、政宗は、岩出山城から仙台城に移り、後の伊達藩の基礎固めになる国造りに取りかかります。戦国大名から、近世大名への変貌でした。近世大名として伊達藩を経営するに及んで、政宗は、茶の湯にも力を入れ、名物道具も所持するようになり、伊達藩は、二代忠宗《ただむね》・三代綱宗にいたって茶の湯が伊達藩の文化の中心になり、様々な名物道具が蒐集されるようになりました。

政宗所持として伝わっている茶道具には、「小倉色紙　うかりける…」〔前田利家から政宗。三井文庫蔵〕・「唐物茶入　小肩衝　大名物」〔家康から政宗。静嘉堂文庫美術館蔵〕・「唐物茶入　岩城文琳　中興名物」〔岩城家から政宗〕・「唐物肩衝　堪忍肩衝伊」〔政宗所持。香雪美術館蔵蔵〕・「無地刷毛目茶碗　千鳥」〔政宗所持〕・「青磁鯱耳花入」〔利休から政宗。静嘉堂文庫美術館蔵〕・「灰被天目　秋葉」〔政宗所持。MOA美術館蔵〕等々があり、いずれも名品の数々です。[35]

そして、二代忠宗・四代綱村《つなむら》・五代吉村に至り、伊達家は、様々な名品を蒐集し、近世茶道史の中でも重要な流れを形成していきました。

政宗は、小堀遠州の推薦で茶人の清水道閑（天正七 一五七九〜慶安元 一六四八）を茶頭に抱え、二代目道閑は石州に学び、以降後継者が伊達藩の茶頭職を務めました。

こうして、仙台藩は、外様の雄藩として近世東北の雄として栄えましたが、明治維新前後になりますと、経済的にも・政治的にも厳しい時代を迎えます。なぜなら、仙台藩は、新政府に対抗して、東北列藩同盟の盟主であったからです。明治政府からは、東北諸藩は、厳しい扱いを受けることになったのでした。

幕末から明治になると、経済的にも困難な時期になり、明治二十一年に岩崎弥之助が仙台伊達家の茶道具十点を一括して購入しています。これは、幕末に質に入れ、伊達家に戻されずにあった道具を、岩崎弥太郎が買ったということです[36][37]。その中には、右に見た政宗所持の道具類が多く含まれていました。

そして、大正に入ると、茶道具の価値が再評価され高騰してきます。大正五年五月と七月、二回の伊達家の売立《うりたて》入札が東京美術倶楽部で行われました。札元は、当時の錚々たる道具商十五軒でした。

この二回の売り立てでは、百五十万円という高額に達したようです。現在の金額にすると、一万倍として百五十億円くらいでしょうか。政宗以降蓄積された伊達家の「文化力」が、明治維新前後の伊達家の窮地を救ったことになります。

まさに、政宗の「文化力」が仙台伊達家の「文化力」の源泉になったことを、経済的な面で示した例でもあります。

政宗が茶人であったことをよく表す手紙があります。筆者が「だて歴史文化ミュージアム」（北海道伊達市）を訪れた時に見た政宗書状です。北海道伊達市は、伊達成実を祖とする亘理伊達氏が家臣団と共に北海道に移住し開拓した都市です。その開拓の歴史のみならず、伊達市の歴史文化を紹介する博物館です。そこに、祖先の伊達成実の甲冑・刀剣なども展示されていました。その隅に、政宗の成実宛書状があり、筆者の目にとまったのでした。

その書状を読んで、成る程政宗は茶人の心の持ち主だと感心したのです。その書状を紹介します。

寛永十一年（一六三四）二月二十四日付の手紙で、前日成実が政宗を能でもてなしました。しかし、その夜に、成実の邸宅が火事で全焼したのです。この手紙は、前日の能のもてなしの御礼と、火事の見舞い状です（次頁図26）。


扨々《さてさて》、不慮之火事出来、無是非《ぜひなく》候、茶入・花入無事ニ候哉《や》、昨日者《は》日本一之天気ニ而《て》、能共《ども》、何《いか》にも能《よく》候而珍重ニ候、前かたに火事候ハヾ、笑止千万ニ候ハンを、御仕廻候《おしまいそうらい》ての義、外聞も能《よく》候、恐々謹言

仲春　二十四日　　政宗（花押）[38]

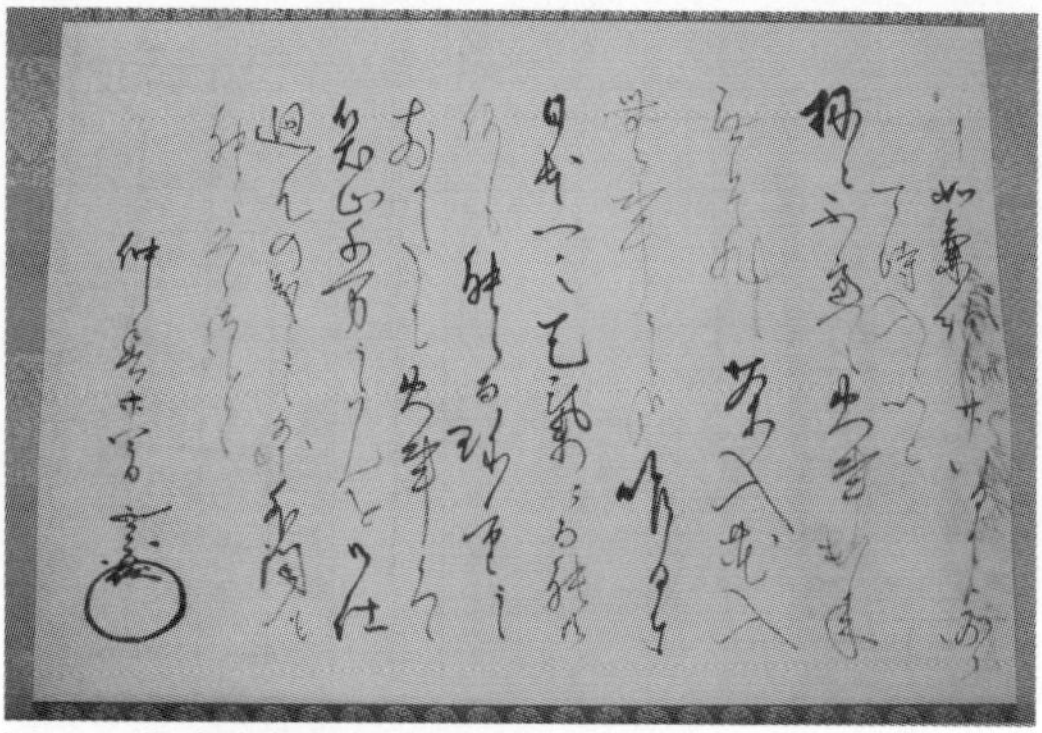

図 26　伊達政宗文書「寛永十一年二月二十四日」
（だて歴史文化ミュージアム蔵）

「さてさて、不慮の火事が出て、仕方ないことです。茶入と花入は、無事でしたか。昨日は、日本一之よい天気で、能楽も大変よく、素晴らしいできでした。能楽の前に火事が起きていれば、大変なことでしたね。しかし、能楽の会を行えたということは、評判もよいことです」という意味です。

能楽は、政宗も成実も好んだ芸能です。しかし、成実の邸宅が全焼した時、見舞いの最初の言葉に、「茶入・花入無事ニ候哉《や》」と、茶道具の無事をまず確かめるところに、政宗の茶人としての一面が見て取られます。おそらく、名物の唐物茶入や花入だったのでしょう。

まさに、合戦に明け暮れた半生でしたが、政宗は、「茶の湯の心を、物事にはなされぬ《離されぬ》人」であり、その「文化力」が伊達家の「文化力」の源泉となったのでした。

# あとがき

平成二十三年（二〇一一）三月十一日、東日本大震災が起きた。

その年以前から、幾度か表千家同門会の宮城県支部には、「茶の湯文化に触れる市民講座」などの講演に招かれていた関係で、仙台を中心に宮城県の同門の方たちには大変お世話になっていた。また、父の死後、茶家に生まれた自分が茶の湯文化とどう関わるのかと日々悩んでいた頃から、茶の湯文化に関する講演をスタートしたのが東北地方からであった。その意味で、東北地方は、私にとって茶の湯活動の故郷でもあった。

東日本大震災の惨状を見て、自分に何か役に立つことができないかと思っていたとき、宮城県の茶友の方たちと始めたのが「震災復興茶会」であった。新型コロナウィルスの蔓延したこの二年間は、毎年講演会と呈茶の形で続けられており、早くも十二年目を迎えようとしている。

その間に上梓した著書が『利休の生涯と伊達政宗』（河原書店）で、利休切腹事件の背後に、秀吉政権内部の権力闘争があったことを実証的に論じたものである。出版の後、この書は「茶道文化学術賞」を三徳庵様よりいただいた。

この著述の中で、伊達政宗という武将に私は引きつけられ始めていた。その後、利休の茶道改革が信長時代であることを述べた『利休と信長』（教育評論社）も上梓した。ともすれば秀吉と利休がセットに語られることが多いのだが、信長時代というのが利休の茶の湯改革の原点になっていることを論じたものだ。

こうした著述活動の中で、仙台での復興茶会も毎年続けられていたが、その都度宮城県の茶友の方たちのご厚意で、様々な政宗関連の旧跡を訪れることができ、ますます政宗という武将への興味が高まってきた。政宗の視点から、政宗の茶の湯を見直してみようと思ったのが、本書を書き始める動機であった。

政宗は、利休の最後の弟子として、短い期間ではあるが利休から茶の湯の「心」を学んだ。利休は政宗に「形」ではなく「心」を伝えたのだ。自らの身が、政権内部の権力闘争の中で、政宗の名誉回復の犠牲となることを感じながら、政宗の茶の湯の後見を務めたのだ。政宗もその利休の覚悟を感じて、利休の死後は近世数寄大名に成長したのだろう。その過程を辿りたいと思うようになったのである。

そこで、『伊達家治家記録』を読み進めることからはじめ、政宗の近世大名に至る半生をたどりつつ、楽しみながら各章を順次書き進めたのが本書である。

仙台での復興茶会を続ける中で、毎年のように茶会にご参加いただいた元仙台市博物館館長の東海林恒英先生には、政宗の霊廟を訪れた時には、御霊屋《おたまや》の再建時のお話を詳しく聞かせていただいた。また、本書で使用した絵像の収載に関してもお力添えをいただいた。さらに仙台市博物館の元学芸員の小井川百合子先生には、貴重な政宗の語録のご著書を頂戴するなど、復興茶会のご縁でご協力を賜った。特に、仙台では、表千家の中井トク先生はじめ、近江さきゑ・畠山照子・唐澤淳子・八島広臣・千葉紘子・千葉キツ・高橋昭子・村上しずえ・桜井涼子・千葉正子・唐澤佳子・庄子洋子・菅原恵美、各先生には、茶会の講演会運営などのお世話になり、この書が生まれる原動力を与えてくださったことを、ここに感謝したい。とくに、八島氏には、様々な政宗の旧跡を案内していただき、感謝する次第である。また、山形の大岩達子先生にも、羽黒山神社ほかをご案内いただくなど、多大のお世話になったことを記しておきたい。方々のお力添えなくして本書は生まれなかったと思う。

最後に、この書の出版を引き受けていただいた教育評論社と編集の清水恵氏には、ひとかたならぬご協力・ご指導をいただいたことも記して、あとがきとしたい。

令和五年三月　生形貴重

# 註一覧

【序章】

（1）『仙台藩史料大成　伊達治家記録一』（平重道責任編集、宝文堂、一九七二年）「解説　第一編　輝宗以前の伊達氏歴代の事跡」

（2）同註（1）

（3）小林清治『人物叢書　伊達政宗』吉川弘文館、一九五九年。

（4）同註（3）

（5）同前。

（6）同前。

（7）同前。

（8）同註（1）

（9）『国歌大観』角川書店、一九八三〜一九九二年。

（10）同註（3）

（11）同註（1）

（12）同前。

（13）『仙台市史　伊達政宗文書一　資料編十』仙台市史編さん委員会、一九九四年、「伊達政宗係累図」

（14）「伊達家文書之一」（『大日本古文書　家わけ第三』東京大学史料編纂所編、一九〇八年）第一七六号文書「伊達稙宗詠草奥書写」

（15）同註（1）

（16）同註（14）第一九一号文書「連歌師千佐歌書抜書」

（17）同前。

（18）同前。

【第一章】

（1）『性山公治家記録』（巻之一）（藩祖伊達政宗公顕彰会編、藩祖伊達政宗公顕彰会、一九三八年）永禄八年乙丑　公御年二十二の条。

（2）同註（1）永禄八年五月壬午十二日の条。

（3）同註（1）永禄八年六月十九日の条。

（4）同前。

（5）『仙台藩史料大成　伊達治家記録一』（平重道責任編集、宝文堂、一九七二年）「伊達家略系図」

(6)『性山公治家記録』(巻之二)(藩祖伊達政宗公顕彰会編、藩祖伊達政宗公顕彰会、一九三八年)元亀元年庚午　公御年二十七の条。
(7)同前。
(8)同前。
(9)同前。
(10)同前。
(11)同前。
(12)同前。
(13)同前。
(14)同前。
(15)同前。
(16)『貞山公治家記録』(巻之一)(藩祖伊達政宗公顕彰会編、藩祖伊達政宗公顕彰会、一九三八年)永禄十年三月七日の条。
(17)同註(16)永禄十年八月三日の条。
(18)同前。
(19)ちなみに、日本三大文殊とは、奈良県桜井市の安倍文殊院と京都府宮津市の智恩寺とこの亀岡文殊に祀られる文殊菩薩のこと。
(20)同註(17)
(21)同前。
(22)同前。
(23)小林清治『伊達政宗の研究』吉川弘文館、二〇〇八年、四~五頁。
(24)小林清治『人物叢書　伊達政宗』吉川弘文館、一九五九年、三頁。

【第二章】
(1)『性山公治家記録』(巻之一)(藩祖伊達政宗公顕彰会編、藩祖伊達政宗公顕彰会、一九三八年)永禄十年八月三日の条。
(2)同前。
(3)同前。
(4)同前。
(5)同前。
(6)小林清治『人物叢書　伊達政宗』吉川弘文館、一九五九年、二三一頁「略年譜」
(7)同註(1)
(8)同前。

(9)同前。
(10)「片目の魚伝説」柳田国男(『日本の伝説』三国書房、一九四〇年、七八～一一五頁。
(11)『性山公治家記録』(巻之三)(藩祖伊達政宗公顕彰会編、藩祖伊達政宗公顕彰会、一九三八年)天正五年年正月七日の条。
(12)「伊達家文書之一」(『大日本古文書　家わけ第三』東京大学史料編纂所編、一九〇八年)第三一九号文書「伊達輝宗正月行事」正月四日の項目。
(13)同前。
(14)同註(11)天正五年十一月十五日の条。

【第三章】

(1)『性山公治家記録』(巻之三)(藩祖伊達政宗公顕彰会編、藩祖伊達政宗公顕彰会、一九三八年)天正五年十一月十九日の条。
(2)同註(1)天正五年十二月五日の条。
(3)『性山公治家記録』(巻之二)(藩祖伊達政宗公顕彰会編、藩祖伊達政宗公顕彰会、一九三八年)元亀三年七月七日の条。
(4)『性山公治家記録』(巻之四)(藩祖伊達政宗公顕彰会編、藩祖伊達政宗公顕彰会、一九三八年)天正七年十月二十一日の条。
(5)同前。
(6)佐藤憲一『伊達政宗の手紙』新潮選書、一九九五年、一一七～一一八頁。
(7)同註(4)天正九年五月上旬の条。
(8)小林清治『人物叢書　伊達政宗』吉川弘文館、一九五九年、
(9)同前。
(10)『性山公治家記録』(巻之五)(藩祖伊達政宗公顕彰会編、藩祖伊達政宗公顕彰会、一九三八年)天正十二年五月の条。
(11)『貞山公治家記録』(巻之一)(藩祖伊達政宗公顕彰会編、藩祖伊達政宗公顕彰会、一九三八年)天正十二年冒頭。

【第四章】

(1)『貞山公治家記録』(巻之一)(藩祖伊達政宗公顕彰会編、藩祖伊達政宗公顕彰会、一九三八年)天正十二

年冒頭。
(2)「伊達家文書之一」(『大日本古文書　家わけ第三』東京大学史料編纂所編、一九〇八年)第三一九号文書「伊達輝宗正月行事」
(3)同註(1)天正十二年十二月の条。
(4)同註(2)
(5)同前。
(6)同前。
(7)『米沢市埋蔵文化財調査報告書第四十四号　米澤城調査報告書』米沢市教育委員会、一九九四年。
(8)「遺跡から見える室町・戦国時代の伊達氏」今野賀章『伊達政宗　戦国から近世へ』南奥羽国史研究会編、岩田書院、二〇二〇年、二九~四〇頁。
(9)同註(2)
(10)同前。
(11)『貞山公治家記録』(巻之一)(藩祖伊達政宗公顕彰会編、藩祖伊達政宗公顕彰会、一九三八年)天正十三年正月七日の条。
(12)同註(1)天正十二年十二月の条。
(13)同註(1)天正十三年四月の条。
(14)同註(1)天正十三年閏八月の条。
(15)同註(1)天正十三年閏八月二十四日の条。
(16)同前。
(17)同註(1)天正十三年閏八月二十七日の条。
(18)同前。
(19)同前。
(20)同前。
(21)『伊達日記　上』(『群書類従　第二十一集』合戦部、塙保己一編、続群書類従完成会校注、続群書類従完成会、一九五五年)
(22)『仙台市史　資料編十　伊達政宗文書一』仙台市史編さん委員会、一九九四年、第二十一号文書。

【第五章】
(1)『貞山公治家記録』(巻之一)(藩祖伊達政宗公顕彰会編、藩祖伊達政宗公顕彰会、一九三八年)天正十三年九月二日の条。
(2)同註(1)天正十三年九月十七日の条。
(3)同註(1)天正十三年九月二十五日の条。
(4)同註(1)天正十三年十月六日の条。

(5)同前。
(6)同註(1)天正十三年十月八日の条。
(7)同前。
(8)同前。
(9)同前。
(10)同前。
(11)同前。
(12)同前。
(13)『伊達日記　上』(『群書類従　第二十一集』合戦部、塙保己一編、続群書類従完成会校注、続群書類従完成会、一九五五年)
(14)「木村宇右衛門覚書」(『伊達政宗言行録　木村宇右衛門覚書』小井川百合子編、新人物往来社、一九九七年)九三頁。なお、原文は、仮名書きが多い文なので、小井川氏が行間に注記された漢字を用いて引用した。
(15)同前。
(16)同註(14)九三~九四頁。
(17)同註(14)九四頁。
(18)同前。
(19)同註(14)付言。

【第六章】

(1)『貞山公治家記録』(巻之一)(藩祖伊達政宗公顕彰会編、藩祖伊達政宗公顕彰会、一九三八年)天正十三年十月九日の条。
(2)同註(1)天正十三年十月十五日の条。
(3)同註(1)天正十三年十月二十一日の条。
(4)同註(1)天正十三年十一月十日の条。
(5)同前。
(6)同註(1)天正十三年十一月十七日の条。
(7)同前。
(8)同前。
(9)同前。
(10)同前。
(11)同前。
(12)同前。
(13)同前。
(14)同前。
(15)同前。
(16)同前。

(17)同前。
(18)同前。
(19)同前。
(20)同註(1)天正十三年十一月十八日の条。
(21)『伊達日記　上』(『群書類従　第二十一集』合戦部、塙保己一編、続群書類従完成会校注、続群書類従完成会、一九五五年)

【第七章】
(1)『貞山公治家記録』(巻之二)(藩祖伊達政宗公顕彰会編、藩祖伊達政宗公顕彰会、一九三八年)天天正十四年三月十一日の条。
(2)同前。
(3)同前。
(4)『仙台市史　資料編十　伊達政宗文書一』仙台市史編さん委員会、一九九四年、第三十七号文書。
(5)同註(1)天正十四年四月の条。
(6)同註(1)天正十四年七月四日の条。
(7)同註(1)天正十四年七月五日の条。
(8)同註(1)天正十四年七月十六日の条。
(9)同註(1)天正十四年年末の条。
(10)「伊達家文書之一」(『大日本古文書　家わけ第三』東京大学史料編纂所編、一九〇八年)第三一九号文書「伊達輝宗正月行事」
(11)同註(1)天正十五年正月九日の条。
(12)同註(10)天正十五年二月三日の条。
(13)「遺跡から見える室町・戦国時代の伊達氏」今野賀章『伊達政宗　戦国から近世へ』南奥羽国史研究会編、岩田書院、二〇二〇年、二九〜四〇頁。
(14)『米沢市埋蔵文化財調査報告書第四十四号　米澤城調査報告書』米沢市教育委員会、一九九四年。
(15)同註(12)
(16)同註(1)天正十五年九月二十〜二十六の条。

【第八章】
(1)『貞山公治家記録』(巻之二)(藩祖伊達政宗公顕彰会編、藩祖伊達政宗公顕彰会、一九三八年)天正十四年十一月二十二日の条。
(2)同註(1)天正十五年三月二十日の条。
(3)同註(1)天正十五年二月八日の条。

(4)生形貴重『利休の生涯と伊達政宗』河原書店、二〇一七年。
(5)生形貴重『利休と信長』教育評論社、二〇二一年。
(6)「秀吉の天下取りと利休の役割」生形貴重、表千家不審菴文庫紀要『茶の湯研究　和比』第十二号、二〇二〇年。
(7)「大友宗麟書状」
(8)桑田忠親『利休の書簡』河原書店、一九六一年、第六三号書簡。
(9)同註(8)第七三号書簡。
(10)同註(1)天正十五年八月十八日の条。
(11)同註(1)天正十五年八月二十五日の条。
(12)同註(1)天正十五年九月八日の条。
(13)「伊達家文書之一」(『大日本古文書　家わけ第三』東京大学史料編纂所編、一九〇八年)第三四八号文書「豊臣秀次書状」。この「豊臣秀次書状」は、天正十四年の所に配置されていますが、内容から天正十五年のものと推測できます。
(14)同註(13)第三五四号文書「伊達政宗宛前田利家書状」
(15)『貞山公治家記録』(巻之六)(藩租伊達政宗公顕彰会編、藩租伊達政宗公顕彰会、一九三八年)天正十七年七月十六日・二十一日の条。
(16)同註(15)天正十七年七月二十一日の条。
(17)同註(1)天正十五年正月九日の条。
(18)同註(1)天正十五年九月二十六日の条。
(19)『仙台市史　資料編十　伊達政宗文書一』仙台市史編さん委員会、一九九四年、第三五二号文書「鮎貝日傾斎宛書状」
(20)同註(19)解説による。
(21)同註(13)第三六五号文書「前田利家書状」
(22)同註(8)第八一号書簡。
(23)同註(8)第一一八号書簡。
(24)同註(13)第三七五号文書「富田一白書状」
(25)同註(13)第三八六・三八八・三九一・三九五号文書「富田一白書状」
(26)同註(13)第三八六号文書「富田一白書状」
(27)同註(19)
(28)同註(15)天正十六年七月二十一日の条。
(29)同註(13)第三九一号文書「富田一白書状」

(30)同前。
(31)同註(13)第三九二号文書「徳川家康書状」

【第九章】

(1)『貞山公治家記録』(巻之二)(藩租伊達政宗公顕彰会編、藩租伊達政宗公顕彰会、一九三八年)天正十五年正月九日の条。
(2)同註(1)天正十五年二月三日の条。
(3)同前。
(4)同註(1)天正十五年九月二十日の条。
(5)同註(1)天正十五年十月十四日の条。
(6)同前。
(7)同前。
(8)同前。
(9)小林清治『人物叢書　伊達政宗』吉川弘文館、一九五九年、五二頁。
(10)「伊達家文書之二」(『大日本古文書　家わけ第三』東京大学史料編纂所編、一九〇八年)第三一九号文書「伊達輝宗正月行事」
(11)『貞山公治家記録』(巻之八)(藩租伊達政宗公顕彰会編、藩租伊達政宗公顕彰会、一九三八年)天正十七年正月冒頭記事。
(12)「伊達家文書之二」(『大日本古文書　家わけ第三』東京大学史料編纂所編、一九〇八年)第三九八号文書「茶湯客座亭座人数書」
(13)同註(9)一四五~一五〇頁。
(14)同註(1)
(15)同註(4)
(16)生形貴重『利休の生涯と伊達政宗』河原書店、二〇一七年。
(17)生形貴重『利休と信長』教育評論社、二〇二一年。
(18)同註(12)第四〇三号文書「茶湯客座亭座人数書」
(19)同註(12)第四〇一号文書「茶湯客座亭座人数書」
(20)同註(12)第四〇二号文書「茶湯客座亭座人数書」
(21)同註(12)第三九九号文書「茶湯客座亭座人数書」
(22)同註(12)第四〇〇号文書「茶湯客座亭座人数書」
(23)同註(1)

【第十章】

(1)朝尾直弘『将軍権力の創出』岩波書店、一九九四年、九九頁。

（2）「上杉家文書之二」『大日本古文書　家わけ第十二』東京大学史料編纂所編、一九三五年）第八一三号文書「上杉景勝宛秀吉書簡」

（3）「伊達家文書之一」（『大日本古文書　家わけ第三』東京大学史料編纂所編、一九〇八年）第三八六号文書「富田一白書状」

（4）同註（3）第三八八号文書「富田一白書状」

（5）同註（3）第三九一号文書「富田一白書状」

（6）同註（3）第三九五号文書「富田一白書状」

（7）同註（3）第三九二号文書「徳川家康書状」

（8）同註（3）第三八七号文書「施薬院全宗書状」

（9）同註（3）第三九六号文書「施薬院全宗書状」

（10）同註（3）第三九七号文書「施薬院全宗書状」

（11）『伊達家治家記録』（巻之八）（藩租伊達政宗公顕彰会編、藩租伊達政宗公顕彰会、一九三八年）天正十七年四月十六日の条。

（12）『伊達家治家記録』（巻之九）（藩租伊達政宗公顕彰会編、藩租伊達政宗公顕彰会、一九三八年）天正十七年五月二十三日の条

（13）小林清治『人物叢書　伊達政宗』吉川弘文館、一九五九年、四二頁。

（14）同註（12）天正十七年五月二十七日の条。

（15）同註（12）天正十七年五月二十四日の条。

（16）同註（14）

（17）同註（12）天正十七年五月二十八日の条。

（18）『仙台市史　資料編十　伊達政宗文書一』仙台市史編さん委員会、一九九四年、第三五二号文書「鮎貝日傾斎宛書状」

（19）同註（12）天正十七年六月五日の条。

（20）同前。

（21）同前。

（22）同前。

（23）同前。

（24）同註（11）天正十七年六月十日の条。

（25）「木村宇右衛門覚書」（『伊達政宗言行録　木村宇右衛門覚書』小井川百合子編、新人物往来社、一九九七年）六二頁。なお、原文は、仮名書きが多い文なので、小井川氏が行間に注記された漢字を用いて引用した。

（26）同前。

(27)同前。
(28)同前。
(29)同前。
(30)同註(25)六二～六三頁。
(31)同註(25)六三頁。
(32)同前。
(33)同前。
(34)同註(25)六四頁。
(35)同前。

【第十一章】

(1)『伊達家治家記録』(巻之十二)(藩祖伊達政宗公顕彰会編、藩祖伊達政宗公顕彰会、一九三八年)天正十八年正月七日の条。
(2)小林清治『人物叢書　伊達政宗』吉川弘文館、一九五九年、四七頁。
(3)同註(1)天正十八年正月十六日の条。
(4)「木村宇右衛門覚書」(『伊達政宗言行録　木村宇右衛門覚書』小井川百合子編、新人物往来社、一九九七年)六四頁。なお、原文は、仮名書きが多い文なので、小井川氏が行間に注記された漢字を用いて引用した。
(5)同前。
(6)朝尾直弘『将軍権力の創出』岩波書店、一九九四年、九九頁。
(7)同註(2)五六頁。
(8)「伊達家文書之一」(『大日本古文書　家わけ第三』東京大学史料編纂所編、一九〇八年)第四二五号文書「富田一白書状」
(9)同註(8)第四二八号文書「坂東屋道有書状」
(10)同註(8)第四二六文書「前田利家書状」
(11)同註(8)第四二七号文書「施薬院全宗書状」
(12)同註(8)第四二八号文書「施薬院全宗書状」
(13)同註(8)第四二九号文書「坂東屋道有書状」
(14)同註(8)第四三一号文書「上郡山仲為書状写」
(15)同註(8)第四三八号文書「木村吉清書状」
(16)同註(8)第四四〇号文書「浅野長政富田一白書状」
(17)同註(8)第四四八号文書「木村吉清書状」
(18)同註(8)第四四九号文書「浅野長政書状」
(19)同註(8)第四五〇号文書「上郡山仲為和久宗是連署覚書書状」

(20)同註(8)第四五二号文書「豊臣秀吉朱印状写」
(21)同註(8)第四五三号文書「上郡山仲為和久宗是連署覚書書状」
(22)同註(8)第四五六号文書「豊臣秀次書状」
(23)同註(8)第四五七号文書「前田利家浅野長政連署状」
(24)同註(8)第四五八号文書「前田利家書状」
(25)同註(8)第四五九号文書「斯波義近書状」
(26)同註(8)第四六六号文書「木村吉清覚書状」
(27)同註(8)第四六七号文書「浅野幸長書状」
(28)同註(8)第四六九号文書「斯波義近覚書状」
(29)同前。
(30)同註(8)第四七〇号文書「前田利長書状」
(31)同註(8)第四七二号文書「前田利家書状」
(32)同註(8)第四七七号文書「上郡山仲為和久宗是連署覚書書状」
(33)同註(8)第四七八号文書「上郡山仲為和久宗是連署覚書書状」
(34)同註(8)第四七九号文書「木村吉清書状」
(35)同註(8)第四八〇号文書「浅野長政書状」
(36)同註(1)天正十八年三月十三日の条。
(37)同註(1)天正十八年三月十四日の条。
(38)同註(1)天正十八年三月十六日の条。
(39)同註(1)天正十八年三月二十五日の条。
(40)同註(1)天正十八年三月二十六日の条。
(41)同前。
(42)『片倉代々記』(『片倉小十郎景綱関係文書』白石市文化財調査報告書第四七集　白石市教育委員会編、一九七一年)天正十八年三月二十六日の条。
(43)同前。
(44)『伊達家治家記録』(巻之十三)(藩租伊達政宗公顕彰会編、藩租伊達政宗公顕彰会、一九三八年)天正十八年四月五日の条。
(45)同前。
(46)同前。
(47)同註(44)天正十八年四月七日の条。
(48)同前。
(49)同註(4)九〇頁。
(50)同註(4)九一頁。
(51)同註(4)九二頁。

(52)同前。
(53)同前。

【第十二章】
(1)朝尾直弘『将軍権力の創出』岩波書店、一九九四年、九九頁。
(2)『伊達家治家記録』(巻之十三)(藩祖伊達政宗公顕彰会編、藩祖伊達政宗公顕彰会、一九三八年)天正十八年五月九日の条。
(3)「木村宇右衛門覚書」(『伊達政宗言行録　木村宇右衛門覚書』小井川百合子編、新人物往来社、一九九七年)六五頁。なお、原文は、仮名書きが多い文なので、小井川氏が行間に注記された漢字を用いて引用した。
(4)同註(2)天正十八年六月五日の条。
(5)小松茂美『利休の死』(中公文庫)中央公論社、一九九一年、九三頁。
(6)小林清治『人物叢書　伊達政宗』吉川弘文館、一九五九年、六二頁。
(7)同註(2)天正十八年五月六日の条。
(8)『仙台市史　資料編十　伊達政宗文書一』仙台市史編さん委員会、一九九四年、第六九七号文書。
(9)同註(2)天正十八年六月七日の条。
(10)同註(6)
(11)同註(5)
(12)同註(9)
(13)『天正日記』(小宮山綏介注、一八八三年)。なお、本文は、国立国会図書館デジタルコレクションによった。
(14)同註(6)六六頁。
(15)同前。
(16)「校訂天正日記の資料価値」蓮沼啓介「日本大学法科大学院法務研究」第十五号、二〇一八年、一七一～一八四頁。
(17)同註(9)
(18)『伊達家治家記録』(巻之二)(藩祖伊達政宗公顕彰会編、藩祖伊達政宗公顕彰会、一九三八年)天正十五年正月九日の条。
(19)同註(18)天正十五年二月三日の条。
(20)同註(18)天正十五年九月二十日の条。
(21)同註(18)天正十六年十二月十七日の条。

(22)「伊達家文書之二」(『大日本古文書　家わけ第三』東京大学史料編纂所編、一九〇八年)第三九二号文書「徳川家康書状」

(23)同註(22)第四六九号文書「斯波義近覚書状」

(24)生形貴重『利休の生涯と伊達政宗』河原書店、二〇一七年。

(25)小和田哲男『戦争の日本史15　秀吉の統一戦争』吉川弘文館、二〇〇六年、二四五～二四六頁「小田原城支城の戦闘開始と開城時期」の表。

(26)同註(9)

(27)同註(13)

(28)同註(7)

(29)同註(2)天正十八年六月九日の条。

(30)同前。

(31)同前。

(32)同註(2)天正十八年六月十日の条。

(33)同註(3)六五頁。

(34)同前。

(35)同前。

(36)同註(3)六六頁。

(37)同前。

(38)同前。

(39)同前。

(40)同前。

(41)同註(3)六八頁。。

(42)同前。

(43)同前。

(44)同註(3)六八～六九頁。

(45)同註(3)六九頁。

(46)同前。

(47)同前。

(48)同前。

(49)同前。

(50)『仙台市史　資料編十　伊達政宗文書一』仙台市史編さん委員会、一九九四年、第六九七号文書「伊達五郎宛書状」

【第十三章】

(1)『仙台市史　資料編十　伊達政宗文書一』仙台市史編さん委員会、一九九四年、第七〇五号文書。

（2）『伊達家治家記録』（巻之十三）（藩祖伊達政宗公顕彰会編、藩祖伊達政宗公顕彰会、一九三八年）天正十八年六月十日の条。
（3）桑田忠親『利休の書簡』河原書店、一九六一年、第一五三号書簡。
（4）「上杉家文書之二」『大日本古文書　家わけ第十二』東京大学史料編纂所編、一九三五年）第八〇九号文書「木村吉清他二名連署副状」
（5）同註（4）第八一四号文書「羽柴秀吉直書」
（6）同註（4）第八一七号文書「羽柴秀吉直書」
（7）前註（4）第八一八号文書「羽柴秀吉直書」
（8）「伊達家文書之二」（『大日本古文書　家わけ第三』東京大学史料編纂所編、一九〇八年）第五二四号文書「伊達政宗宛　木下吉隆書状」
（9）『伊達家治家記録』（巻之十四）（藩祖伊達政宗公顕彰会編、藩祖伊達政宗公顕彰会、一九三八年）　天正十八年七月二十六日の条。
（10）藤田達生『蒲生氏郷』ミネルヴァ書房、二〇一二年。
（11）『伊達日記　下』（『群書類従　第二十一集』合戦部、塙保己一編、続群書類従完成会校注、続群書類従完成会、一九五五年）
（12）同註（9）天正十八年十一月十四日の条。
（13）同註（8）第五四一号文書「蒲生氏郷覚書状」
（14）同註（9）天正十八年十一月十六日の条。
（15）同註（11）
（16）同註（14）
（17）同註（11）
（18）同註（14）
（19）同註（14）
（20）同註（11）
（21）同註（14）
（22）同註（11）
（23）同註（14）
（24）同前。
（25）同註（11）
（26）同註（8）第五五〇号文書「蒲生氏郷起請文」
（27）同註（8）第五五一号文書「伊達政宗起請文案」
（28）同註（8）第五四五号文書「蒲生氏郷書状」
（29）同註（8）第五四六文書「蒲生氏郷書状」
（30）篠田達明『戦国武将のカルテ』角川ソフィア文庫、

二〇一七年、六七～七五頁。
(31)同註(8)第五四七号文書「蒲生氏郷書状」
(32)同註(8)第五四八号文書「蒲生氏郷書状」
(33)同註(8)第五四九号文書「蒲生氏郷書状」
(34)同前。
(35)同註(8)第五五二号文書「蒲生氏郷書状」
(36)同註(8)第五五八号文書「和久宗是書状」
(37)同前。
(38)同註(8)第五五九号文書「富田水西書状」
(39)同註(8)第五六一号文書「前田利家書状」
(40)同註(8)第五六二号文書「徳川家康書状」
(41)同註(8)第五六五号文書「孝蔵主消息」
(42)同註(8)第五六八号文書「和久宗是書状」
(43)同註(8)第五六九号文書「和久宗是書状」
(44)同前。
(45)同前。
(46)同註(8)第五七〇号文書「和久宗是書状」
(47)同註(8)第五五二号文書「蒲生氏郷書状」
(48)同註(8)第五七四号文書「徳川家康書状」
(49)『伊達家治家記録』(巻之十六)(藩祖伊達政宗公顕彰会編、藩祖伊達政宗公顕彰会、一九三八年)天正十九年正月十九日の条。
(50)同註(8)第五七八号文書「浅野長政書状」
(51)同註(8)第五八〇号文書「浅野長政書状」
(52)『江岑夏書』(千宗左監修・千宗員編集『江岑宗左茶書』主婦の友社、一九九八年)
(53)同註(8)第五七〇号文書「和久宗是書状」
(54)同註(8)第五六九号文書「和久宗是書状」
(55)同註(8)第五八二号文書「伊達政宗書状」

【終章】

(1)『伊達家治家記録』(巻之十六)(藩祖伊達政宗公顕彰会編、藩祖伊達政宗公顕彰会、一九三八年)天正十九年閏正月十六日の条。
(2)『伊達家文書之二』(『大日本古文書　家わけ第三』東京大学史料編纂所編、一九〇八年)第五八三号文書「伊達政宗書状」
(3)同註(1)天正十九年閏正月十九日の条。
(4)同註(2)第五八四号文書「徳川家康書状」
(5)同註(1)天正十九年閏正月二十六日の条。

(6)同前。
(7)同前。
(8)同註(2)第五五八号文書「和久宗是書状」
(9)同註(1)天正十九年閏正月二十七日の条。
(10)「豊臣秀吉年譜」岡田正人(桑田忠親編『豊臣秀吉のすべて』新人物往来社、一九八一年)二九三頁。
(11)小松茂美『利休の手紙』小学館、一九八五年、二九九頁「天正十九年の年表」
(12)同註(11)第八九号書簡。
(13)桑田忠親『利休の書簡』河原書店、一九六一年、第一六一号書簡。
(14)同註(2)第五六三号文書「浅野長政書状」
(15)同註(11)第一五四号書簡。
(16)同註(13)第一六一号書簡。
(17)同註(1)天正十九年二月上旬の条。
(18)同註(11)第一五二号書簡。
(19)同註(11)第九五号書簡。
(20)同前、第九五号書簡翻刻。
(21)同註(17)
(22)「利休と秀吉」生形貴重(『利休』不審菴文庫編、一般財団法人不審菴)
(23)同註(11)第二〇二号書簡。
(24)小松茂美『利休の死』(中公文庫)中央公論社、一九九一年、三〇二~三二〇頁。
(25)同註(17)
(26)同註(2)第五九〇号文書「浅野長政書状」
(27)同註(2)第五八七号文書「鈴木新兵衛書状」
(28)生形貴重『利休の生涯と伊達政宗』河原書店、二〇一七年。
(29)同註(26)
(30)「木村宇右衛門覚書」(『伊達政宗言行録　木村宇右衛門覚書』小井川百合子編、新人物往来社、一九九七年)八四頁。なお、原文は、仮名書きが多い文なので、小井川氏が行間に注記された漢字を用いて引用した。
(31)同前。
(32)熊倉功夫校注『山上宗二記　付茶話指月集』岩波文庫、二〇〇六年、九五頁。
(33)同註(27)
(34)『伊達家治家記録』(巻之十九)(藩祖伊達政宗公顕彰会編、藩祖伊達政宗公顕彰会、一九三八年)文禄三年二月二十五日の条。
(35)『特別展　伊達家の茶の湯』図録(仙台市博物館編、仙台市博物館発行、二〇〇三年)
(36)箒庵高橋義雄『近世道具移動史』慶文堂書店、一九二九年。
(37)小田栄一「仙台伊達家の売立に見る茶道具」(仙台市博物館『特別展　伊達家の茶の湯』図録、二〇〇三年)
(38)伊達政宗文書「寛永十一年二月二十四日」(だて歴史文化ミュージアム蔵)

米沢城　34–36, 38, 44, 46, 67, 82, 86–87, 155, 158, 190, 193, 197, 203, 212, 218, 307, 328

**ら行**

龍宝寺　85, 88–89
良学院栄真　180, 216, 239–244, 249, 317, 336
留守顕宗　43
留守政景　43–44, 98, 114–119, 121, 127, 132, 138, 144–145, 172
冷泉為広　25–26
連歌　19–20, 29–32, 37, 40, 65–67, 87–90, 104, 156–158, 198, 236

**わ行**

和久宗是　244, 247, 251, 267, 284, 316–320, 322, 324, 326, 337
若林屋敷　63, 354
亘理郡　16, 18, 80
亘理氏　16
亘理重宗　70, 79–80, 132, 138, 219
亘理綱宗　25
亘理宗元　153
亘理元宗（元安斎）　25, 79–80, 132, 138, 152–153
亘理伊達氏　95, 359
侘び茶　159, 161–162, 167, 174–175, 181, 184, 187, 279

67-69

ま行

前田沢　131-134, 139, 145

前田利家　170-171, 176, 179-181, 216-217, 239, 241-244, 248, 250-251, 267, 271-277, 280, 282-284, 317, 357

前田利長　250

牧野久仲　34, 37, 39, 41-42

正宗山　58

増田長盛　214-216, 235, 238, 251, 267, 300, 303, 319

松井康之　337, 339

松本太郎　108-109

松山　18, 274

曲直瀬玄朔　314

曲直瀬道三　314

丸森城　29, 33, 36, 187

源為義　14

源頼朝　14-15

箕輪玄蕃　147-150

三春城　72, 74

宮川一毛斎　93-94

宮城郡　43-44

宮森城　110, 114, 156, 173

名生城　308, 311-312, 314, 323, 339

無上茶(無上の茶)　181, 183-185, 250, 279

陸奥国守護　23-24

室町将軍　17, 68

愛姫　69, 72-75, 153, 165

最上氏　24, 34, 38, 45-46, 83, 103-104, 168, 172, 176, 182-184, 188, 192, 213, 217-218, 220, 265-266, 304

最上義光　102-103, 175-176, 182, 184, 188-191, 217-218, 220, 265, 302, 353

最上義守　39, 45

餅屋道喜　341

本宮城　131, 133-135

茂庭良直　→　鬼庭良直

や行

薬師院全宗　216

屋代勘解由兵衛　199, 259

梁川城　66, 87, 158-159

梁川宗清　25

柳田国男　64

八幡殿　87, 210, 212

山崎の合戦　166

結城秀康　275-276, 282-283

遊佐丹波　147-148

遊佐木斎　53

湯殿山　46-53, 62, 68

義姫(御東)　39, 43-51, 53, 62, 68, 188, 217-218, 256-257, 260-266

中村八郎右衛門盛時　136
中村光隆　14
名取(郡)　18, 57-58, 274
二階堂氏　72, 84, 91, 219
二階堂輝行　25
錦織即休斎　160, 257
新田景綱　39, 41-42, 88
新田家　42
新田(四郎)義直　40-42
新田義綱　42, 91-92
『日本の伝説』 64
二本松城　18, 108-109, 120, 123, 127-132, 139, 146-155, 162, 307, 328, 348
能楽　42, 56, 88, 360
義良親王　15

**は行**

橋立の壺　342-346
羽州探題　17
畠山氏　17-18, 91-92, 95, 109, 111, 151-156, 162, 274
畠山近江　134
畠山(二本松)義継(二本松右京大夫)　108-125, 127-128, 165
鉢形城　271-272, 275, 282
馬場蔵人親成　224
浜田(伊豆)景隆　95, 131, 140, 223
原田宗時　95, 138, 247, 249, 251
坂東屋道有　89, 180, 200, 217, 243-244, 249-250
人取橋合戦　55, 127, 139, 146, 152, 157, 165, 329
桧原　95, 150, 164
広田伊賀　45
広田氏　45
深谷(桃生郡)　18
福原右馬助(長堯)　332
藤原鎌足　14
藤原貞隆　45
藤原政宗　19
古田織部　349-350
文化力　19-22, 25-26, 31-32, 37, 40, 42, 56, 67, 72, 87-88, 90, 104, 156, 158, 161, 192, 219, 349, 352, 354, 356, 358, 360
分国法　24
兵農分離　28, 156
北条氏　13, 168, 181, 214, 216, 235, 238-239, 245, 247-248, 253, 267, 280, 283, 300-301, 303
細川三斎　340, 350
細川氏　17
細川幽斎　168
堀江式部　147-148
梵天　48-49, 51
梵天丸　19, 45-46, 49-51, 53-55, 57,

玉井城 131, 140
田村清顕 69, 72–73, 80, 95, 153, 165
田村隆顕 25
宗顕 165
田村宗殖 25
千佐 29–32
茶会 12, 157, 159, 161, 167, 173, 184, 186–187, 192–194, 197–198, 200, 203–204, 207–208, 212–213, 217, 278–280, 296–299, 352, 354
茶室披き 161, 173, 278
茶の湯 66–67, 87, 104, 147, 158–159, 161, 167, 172–174, 177–180, 185–187, 190, 192, 196–198, 206, 212, 221, 249–250, 278–280, 283, 290–291, 295–296, 298, 335, 345–352, 354–355, 357, 360–362
茶の湯文化 158, 186, 212
中納言山陰 14
長海上人 46–51, 62
津田盛月 216
出羽三山 47
天文の乱（洞の乱） 28, 31–34, 39, 92
伝馬 305, 335
当信寺 78–79
徳川家康 167–168, 177, 181–185, 212–214, 216–217, 239, 244, 246, 248, 250–251, 267, 275–276, 279–280, 282–284, 287, 289–304, 318–319, 321–325, 330–332, 338, 353–354, 356–357
独眼竜 53, 55
富田一白（知信） 176–185, 216, 239, 240–241, 243–244, 246, 267, 279, 317–318, 332–333
富塚近江（宗綱） 134, 160, 189–190, 198
豊臣秀次 169, 181, 216, 244, 247–248, 267, 335, 338
豊臣秀長 167–168
豊臣秀吉 14, 82, 166–169, 171–172, 176–177, 179, 181–184, 197, 213–217, 234–235, 238–253, 255, 267–304, 309–310, 313–326, 328–335, 338–339, 342–349, 353, 355–356, 361–362
登米城 306
取次 55, 112, 176, 185, 214–215, 239, 247, 280–281, 300, 320, 336–338, 341–343

**な行**

長井氏 16
長井庄 16
中嶋宗求 131, 328–329
中野宗時 28, 34, 37, 39–42, 44, 65, 70, 88

相馬顕胤　25, 28, 38, 80
相馬氏　33–34, 38, 41, 72, 74, 80–84, 93–94, 111, 152, 165, 172, 192, 212–213, 217, 220–221, 245, 251, 304
相馬義胤　25, 80, 152–153, 172,218–219
底倉　267, 269–276, 280, 282, 287
曽根四郎　310–311, 313

**た行**

大八　78–79
高倉城　131–132, 133–135
高崎織部　62–63
高城式部宗綱　43
高野壱岐(親兼)　140, 157–158, 187, 199, 268, 285
高林内膳　114–115
伊達郡　15–16, 28, 33, 74, 80, 158, 353
伊達左京兆　30
伊達実元　27–28, 95, 152–153
伊達成実　95, 98–99, 101, 112–113, 114–121, 123–124, 127–132, 138–139, 140–145, 153–155, 172, 221–224, 226, 230–231, 296, 305, 335, 353, 359–360
伊達忠宗　59–60, 75, 125–126, 357
伊達稙宗　22–34, 36–39, 68, 73–74, 79–81, 86–87, 92, 132, 136, 143, 153, 158, 240
伊達稙宗詠草奥書写　25
伊達綱村　256, 357
伊達輝宗(受心君)　14, 20, 33–45, 48–50, 65–74, 78–90, 93–95, 103–104, 108–121, 123–130, 136, 142–145, 152–153, 155–156, 159, 162, 165–166, 183, 186–188, 193, 196, 211–212, 219, 245, 261, 264, 308
伊達輝宗正月行事　84–86, 88, 90, 193, 211
藤次郎政宗　19, 67–69
伊達朝宗　14–15, 36–37
伊達成宗　21–23, 68
成宗上洛日記　22
『伊達日記』 101, 119, 121, 305, 308–309
伊達晴宗　19, 27–29, 31–39, 42–45, 65–66, 68–73, 80–81, 86, 92, 95, 115, 130, 135–136, 143, 152–153, 158, 174, 219, 221, 240
伊達藩　50, 59, 78, 125, 255–256, 258, 286, 357–358
伊達宗遠　16–17
田手宗光　34
伊達持宗　21, 36, 68
伊達行朝　15
伊達行宗　15
田辺希賢　53

佐沼城　306-307, 311-312, 314
三條西実隆　25-26
潮風　56
塩松　91, 93, 108-109, 155, 274
塩松玄蕃　107
実範　89
信夫郡　36, 70, 80, 126, 353
斯波氏　17
柴田勝家　166, 334
柴田郡　16, 192
斯波義銀(義近)　248-250, 280
島津義久　168
資福禅寺　70-71, 126
島津家　14
清水道閑　357
下郡山内記　140, 142-143
施薬院全宗　216, 239, 241, 243-244, 267, 272-273, 286, 291
書院の茶の湯　66, 87, 158-159, 161
将軍　16-17, 21-22, 28, 36-37, 68, 88
『性山公治家記録』 20, 35-36, 39-40, 42-45, 50, 53, 57, 62-63, 65, 67, 69-71, 73, 79-81
定禅寺　88
白石宗実　95, 131, 140, 153, 155, 224, 271-272
白河(白川)氏　72, 91, 94, 216, 245, 304
白川義親　130
白石城　55, 78, 155
白石駿河安綱　268, 285
新庵　154
『塵芥集』 24
心敬　30
『新後拾遺和歌集』 18-19
『神皇正統記』 15
瑞鳳殿　58-59, 354
須賀川　130-131, 139, 219-221
杉田川　111-112
杉目城　19, 36, 65, 69-70, 74
須田伯耆　120, 307-311, 313, 321
聖痕　62, 64
摺上原合戦　55, 224, 226, 234-235
栖安斎　110-112, 152-153
瀬上景安　131
戦国武将　15, 78, 82, 104, 235, 356
仙台城　354, 357
仙台藩　13-14, 18, 23, 25, 51, 53, 121, 125, 196, 256, 358
千利休　167-168, 174, 177-181, 244, 269, 277-281, 295-296, 298-301, 320, 325, 328, 335-343, 345-352, 357, 361-362
宗祇　25, 30
惣無事令　168, 181, 235, 238-239, 241-242, 248, 274, 281

近世大名 357
禁中茶会 167
国王丸 114, 128, 151, 153-154
熊谷正右衛門 30
黒川郡 18, 24
黒沼 58, 63, 64
桑山宗仙 350
元越(玄悦) 179-180, 184, 202-203, 217, 244
源左衛門 147-148, 199
建武の新政 15
『江岑夏書』 325
江岑宗左 325
孝蔵主 318
興徳寺 303
康甫和尚(大有康甫) 71
桑折景長 28
桑折治部 134
桑折宗貞 25
桑折宗重 131, 133-134
桑折宗長 247
古今伝授 25
国分氏 44
国分政重 138
極楽院宗栄 25
虎哉和尚(宗乙) 70-72, 105-106, 126, 155
小坂路 74
小島丹波 107
小島二休斎 107
小次郎(竺丸) 163, 166, 256, 258-261, 264-265
後醍醐天皇 15
後藤又兵衛基次 78
小林清治 16, 51, 191, 237, 270, 275
小堀遠州 357
小牧・長久手の合戦 167
小松 41, 269, 344
小間の茶の湯 161
小梁川盛宗(泥蟠斎) 174, 221
小梁川宗朝(日雙) 36

さ行

榊原康政 322
桜田元親 131
佐竹氏 72, 81, 91-94, 104, 111, 130-131, 133, 139, 146, 152, 162-166, 192, 213-217, 220-221, 235, 238-239, 245, 249, 251, 302, 304
佐竹義重(常陸介) 81, 93, 129, 163-164, 172, 220
佐竹義広 163, 166
佐藤憲一 76
真田氏 181, 247-248
真田信繁(幸村) 78

阿菖蒲 78
織田信雄 167–177
織田信忠 14
織田信長 13, 68, 166–167, 177, 198, 300, 304, 316, 333–334, 362
小田原参陣 246, 249–251, 255, 267, 273, 276, 280–281, 318, 330–332
小手森城 96, 98, 104–106, 109, 111
鬼庭(茂庭)(周防)良直(左月斎) 135–137, 143, 157, 329
鬼庭綱元 329
小野主水 98
御旗本 97, 223–224, 254
小浜城 90, 108–109, 112–113, 118, 120, 126–127, 130–131, 151–152

**か行**

角田城 34
覚範寺 162
懸田俊宗 25
葛西晴胤 25, 28
以休斎 219, 268, 285
片倉景親(以休斎) 219, 268
片倉小十郎(景綱) 54–57, 75–78, 107, 132, 138, 155, 157, 172, 219, 221, 223–224, 227–229, 231–232, 241, 243–244, 247, 249, 251–255, 257, 268, 285, 302–303, 325, 353
片倉重綱 78
鹿子田和泉 114–116
鎌倉公方 17, 21
鎌倉府 17
加美郡 18
上郡山仲為 244, 247, 249, 251, 267
亀岡文殊 52, 74–75
蒲生氏郷(羽忠) 301, 304, 307, 310, 311, 313, 322–323, 333, 337–338
刈田郡 16, 353
関東管領 17–18, 21
観音堂 131–132, 135–136, 141–142
関白殿 → 豊臣秀吉
喜多 55, 157, 225, 233–334
北政所 318
北畠顕家 15
北畠親房 15
木下半助(吉隆) 286–287, 302, 332
木村宇右衛門 121, 123, 125
木村清久 305–306
木村弥一 300, 303
木村吉清 244, 246, 249, 251, 267, 299–301, 305–306, 312, 314–315, 318, 324
九州探題 17
経峰 58, 60
清洲 328–332, 335, 342
清洲城 331

猪苗代兼純　30–31
猪苗代盛国　221, 224–225, 227–229, 232–233
伊場野遠江　141–143
今井宗久　287
今井宗薫　286–287
五郎八姫　75, 356
岩城氏　34, 81, 95, 130, 134, 165, 172, 182, 236, 245
岩城常隆　130
岩瀬郡　304
岩角城　108–109, 131, 139
岩出山城　212, 265–266, 354, 357
上杉景勝　214–215, 238–241, 245, 251, 300
上杉定実　27
上杉氏　35, 166, 214, 302
上杉鷹山　35
魚名　14
宇喜多直家　334
氏家新兵衛　147–148
牛越内膳　201, 259
宇多　18, 81
羽田右馬助　141
内馬場右衛門　308
宇都宮　216, 302–303
遠藤(山城)基信(不入斎)　40–41, 94, 246, 252, 308
奥州仕置　304
奥州探題　16–18, 24, 26, 33, 39, 245
応仁・文明の乱　23
大内定綱　90, 92–96, 98–100, 102–103, 105–109, 191, 223, 274
正親町天皇（正親町院）82, 167
大河内伊豆　107–108
大坂夏の陣　78
大崎氏　16, 18, 24, 26, 33, 168, 172, 182–183, 192, 213, 217–220, 245, 251, 265, 301, 304–305
大崎義隆　182
大崎義宣　24–25, 28
大崎義宣　25, 28
大槻中務　114–115
大友宗麟(義鎮)　167–168
大場野内　110–111
大町清九郎高綱　136, 224
御囲　285, 299, 302–303
小笠原宗林斎　73–74
おかね　78
置賜郡　16, 36, 44, 47, 70, 82, 155, 188, 274
奥山(大学)常良　59–60
奥山常良　60
奥州探題　16–18, 24, 26, 33, 39, 245

# 索　引

・頻出する「伊達政宗（政宗）」「伊達家」は採録していない。
・複数の表現で同一内容が表される場合は、一つの項目に代表させてあげ、（　）で表現の異同あるいは項目内容の異同を示した。


**あ行**

青葉神社　56
明智光秀　166, 300
安積　129–131, 151, 172, 237, 274, 304
朝倉氏　13
浅野長政（弾正）　244, 246–248, 251, 267, 271–273, 282, 287, 290, 296, 307, 312, 319, 320, 324–326, 328, 337, 339, 347
浅野幸長　249, 326, 330
旭姫　214
足利基氏　17
足利義晴　36
足利義満　17, 19
蘆名亀王丸（亀王丸）　93, 129, 162–164, 166
蘆名氏　33–34, 38, 72, 84, 91–95, 104, 108–109, 111, 129–133, 139, 146, 150, 152, 154, 162–166, 192, 212–217, 219–221, 236, 238–239, 241–242, 245–246, 273
蘆名盛氏　25, 28, 38
蘆名盛興　38
蘆名盛高　28
蘆名盛隆　38, 163
蘆名（平八郎殿）義広　172, 221–222, 225–226, 234–236
鮎貝城　187–191
鮎貝宗重（日傾斎）　174–175, 187–188, 192, 221, 279
鮎貝宗信　175, 187–188, 191
荒井　98, 132, 135–136, 139
荒井半内　98
新城弾正　128, 151, 154
五十嵐蘆舟斎　93, 189–190
伊具郡　16, 28, 33–34, 79–80
石川昭光　130
石川勘解由　98–100
石川郡　304
石川氏　72, 81, 91, 94, 130, 165, 172, 216, 236, 245, 304
石田三成　214–216, 235, 238–239, 247–248, 251, 267, 283, 300–305, 310, 322, 325–327, 336, 339, 341, 354, 356
伊集院忠棟　168
泉田重光　172
伊藤（肥前）重信　133–135, 160

〈著者〉生形貴重（うぶかた・たかしげ）

1949年、大阪の表千家の茶家、生形朝宗庵に生まれる。1976年同志社大学大学院文学研究科国文学専攻（修士過程）修了。千里金蘭大学名誉教授。専門は中世日本文学、茶道文化研究。1986年『平家物語』の研究により、第12回日本古典文学会賞を受賞。2002年、著書『利休の逸話と徒然草』（河原書店）の功績により、第12回茶道文化学術奨励賞を受賞。著書に『利休の生涯と伊達政宗』『元伯宗旦　侘び茶の復興』（以上、河原書店）、『利休と信長』（教育評論社）など。

# 伊達政宗と茶の湯

奥州最強の家臣団を率いた文化人の基層

2023年5月8日　初版第1刷発行

著　者　生形貴重
発行者　阿部黄瀬
発行所　株式会社　教育評論社
〒103-0027
東京都中央区日本橋3-9-1　日本橋三丁目スクエア
Tel. 03-3241-3485
Fax. 03-3241-3486
https://www.kyohyo.co.jp
印刷製本　萩原印刷株式会社

定価はカバーに表示してあります。
落丁本・乱丁本はお取り替え致します。

ISBN 978-4-86624-079-4